Eliyah Havemann

WIE WERDE ICH JUDE?

Eliyah Havemann

WIE WERDE ICH JUDE?

Und wenn ja, warum?

LUDWIG

MIX
Papier aus verantwortungsvollen Quellen
FSC® C014889

Verlagsgruppe Random House FSC® N001967
Das für dieses Buch verwendete
FSC®-zertifizierte Papier *EOS*
liefert Salzer Papier, St. Pölten, Austria.

Lektorat: Susanne Schädlich

Umschlaggestaltung: Eisele Grafik·Design, München,
nach einer Idee von Nelli Havemann
Satz: Leingärtner, Nabburg
Druck und Bindung: Pustet, Regensburg
Printed in Germany 2014
ISBN: 978-3-453-28059-5

www.ludwig-verlag.de

Inhalt

Vorwort

בס"ד

Es ist Winter in Israel. Ich sitze in meiner Wohnung im Speckgürtel Tel Avivs, im Vorort Givat Shmuel, wo ich mit meiner kleinen Familie wohne. Wenn ich aus dem Fenster sehe, leuchtet mir das rote Logo meines Koffeinlieferanten entgegen.

Die Schnellstraße 4 trennt Givat Shmuel vom angrenzenden Ort Bnei Brak, und deren gemeinsame Ausfahrt kennt jeder Taxifahrer unter dem Namen »Coca-Cola Junction«. Die meisten Einwohner Bnei Braks sind sogenannte »Ultra-Orthodoxe« in langen, schwarzen Kitteln und mit schwarzen Hüten, selbst im Sommer bei 40 °C im Schatten.

Rabbi zum Autor: »Warum hast du über Salomon und nicht über Hiob geschrieben?« Der Autor ist geschmeichelt: »Haltet Ihr mich für fähig, über die tiefe Philosophie des Hiob zu schreiben?« »Nein, aber König Salomon war ein verwöhnter Mann, der Ihren Kommentar eventuell nicht verträgt. Hiob wiederum war Kummer gewohnt.«

Givat Shmuel wiederum ist eine Hochburg der Modern-Orthodoxen, also Juden mit gehäkelter Kippa auf dem Kopf, die ein wenig einem Topflappen ähnelt. Die Mehrheit der Bewohner ist religiös. Daher ist das Wort Speckgürtel wohl falsch gewählt. Wir sind eher im Gefillte-Fisch-Gürtel Tel Avivs.

Was hat mich hierher verschlagen? Gute Frage, denn so richtig schön ist es hier nicht. Das beste Lokal in der Nähe ist das Brauhaus Jem's im Nachbarort Petach Tikva. Dort gibt es koschere Würstchen und frisches Bier – »Pilsner German Style« an sechs Tagen in der Woche. Klar, am Schabbat ist es geschlossen, sonst wäre es wurst, ob die Wurst koscher ist, denn der Laden wäre es nicht.

Am Schabbat sind die Straßen wie leer gefegt. Die Bewohner von Bnei Brak sperren sogar die Zufahrten zu ihrer Stadt mit

Gittern ab, damit die bösen Unreligiösen nicht mit ihren Autos die Schabbatruhe stören.

Bei uns Modern-Orthodoxen werden Autos am Schabbat toleriert. Wäre das nicht so, könnte mich mein Freund Frank, ein nichtjüdischer Deutscher aus dem lebendigen Tel Aviv, am Schabbat kaum besuchen kommen.

Sie werden es schon erkannt haben: Ich bin orthodoxer Jude – geworden. Man könnte mich als vollständig *embedded* bezeichnen. Nur manchmal fühle ich mich noch ein wenig wie jemand, der in einer verrückten Welt vergessen wurde, in die er nicht wirklich gehört. Aber nur ganz manchmal.

Dieses Leben habe ich mir schließlich ausgesucht. Die Religion, das Land, die Sprache, das Essen, meine Familie. Und ich bin glücklich.

Aber keine Angst. Dieses Buch habe ich nicht geschrieben, damit es ein Ratgeber für verlorene Seelen ist, die durch Hinwendung zum Judentum ihre Erlösung finden sollen. Es beschreibt auch nicht meinen persönlichen Weg, damit er als Blaupause für die Lösung aller Probleme spirituell suchender Menschen in dieser Welt dient.

Es ist kein missionarisches Werk. Es ist eine Liebeserklärung an das orthodoxe Judentum und das Judentum allgemein. An die Religion und das Volk, an den Humor und die Melancholie.

Sie werden jetzt vielleicht sagen, es gibt doch schon Abertausende Bücher über die jüdische Religion, auch auf Deutsch. Nur wurden und werden diese Bücher fast ausschließlich von Rabbinern geschrieben und richten sich meist an Juden, die über ihre eigene Religion etwas lernen wollen.

Ich bin kein Rabbiner und muss daher nicht ganz so penibel sein, was religionsgesetzliche Dinge angeht. Ich kann mich darauf zurückziehen, dass das letzte Wort nicht ich habe, sondern der ortsansässige orthodoxe Rabbiner.

Ich bin Ihr Reisebegleiter für einen Ausflug ins religiöse Judentum, ohne ein strenger Gelehrter sein zu müssen, der jedes

Gesetz, über das er schreibt, anhand der Schrift begründen können muss. Deshalb kann ich spielerischer mit dem Thema umgehen, wobei ich mir natürlich größte Mühe gebe, so korrekt wie möglich zu sein.

Da diese Reise, wie auch bei mir, darin münden kann, dass man zum Judentum übertritt, wendet sich das Buch formell an Menschen, die konvertieren, also Jude werden wollen. Geschrieben ist es aber für alle, die neugierig sind auf religiöses Judentum in Deutschland und der Welt.

Lassen Sie sich also nicht davon irritieren, wenn ich Sie auf den folgenden Seiten als möglichen Konvertiten anspreche, sondern freuen Sie sich darauf, beobachten zu können, was eine Konvertierung zum Judentum von einem Menschen abverlangt und wie sie ihn verändert.

Eliyah Havemann
Givat Shmuel, Israel
Schwat 5774 / Januar 2014

Juden!

Das Judentum, die älteste monotheistische Religion sowie Quelle und Inspiration für alle christlichen und muslimischen Glaubensrichtungen, sprich, alle abrahamitischen Religionen, entwickelt auch heute noch eine große Anziehungskraft auf Nichtjuden. Die Faszination ist besonders bemerkenswert, wenn man sich vor Augen führt, wie wenig Juden es weltweit überhaupt gibt: nur etwa 13 Millionen. Das sind etwa 0,2% der Weltbevölkerung. In Deutschland leben offiziell zirka 120 000 Juden, was ungefähr 0,15 % der Bevölkerung entspricht.

Trotzdem gilt das Judentum als eine der fünf Weltreligionen, anders als beispielsweise das Mormonentum, obwohl es über eine Million mehr Mormonen als Juden gibt.

In Deutschland ist das Interesse für das Judentum besonders groß, ebenso groß ist die Unkenntnis. Umso erstaunlicher ist die Vielzahl derer, die zum Judentum übertreten wollen, sodass manche deutschen Gemeinden mehr Anträge für eine Konvertierung bekommen, als sie Mitglieder haben. So hatte Mitte der 90er-Jahre eine Jüdische Gemeinde in Norddeutschland zehn Mal so viele Bewerbungen, wie sie selbst Mitglieder zählte.

In kaum einem anderen Land der Welt gibt es so viele Konvertiten. In den Gemeinden macht man darüber schon Witze: »Konvertit« auf Hebräisch ist »Ger«. Wundert es dann noch, dass »Deutschland« auf Hebräisch »Ger-Mania« heißt?

Man sollte meinen, eine Religionsgemeinschaft freut sich über einen solchen Zuspruch. Nun, die Juden sind da anders. Will sagen, wir Juden. Ich bin selbst zum Judentum konvertiert und schreibe dieses Buch als Jude. Daher verzeihen Sie mir bitte, wenn ich Ihnen gleich rate: Lassen Sie das mit dem Konvertieren. Ich werde versuchen, Ihnen deutlich zu machen, warum. Und wenn Sie das Buch gelesen haben, dann widersprechen Sie mir gerne. Ihr bestes Argument ist und bleibt ja: Sie, lieber Eliyah, haben es doch auch getan und sind glücklich damit!

Aber so weit sind wir noch nicht.

Über die Motivationen der deutschen Konvertiten kann man nur spekulieren. Eine Erhebung oder wissenschaftliche Arbeit darüber gibt es meines Wissens noch nicht. Ich denke, dass die Hauptgründe folgende sind: Zuallererst sind es Leute, die, wie auch ich, jüdische Vorfahren haben und zu ihren Wurzeln zurückkehren wollen. Und davon gibt es viele, denn gerade deutsche Juden haben sich über die Jahrhunderte assimiliert, um sich vor Verfolgung und Pogromen zu schützen. Es ist also kein Zufall, dass sich das Reformjudentum in Deutschland entwickelte. Es diente unter anderem dem Zweck, sich der Mehrheitsgesellschaft zu öffnen.

Theodor Herzl, der Begründer des politischen Zionismus, hat vor seiner Vision von einem Jüdischen Staat sogar vorgeschlagen, dass alle Juden in Deutschland geschlossen zum Christentum übertreten, sich assimilieren und im Deutschen Volk aufgehen sollten.

Diese Annäherung oder gar Anbiederung führte zu Mischehen und zu Kindern wie mich, die zwar von einem Juden abstammen, aber nach jüdischem Gesetz keine Juden sind.

Der zweite Grund für die übermäßig vielen Konvertierungen und die noch zahlreicheren erfolglosen Versuche ist wohl, dass Deutsche, die mit der Bürde der Geschichte nicht anders umgehen können, einfach die Seiten wechseln wollen.

Wer Jude wird, muss die eigene Geschichte und die seiner Eltern und Großeltern nicht aufarbeiten.

Der Seitenwechsel muss nicht immer in einem Übertritt

münden, oft entsteht auch ein Philosemitismus, der den Juden erhöht, auf ein Podest stellt. Gerne werden Juden, die große Wissenschaftler sind oder waren, wie Albert Einstein, oder jüdische Showbusinessgrößen wie Barbra Streisand als Exempel herangezogen – die Liste könnte man beliebig verlängern –, um zu beweisen, wie unglaublich toll Juden doch sind.

Dass man damit genauso argumentiert wie die Antisemiten, nur mit anderem Vorzeichen, ist der Grund, warum solche übertriebenen Liebes- und Bewunderungsbekundungen für uns Juden so erdrückend sind.

Wenn also ein Philosemit übertritt, damit er sich endlich selbst auch so lieben kann, wie er die Juden liebt, wird er irgendwann merken, dass seine Entscheidung auf sehr tönernen Füßen steht. Oder er wird als Jude glückselig bis an sein Lebensende. Mit Religion hat das aber wenig zu tun, genauso wenig, wie Streisand und Einstein für ihre Religiosität berühmt sind.

»Wer kann mir bedeutende große Männer nennen?«
»Einstein!«
»Mendelssohn!«
»Jesus!«
»Heine!«
»Herr Lehrer, darf es auch ein Nichtjude sein?«

Den dritten Grund für die vielen Übertritte sehe ich im Christentum begründet. Es leidet nach meiner Beobachtung heute daran, dass es den Menschen in unserer schnelllebigen Zeit keine Konstante und keinen Ruhepunkt mehr liefert. Etwas, an dem sie sich festhalten können. Daher suchen Menschen diesen Halt in anderen Religionen, die diese Fixpunkte anbieten. Der Islam ist genau deswegen attraktiv und die am schnellsten wachsende Religion in Deutschland. Wem der Islam aber zu fremd ist, der findet im Judentum einen alten Bekannten aus der Bibel wieder, der in Europa auch noch heimischer ist.

Über den Vorwurf, die katholische Kirche, insbesondere der Papst, sei zu konservativ, muss ich immer lachen. Konservativ zu sein ist ihr Job. Und weil sie ihn nicht konsequent genug macht, laufen der Kirche die Leute davon. Und manche laufen eben zu den Juden über, wo Orthodoxie und Moderne kein Widerspruch sein müssen.

Zum Judentum zu konvertieren ist kein einfaches Unterfangen. Der Prozess dauert, zumindest im orthodoxen Judentum, zwischen drei Monaten (in einer Jeschiva, also einem religiösen Lehrhaus mit acht bis zehn Stunden Unterricht am Tag) und zehn Jahren. In der Regel vergehen etwa drei Jahre zwischen dem ersten Gespräch mit einem Rabbi und dem Untertauchen im rituellen Bad, der Mikve, vergleichbar mit der Taufe bei den Christen, was einen endgültig zum Juden macht. So war es auch bei mir selbst.

Die Aufnahme in den Konvertierungsprozess, den man Giur nennt, ist die erste Hürde, die man nehmen muss. Dafür sucht man sich eine Gemeinde, die einen als Gast akzeptiert, Lehrer, bestenfalls Rabbiner, die einen unterstützen, und schließlich ein jüdisches Gericht, ein Beit Din, das die Konvertierung begleitet und am Ende darüber entscheidet, ob der Applikant ins Judentum aufgenommen wird oder nicht.

All diese Instanzen werden Sie erst einmal ablehnen. Das ist ihre religiöse Pflicht. Es sind also Beharrlichkeit und Aufrichtigkeit gefragt.

Als ich anfing, regelmäßig in die Gemeinde zu gehen, wurde ich von vielen Seiten nicht nur kritisch beäugt, sondern teilweise sogar angefeindet. Der Kohen wollte mir verbieten, die Torahrolle zu berühren, ein anderer Beter keifte mich an und fragte mich: »Was wollen Sie hier? Warum wollen Sie bei uns mitmachen? Alle hassen uns! Überlegen Sie sich das gut!«.

Die Aussicht auf Antisemitismus konnte mich nicht weiter schrecken, denn mein jüdischer Großvater Dagobert הי״ד machte mich nach der Logik der alten und auch der neuen Nazis und der »Nürnberger Gesetze« zum Vierteljuden.

Es war trotzdem nicht einfach, mit so viel Gegenwind einer eingeschworenen Gemeinde klarzukommen. Nach dem G'ttesdienst am Schabbat gab es regelmäßig einen Kiddusch, also etwas zu essen und zu trinken, und hätte nicht eine Familie in der Gemeinde mich ermuntert und mir Rückendeckung versprochen, hätte ich es wahrscheinlich nicht gewagt mitzugehen. Und beim Essen schließt man ja bekanntlich Freundschaften, zumindest einfacher als in der letzten Bankreihe einer Synagoge mit einem Gebetbuch auf Hebräisch vor der Nase und einem großen, leuchtenden Fragezeichen über dem Kopf. Diese Familie war mein Glück in diesem Moment, auch wenn ich ihretwegen noch echte Schwierigkeiten bekommen sollte.

Nach der ersten Hürde müssen noch weitere Hürden genommen werden, und jede Hürde kann ein guter Grund sein, sich gegen eine Fortführung des Prozesses zu entscheiden.

Männer müssen sich beschneiden lassen, und Sie wären nicht der Erste, der, wenn es so weit ist, davor zurückschreckt und den lieben G'tt einen guten Mann sein lässt. Im Erwachsenenalter ist das nämlich nicht so schnell erledigt wie bei einem acht Tage alten Baby. Während ein beschnittener Babypenis in drei Tagen verheilt, ist es für einen Erwachsenen ungefähr sechs Wochen lang schwierig, die Toilette zu besuchen. Über andere Anwendungen des männlichen Zentralorgans will ich gar nicht nachdenken. Diese Vorstellung, gepaart mit der Erinnerung an meine eigene Beschneidung, schmerzt physisch.

Der noch nichtjüdische Mann bekommt während der Beschneidung seinen jüdischen Namen. Ich wurde damals zu »Eliyah« – unter den Augen und Händen von drei bärtigen Männern in schwarzen Anzügen.

Es ist eine Prozedur, die man wahrlich nie im Leben vergisst. Sollten Sie eine Frau sein, bleibt Ihnen das natürlich erspart.

Für mich war dieser Schnitt eine echte Zäsur. Wenn man den Körper unumkehrbar verändert, wird aus Spaß Ernst.

Ich habe keine Tattoos, aber ich kann mir vorstellen, dass der erste Stich ein ähnliches Gefühl hervorruft, wenn nämlich die eigene Überzeugung plötzlich auch körperlich sichtbar wird.

Doch dazu später mehr.

Geht man den Weg der Konvertierung bis zum Ende, wird man erst mit dem Untertauchen in der Mikve, dem rituellen Bad, zum Juden. Der Eingang zum Bad ist der »Point of no return«, und auch kurz davor haben sich schon Menschen entschieden, den Giur abzubrechen. Sobald Sie aus dem Bad kommen, sind Sie Jude. Einen Austritt aus dem Judentum gibt es nicht. Aber keine Sorge: Falls Sie danach dennoch eine weitere Religion, etwa den Islam, ausprobieren wollen: *Wir* werden Sie nicht umbringen, wenn Sie uns verlassen wollen.

Es gibt viele Juden, die zu anderen Religionen wechseln. Ein prominentes Beispiel dafür ist Aron Jean-Marie Kardinal Lustiger aus Paris. Als Sohn jüdischer Eltern ist er als 14-Jähriger zum Katholizismus konvertiert. Er starb am 5. August 2007 nach langer Krankheit. Ich kannte seinen Cousin Arno Lustiger, den Historiker und Publizist, der 2012 verstorben ist. Im August 2007 besuchte ich ihn in Frankfurt. Er entschuldigte sich bei mir, dass er wenig Zeit habe und gleich los müsse. Er sei auf dem Weg zur Beerdigung seines Kardinal-Cousins. Er habe eine wichtige Mission: Sein Bruder, wie er seinen Cousin nannte, hatte einen letzten Wunsch an ihn: dass er bei der Beerdigung das jüdische Trauergebet Kaddisch für ihn sprechen soll. Jude ist man fürs Leben und darüber hinaus, selbst dann, wenn man katholischer Kardinal wird.

Sie haben die drei nötigen Schritte für eine Konvertierung kennengelernt:

1. Der feste Wille, die jüdischen Gebote auf sich zu nehmen
2. Die Beschneidung
3. Das Untertauchen in der Mikve

Über jeden dieser Punkte gibt es viel zu erzählen und zu lernen.

Die allererste Frage ist jedoch: Müssen Sie überhaupt konvertieren?

Nach orthodoxer Lesart ist jeder Mensch ein Jude, der eine jüdische Mutter hat. Der Vater ist erst mal irrelevant. Es kann also durchaus sein, dass Sie, ohne es zu wissen, bereits Jude sind.

Eine Freundin erzählte mir mal, dass sie jüdische Vorfahren hat. Eine ihrer Großmütter sei Jüdin gewesen, sagte sie. Es stellte sich heraus, dass es die Mutter ihrer Mutter war. Daher waren ihre Mutter und sie selbst Jüdin und damit auch ihr Sohn Jude. Sie hat das nicht ernst genommen und sieht sich weiterhin nicht als Jüdin. Deshalb wird ihr Sohn, wenn er sich eines Tages auf sein Judentum besinnen sollte, vielleicht Probleme bekommen. Denn wenn das Judentum in einer Familie mehr als drei Generationen lang vergessen, verdrängt oder verneint wurde, muss man, um wieder in den Schoß des Auserwählten Volkes zurückzukehren, durch eine Art Mini-Übertritt seinen Wunsch, doch ein Jude zu sein, vor einem Beit Din bekräftigen.

Volk? Reden wir hier nicht über Religion und Glaube? Es ist ein für andere Religionen ungewöhnliches Konzept, Volk und Religion quasi gleichzusetzen. Generell definiert man Volk als eine Gemeinschaft von Menschen derselben Ethnie mit gleicher Sprache und Kultur in einem geographisch abgegrenzten Siedlungsgebiet und nationaler Selbstständigkeit. Diese Eigenschaften hatte das jüdische Volk vor der Vertreibung aus Jerusalem durch die Römer und jetzt erst wieder seit der Gründung des modernen Staates Israel vor knapp siebzig Jahren. Dazwischen und vor allem vor der Besiedlung Kanaans, etwa der

> Und G'tt fragte Mosche, der bekanntlich einen Sprachfehler hatte und stotterte: »Wo willst Du mit Deinem Volk Israel leben?« Mosche überlegte nicht lange und sagte »Ka... Ka... Ka...«, und G'tt erwiderte: »Kanaan? Das öde Land? Na gut, so soll es sein.« Mosche: »Ka... Kalifornien!«

heutige Staat Israel, fehlte das gemeinsame Siedlungsgebiet und die nationale Selbstständigkeit. Die Juden blieben zwar weiterhin als mal mehr und mal weniger geduldete Minderheit im ehemals eigenen Land, die meisten von ihnen lebten – und leben auch heute noch – verstreut unter den anderen Völkern dieser Erde in der Diaspora.

Warum blieben die Juden dann trotzdem ein eigenständiges Volk? Die Antwort darauf liegt in der Religion. Auch wenn wir über Jahrhunderte, ja gar Jahrtausende, keine nationale Heimstätte hatten, so ist die Verbundenheit mit dem Gelobten Land und der Stadt Jerusalem so tief in der Religion verwurzelt, dass diese Lücke mit der unsterblichen Hoffnung auf eine Rückkehr dorthin gefüllt wurde.

Das Volk Israel hat seinen Ursprung in der Familie Abrahams. Aus den Familien der Enkel von Abraham gingen die zwölf Stämme Israels hervor. Diese zwölf Stämme bildeten das Volk Israel, dem G'tt eine Heimstätte, also ein abgegrenztes Territorium versprach und auch gab. Bis heute verstehen sich Juden als Brüder und Schwestern und als eine große Familie. Durch den Übertritt, also den Giur, wird man in diese Familie aufgenommen, und wie in jeder Familie gibt es zwar viel Streit, aber auch viel Geborgenheit und Sicherheit.

> Ein Neueinwanderer in Israel lamentiert: »Nu, 2000 Jahr haben wir umsonst gebetet, zurückzukommen, und ausgerechnet mich muss es treffen.«

Es gab und gibt viele andere Völker auf der Erde, aber G'tt hat die Juden als sein Volk auserwählt. Klingt ziemlich gut: das »Auserwählte Volk«. Doch in den Ohren derjenigen, die nicht dazugehören, klingt es vor allem überheblich und ausgrenzend. So gehört es zum Standardrepertoire eines jeden Antisemiten, einem Juden eben diese Überheblichkeit vorzuwerfen.

Antisemitismus ist mit der beste, aber auch der schlechteste Grund, nicht überzutreten, doch darum geht es nicht.

Das Adjektiv »auserwählt« sagt nichts darüber aus, wozu man auserwählt wurde. Oft genug in unserer langen Geschichte wurden wir Juden zu den schlimmsten Dingen auserwählt, die einem Menschen widerfahren können. Die Sklaverei in Ägypten unter Pharao, deren Ende wir an Pessach feiern, war nur der Auftakt und findet sich bereits in der Torah, den Fünf Büchern Mose, unserem heiligsten Buch. Danach war das Jüdische Volk nahezu ohne Unterbrechung Opfer von Verfolgung, Pogromen, Unterdrückung und Mord.

Wozu wir auserwählt sind, lasse ich zunächst offen.

Aber welche Auswirkung hat eine solche Auserwählung?

Andere Völker und ihre Mitglieder, also Nichtjuden, werden – leider manchmal etwas abfällig – als »Goyim« bezeichnet. Das ist Plural für »Goy«, ein hebräisches Wort für »Volk«. Doch auch wenn Juden nur Nichtjuden als Goyim bezeichnen, so ist das Volk Israel auch ein Goy.

Dass G'tt die Erde erschaffen und das Volk Israel als das Seine auserwählt hat, bedeutet, dass diese Multikulti-Erde von G'tt so gewünscht ist. Denn ohne Auswahl an Völkern gäbe es keine Wahl, und G'tt hätte uns nicht frei wählen können.

Doch wann ist eine Wahl eine wirklich freie, sprich, nicht fremdbestimmte? Eigentlich doch nur, wenn man aus Gleichem oder Gleichwertigem wählt. Hat man zum Beispiel die Wahl zwischen einem Apfel und einer Birne, wählt man, worauf man gerade mehr Appetit hat. Den Appetit kann man jedoch nicht kontrollieren, er hängt ab von Erziehung, Hormonen, Zuckergehalt im Blut und anderen Mechanismen des Körpers. Die Wahl ist also nicht frei. Wählt man zwischen zwei Äpfeln, ist es eine echte freie Entscheidung, welchen der beiden Äpfel man sich nimmt. Bei G'tt kann man zwar eine Fremdbestimmung bei seiner Wahl kategorisch ausschließen, dennoch ist eines klar: Die Juden sind nicht per Definition besser oder schlechter als andere Völker. Sie sind einfach auserwählt, so wie einer der Äpfel. Wenn man also zu diesem Volk gehören will, dann bitte nicht, um sich in der Karriereleiter der Völkerzugehörigkeiten nach oben zu arbeiten.

Was hat nun aber Religion mit Völkern zu tun? Ist die Religionszugehörigkeit eines Menschen nicht unabhängig von Völkern? Sind Juden ein Volk oder eine Religion? Kann ich mein Seelenheil und den Eintritt in den Himmel oder die kommende Welt nicht ohne Volk und Volkszugehörigkeit finden? Braucht es für meine Liebe zu G'tt ein Volk als Vehikel?

Um diese Fragen zu beantworten, muss man verstehen, was es für die Juden bedeutet, ein eigenes Volk zu sein.

Juden leben als Gastvolk unter den Völkern. Es gibt zwar deutsche, brasilianische und sogar einige wenige ägyptische Juden, aber keine jüdischen Deutschen.

Es gibt jedoch christliche, buddhistische und muslimische Deutsche. Auf den ersten Blick scheint eine Religion fortschrittlich zu sein, wenn sie auf Nationen und Volkszugehörigkeiten keinen Stellenwert legt. Allerdings hat dieses völkerlose Religionskonzept einen echten Haken: die Mission.

Wer in einer christlichen und muslimischen Umgebung aufwächst, lebt damit, dass er auf jeden Fall in der Hölle landen muss! Das trifft auf jeden Deutschen zu, denn der Islam gehört ja bekanntlich zu Deutschland, genau wie die CDU.

> Ein Jude kommt in den Himmel und bekommt vom diensthabenden Engel eine Einführungstour. An einer großen Mauer bittet der Engel den Juden, leise zu sein. Der Jude wundert sich und der Engel erklärt: »Dahinter sind die Christen, die glauben, sie wären alleine hier!«

Christentum und Islam sind, im Gegensatz zum Judentum, in ihrem Selbstverständnis allein seligmachend. Das heißt übersetzt: Wer bei uns nicht mitmacht, der kommt mit an Sicherheit grenzender Wahrscheinlichkeit ins Fegefeuer!

Das ist auch der Grund dafür, warum diese Religionen missionieren müssen, denn ein Gläubiger, der seinen ungläubigen oder »falschgläubigen« Nachbarn liebt wie er soll, der muss ihn vor diesem Schicksal bewahren. Alternativ kann man ihn auch gleich hier und jetzt umbringen, da er sowieso nicht in den Himmel kommt. Am Ende kann konzeptbedingt nur die Weltherrschaft einer dieser Religionen der Menschheit die endgültige Erlösung bringen.

Dieser Drang nach Weltherrschaft wird uns Juden ironischerweise seit Jahrhunderten nachgesagt. Dabei begreifen wir die Existenz von verschiedenen autonomen Völkern und Kulturen als g'ttgewollt und kennen für die anderen Völker die Sieben Gesetze Noachs.

Noach, das ist der Mann, der nach G'ttes Anweisung eine Arche gebaut hat und auf ihr eine Auswahl an Tieren und seine Familie über die große, biblische Flut gerettet hat. Diese Flut hat G'tt über die Erde gebracht, weil damals nicht nur die Menschen, sondern auch die Tiere schlecht waren. Und damit die Überlebenden einen Kompass bekommen, was Gut und was Böse ist und für alle Zeiten keine Flut mehr nötig wird, gab er ihnen Sieben Gesetze.

Die Sieben Gesetze Noachs

- Götzendienst ist verboten
- Mord ist verboten
- Diebstahl ist verboten
- Unzucht ist verboten
- Blasphemie ist verboten, man muss an den einen G'tt glauben
- Es ist verboten, ein Teil, etwa ein Gliedmaß, eines noch lebendigen Tieres zu essen
- Man ist verpflichtet, ein Rechtssystem zu etablieren

Diese Gesetze haben, anders als die Zehn Gebote, keine feste Reihenfolge. Wer sich an diese Gesetze hält, hat nach dem Tod denselben Status wie ein Jude, der sich an die 613 Ge- und Verbote des Judentums hält. Man muss keinen Schabbat halten, kann essen, was einem schmeckt, heiraten, wen man will, sogar einer anderen abrahamitischen Religionsgemeinschaft angehören und kommt nicht in die Hölle.

Allein seligmachend ist das Judentum also nicht. Was wir aber mit allen anderen Religionen und vielen Weltanschauungen gemein haben, ist der alleinige Wahrheitsanspruch. Ja, wir haben die Wahrheit für uns gepachtet, und alle anderen Religionen irren! Nichts anderes, als dass sie alleine Recht hat, glaubt auch die katholische Kirche von sich selbst, und nichts anderes, als dass ihre schiitischen Glaubensbrüder irren, denken sunnitische Muslime. Das ist das Wesen einer Religion. Diesen Wahrheitsanspruch auf dem Altar der falsch verstandenen Toleranz zu opfern bedeutet, seine eigene Religion zur Philosophie zu verklären, zur Folklore zu entwerten oder komplett aufzugeben.

Die Ökumene versucht, Widersprüche zwischen Konfessionen oder gar Religionen aufzulösen. Doch wird man alle Gläubigen einer Richtung je von gefundenen Kompromissen überzeugen können? Wohl kaum. Bloß weil das nicht funktioniert, heißt es noch lange nicht, dass man nicht tolerant sein kann. Ein Christ soll gerne in seinem Irrtum leben, solange er mir meinen lässt. Und nur, weil man keine Ökumene betreiben will, muss man sich dem interreligiösen Dialog nicht versperren.

Ein Pfarrer, ein Priester und ein Rabbi streiten über Glaubensfragen. Sagt der Rabbi: »Lasst uns nicht streiten, wir dienen am Ende alle dem selben Herrn. Ihr auf eure Weise, ich auf Seine.«

Die Sichtweise von Christen und Muslimen auf einzelne theologische Themen mit den eigenen zu vergleichen, kann fruchtbare Diskussionen nach sich ziehen. Man darf nur nicht erwarten, irgendein Diskutant gebe seine Position für eine andere auf. Das wäre Mission.

Durch den fehlenden Anspruch auf die alleinige Seligmachung und die Besinnung auf die Sieben Gesetze Noachs fällt es einem Juden deutlich leichter, tolerant zu sein, als einem überzeugten Christen oder Moslem. Ob ein Angehöriger einer anderen abrahamitischen Religion sich in seiner Religionsausübung irrt oder nicht, ist aus jüdischer Sicht sowohl für sein Seelenheil als auch für sein Zusammenleben mit mir als Jude irrelevant, solange er sich eben an die Sieben Gesetze hält. Und selbst wenn er das nicht tut, lasse ich ihn in Ruhe. Denn die Mission ist das Gegenteil von Toleranz.

Sie toleriert den Irrglauben des anderen nicht und setzt seinen eigenen Irrglauben über alles.

Strömungen

Warum soll man missionieren und einem Nichtjuden mehr als 600 Gebote aufhalsen, wenn er bereits mit sieben ins Paradies kommt?

Warum sollen wir noch mehr Menschen mühsam darauf vorbereiten, eine koschere Küche zu pflegen, wo sie doch ohne Judentum einfach essen können, was ihnen schmeckt?

Warum sollen wir unsere Toleranz für religiösen Expansionsdrang aufgeben?

Nein, die Weltherrschaft ist wahrlich nichts für uns. Wir bleiben lieber unter uns und haben nur einen Job: das Licht der Torah durch die Generationen zu tragen und auf den Moschiach, den Erlöser, zu warten, der uns und alle anderen Völker erlöst. Damit ist jetzt auch geklärt, wozu wir auserwählt sind.

Eine Lehrmeinung ist, dass der Moschiach nur kommt, wenn alle Juden zwei Mal hintereinander Schabbat einhalten. Jeder Konvertit, der das nicht tut, verschlechtert unser aller Chancen auf Erlösung. Daher haben wir an unseren Club ein Schild angebracht: Nur für Mitglieder!

Die jüdische Motivation, Konvertiten abzulehnen, kennen Sie jetzt. Warum wir nicht missionieren, wissen Sie jetzt auch. Nichtsdestotrotz: Sie haben dieses Buch gekauft. Sie geben sich mit den Sieben Gesetzen Noachs nicht zufrieden und wollen Jude werden.

Die Frage, die Sie sich jetzt stellen müssen, ist: Für wen oder was mache ich das? Das »Warum« leitet sich meist aus der Antwort ab und damit auch der Weg, den Sie zum Judentum beschreiten können.

Seien Sie ehrlich, das »Für wen?« hat Sie jetzt ein wenig überrascht! Ich gebe Ihnen ein paar mögliche Antworten:

- für mich selbst!
- für meine/n Verlobte/n oder ihre/seine Eltern
- für meine Schwiegereltern
- für meinen jüdischen Vater/Großvater
- für meine Gesellschaft/Umgebung
- für die israelische Einwanderungsbehörde
- für meine jüdischen Kinder
- für meinen Seelenfrieden
- für meine politische Überzeugung

Die Antwort »für G'tt« habe ich absichtlich ausgelassen, denn G'tt ist es genug, wenn man ein guter Mensch ist, und die Sieben Gesetze Noachs helfen Ihnen dabei, das zu sein.

Zugegeben, es war etwas gemein, Sie zu einer Antwort auf das »Für wen?« zu drängen. Natürlich sollten Sie niemals für jemand anderen als sich selbst konvertieren. Der Schritt ist zu weitreichend, als dass man ihn für jemand anderes machen sollte. Eine Konvertierung für einen Partner oder seine beziehungsweise ihre Familie ist dennoch einer der häufigsten Gründe, warum Menschen sich dazu entscheiden überzutreten. Deswegen muss man sich dieser Frage nach dem »Für wen« eben doch ehrlich stellen.

Wenn der Partner die Inspiration ist, die Sie dazu bringt, sich mit dem Judentum auseinanderzusetzen, und daraus der Wunsch entsteht, der Religion und dem Volk beizutreten, ist das meiner Ansicht nach legitim. Man muss aber höllisch aufpassen, dass man den jüdischen Partner auf dem Weg von Anfang an mitnimmt und nicht am Ende mit seiner neu gefundenen Religiosität wieder alleine dasteht.

Tritt man nur für die israelische Einwanderungsbehörde über, ist das geradezu schäbig. Israel heißt nichtjüdische Nichtisraelis mit Studenten- oder Arbeitsvisum deutlich einfacher willkommen als der deutsche Staat nichteuropäische Ausländer. Wenn Sie also dringend in Israel leben wollen, probieren Sie es lieber so, und spielen Sie einem Beit Din nicht ein jüdisches Theaterstück vor, das so koscher ist wie ein saftiges Stück Hinterschinken.

Aber nicht nur die Antwort auf das »Für wen?« hilft bei der Suche nach dem Warum und dem Wie. Eine Konvertierung geht idealerweise mit einer kompletten Umstellung des eigenen Lebens einher. Die Auswirkungen sind vielfältig und können gewollt oder ungewollt, erwartet oder unerwartet sein, sich gut oder weniger gut anfühlen und damit auch eine Motivation oder Demotivation für den Übertritt sein.

Passend zur Motivation gibt es verschiedene Wege, zum Judentum zu konvertieren. Jeder Weg hat zwar das Ziel, ein Jude zu sein, aber nicht jeder endet dort. Die Wahl des Weges hat nicht nur religiöse, sondern auch weltliche und gesellschaftliche Konsequenzen. Ich habe natürlich meine Meinung, welche Wege gangbar sind und welche vermieden werden sollten. Ich werde trotzdem versuchen, sie so neutral wie möglich zu beschreiben, damit Sie sich eine eigene Meinung bilden können.

Die Wege sind immer an eine Strömung des Judentums gebunden. Daher ist es wichtig, die Strömungen zu verstehen.

1. Orthodox, Modern Orthodox (»Häkelkippa«), Chassidisch

Das orthodoxe Judentum oder auch normative Judentum kennt sehr viele Unterströmungen. Es ist unterteilt in zwei Hauptströmungen: sephardische und aschkenasische Juden. Die Sepharden sind ursprünglich spanische Juden, und ihre Sprache war das Ladino, eine vom Spanischen abgeleitete jüdische Sprache. Die

Aschkenasen stammen von deutschen Juden ab, die Jiddisch sprachen. Ladino und Jiddisch werden heute nur noch von sehr wenigen Menschen als Muttersprache gesprochen.

Diese Hauptströmungen sind wiederum stark zersplittert in verschiedene chassidische und andere Gruppen, die sich vor allem darin unterscheiden, welchem Rabbi sie folgen und welche Traditionen sie haben. Durch spezifische Kleidung und Erscheinung kann man auf die Zugehörigkeit zu einer der Gruppen schließen. Das können bei Männern der Mantel, die Hutform, der Bart, die vorhandenen oder nicht vorhandenen Schläfenlocken oder die Kippa sein.

Bei Frauen erkennt man die Strömung vorwiegend an der Kleidung, vor allem aber an der Kopfbedeckung nach der Hochzeit, etwa einer Perücke, einer Mütze oder nur einem Haarreif.

Es gibt auch orthodoxe Strömungen, die sich entweder als eigene oder als Untergruppe einer der Hauptströmungen betrachten lassen, wie zum Beispiel die Misrachi-Juden, die aus den arabischen Ländern stammen. Sie unterscheiden sich in ihren Minhagim, also Traditionen, nur punktuell von den Sepharden und werden daher oft zu ihnen gezählt, haben aber keine spanischen Wurzeln und sprechen oder sprachen Arabisch.

Die äthiopischen Juden wiederum waren so lange von den übrigen Juden in Europa und Nordafrika getrennt, dass sie nicht als sephardisch oder aschkenasisch zu klassifizieren sind. Sie fühlen sich dem sephardischen Judentum nahe, und viele der Äthiopier in Israel leben heute nach sephardischen Riten.

Die Unterschiede sind also vielfältig, oft auch politisch. Manche Gruppen sind generell strenger in der Auslebung der Religion als andere. Doch eint sie alle mehr, als sie augenscheinlich trennt. Sie halten Schabbat und Feiertage strikt ein, das heißt, von Freitagabend bis Samstagabend fahren sie kein Auto oder betätigen Lichtschalter, sie essen nur koscheres Essen, akzeptieren jedes einzelne Wort in der Torah als wahr, direkt von G'tt gegeben und von Mosche aufgeschrieben. Die Männer beten drei

Mal täglich und vieles mehr. Auch akzeptieren sie untereinander Konvertiten.

Eine Ökumene zwischen diesen Strömungen ist also nicht notwendig, denn wir akzeptieren verschiedene Richtungen als Minhagim, Traditionen, die, selbst wenn sie sich in Teilen widersprechen, gleichberechtigt und gleich wahr sind.

Deswegen gibt es auch keinen Streit zwischen Sepharden und Aschkenasen, ob man an Pessach Reis essen darf oder nicht. Die Sepharden dürfen, die Aschkenasen eben nicht. So einfach ist das. Dafür dürfen Aschkenasen das ganze Jahr über Fisch und Milchprodukte zusammen essen.

Wenn ich mal von der Pessachwoche absehe, bin ich froh, dass ich Aschkenase bin. Ein Bagel mit Frischkäse und Räucherlachs ist einfach zu lecker!

Welcher Strömung Sie angehören wollen und welche Minhagim Sie annehmen, steht Ihnen als Konvertit frei. Sie können bei einem aschkenasischen Beit Din übertreten und danach als Sepharde leben. Sie können jeckische Gewohnheiten annehmen oder chassidische. Wenn Sie sich aber ein Mal entschieden haben, dann müssen Sie dabei bleiben. Und wenn Sie ein Mann sind, dann nicht nur Sie. Ihre Frau übernimmt nach der Hochzeit alle Ihre Minhagim, genau wie auch Ihre Kinder, denn in einer Familie kann es nicht gleichzeitig verschiedene Traditionen geben. Meine Frau ist mir bis heute böse, dass ich mich nach der Konvertierung nicht entschieden habe wie die Jecken, also die urdeutschen Juden, nur drei Stunden zwischen Fleisch- und Milchverzehr zu warten, sondern sechs.

Eine ordentliche orthodoxe Konvertierung wird von allen Juden anerkannt, auch von reformierten und liberalen Gemeinden. Ausnahmen gibt es zwar auch hier, aber ich persönlich habe bisher noch keinen Juden oder keine jüdische Institution kennengelernt, der oder die mich mit meinem orthodoxen Giur nicht als Juden akzeptiert. Interessanterweise sind unreligiöse Juden und vor allem Israelis hier manchmal strenger als manche religiöse.

Nur wer orthodox konvertiert, gehört dazu. Egal, wie er danach lebt. Auch der Staat Israel akzeptiert so übergetretene Menschen als Juden, und man genießt das Recht auf Rückkehr inklusive Pass und finanzieller Unterstützung bei der Einwanderung.

In Israel leben derzeit etwa acht Millionen Menschen, davon sind etwa sechs Millionen Juden. Die sogenannten Ultraorthodoxen machen nur einen einstelligen Prozentsatz der israelischen Gesamtbevölkerung aus, wohingegen die Häkelkippafraktion, auch als »modern orthodox« bezeichnet und der auch ich angehöre, in manchen Städten und Stadtteilen Israels die Bevölkerungsmehrheit stellt, also Mainstream ist.

Viele Juden, die selbst kein streng religiöses Leben führen, auch am Schabbat Auto fahren und Computer und Handy nutzen, fühlen sich dem orthodoxen Judentum zugehörig. Sie bauen darauf, dass G'tt ein liebender und verzeihender G'tt ist und ihnen spätestens am nächsten Yom Kippur, dem Versöhnungstag, alle Sünden vergibt, so wie jedes Jahr im Spätsommer. Dieser Tag wird von fast allen Juden in Israel eingehalten, und auf den Straßen und Autobahnen sieht man im ganzen Land keine Autos, dafür Fahrrad- und Rollschuhfahrer und Menschen auf anderen rollenbestückten Freizeitgefährten.

»Ich glaube nicht an G'tt und gehe nicht in die Synagoge, esse Schweinefleisch und arbeite an Schabbat! Nur Yom Kippur faste ich.« »Aber warum? Du glaubst doch nicht?« »Nu, ich könnte mich irren.«

In Deutschland ist das Verhältnis der Juden zur Orthodoxie ähnlich. Viele Gemeinden und Synagogen werden zwar orthodox geführt, sind jedoch spirituelle Heimat für alle halachischen Juden, also solche, die es nach dem jüdischem Gesetz sind, unabhängig von ihrer Religiosität. Daher parken auch am Freitagabend zum Schabbatbeginn vor orthodoxen Synagogen Autos, aus denen Menschen mit Kippa auf dem Kopf steigen, die nach dem Gebet mit dem Auto wieder nach Hause fahren.

2. Konservativ

Das konservative oder auch masorti Judentum ist vor allem in Amerika stark. Konservative Gemeinden sind sehr traditionell, oftmals wird, ebenso wie im orthodoxen Judentum, während des G'ttestdienstes die Geschlechtertrennung praktiziert, und es wird koscher gegessen. Allerdings sind die Auslegungen der Gesetze stärker an die moderne Welt angepasst. So ist es zwar eigentlich verboten, am Schabbat Auto zu fahren, aber wenn man anders nicht in die viele Kilometer entfernte Synagoge kommt, ist es für diesen Weg erlaubt.

Zu Hause wird oft streng koscher gegessen, aber bei einem Businesslunch in einem nicht-koscheren Restaurant schließt man sich nicht aus und bestellt eben etwas ohne Schweinefleisch oder, noch besser, etwas Vegetarisches und vermischt nicht Milch und Fleisch.

Ein Giur in einer konservativen Gemeinde wird von orthodoxen Rabbinern nicht anerkannt. Viele Juden aber sehen das anders, und auch der Staat Israel heißt konservativ Übergetretene mit Pass und Begrüßungsgeld willkommen.

Das konservative Judentum ist in Deutschland unter dem Dach der Reformgemeinden aufgehoben, aber es gibt konservative Gemeinden, die einen Giur anbieten, der in Israel für eine Aliyah akzeptiert wird.

3. Reform/liberal

Das Reformjudentum hat seinen Ursprung in Deutschland, und es gibt hier auch viele liberale Gemeinden. In kleinen Städten sind sie oft die einzige vorhandene jüdische Gemeinde. Sie sind im Dachverband »Union Progressiver Juden in Deutschland e.V.« organisiert. Mit »progressiv« ist gemeint, dass die g'ttliche Offenbarung ein fortschreitender Prozess ist und bis heute andauert.

Unter den liberalen Juden gibt es offenbar eine Menge lebender Propheten, die diese Offenbarung empfangen können.

Viele der etwa 250 000 jüdischen Kontingentflüchtlinge*, die seit 1991 aus der ehemaligen Sowjetunion nach Deutschland eingewandert sind, haben in diesen Gemeinden ein Zuhause gefunden. In der ehemaligen Sowjetunion wurden Juden diskriminiert, die Religionsausübung war größtenteils verboten, und sie wurden oft gezwungen, ihre jüdischen Namen und damit ihre Identität abzulegen. Gleichzeitig wurde ihnen »Jude« als Nationalität in den Pass gestempelt. Die Sowjets haben keinen Unterschied gemacht zwischen einem Juden mit jüdischer Mutter oder jüdischem Vater. Statt sich von den orthodox geführten Einheitsgemeinden als Nichtjuden schon wieder diskriminieren zu lassen, finden sie Aufnahme bei den Liberalen, da diese, zumindest inoffiziell, auch solche Menschen als Juden akzeptieren, die einen jüdischen Vater, aber keine jüdische Mutter haben.

In den USA ist es in vielen liberalen Gemeinden bereits Praxis, die väterliche Abstammungslinie als gleichwertig zur mütterlichen zu sehen.

In Deutschland gibt es den ausdrücklichen Wunsch der Gemeinden, in Zukunft auch so zu verfahren, aber noch können Menschen mit nur jüdischem Vater keine Gemeindemitglieder werden. Sie können aber Freundeskreismitglieder sein und an allen Veranstaltungen gleichberechtigt teilnehmen.

Das liberale Judentum lehnt viele als überholt empfundene Traditionen ab. Die Liturgie ist größtenteils in der Landessprache, also auf Deutsch, die Hoffnung auf einen neuen Tempel in Jerusalem mit Wiedereinführung der traditionellen Tieropfer wird aufgegeben. Geschlechtertrennung gibt es nicht, und Frauen dürfen Torah vorlesen und Rabbinerinnen werden.

---

* Flüchtlinge, die in festen Kontingenten auf die einzelnen Bundesländer verteilt werden.

Entsprechende Stellen im Gebet werden geschlechtsneutral umgeschrieben oder ganz gestrichen. Gebote wie die Einhaltung des Schabbat und der Verzicht auf unkoschere Nahrung sind zwar formell noch in Kraft, werden aber, wenn überhaupt, nur in Ansätzen praktiziert. Die Bedeutung oder der tiefere Sinn hinter den Geboten wird zur Handlungsgrundlage und nicht die Gebote selbst.

Die Torah wird nicht als Wort G'ttes und unumstößliche Wahrheit gesehen, sondern als Inspirationsquelle und Geschichtensammlung im historischen Kontext. G'tt selbst ist nicht mehr omnipotent und wird vermenschlicht und fehlbar.

Der Holocaust wird so für manche einfacher mit ihrer jüdischen Religion vereinbar, da G'tt sich geirrt haben könnte, als er das Morden zugelassen hat.

Aus orthodoxer Sicht ist es natürlich undenkbar, G'tt in Frage zu stellen, und es ist auch anmaßend zu glauben, den Sinn hinter den Geboten, also G'ttes ausdrücklicher Anordnung, zu kennen. Vor allem, wenn es Menschen tun, die dem Studium von Talmud und Torah keinen so hohen Stellenwert beimessen wie die Orthodoxie. Die meisten Juden, die sich einer liberalen Gemeinde anschließen, interessieren diese Feinheiten nur am Rande. Sie wollen eine Gemeinde, in der die Familie beim Gebet zusammensitzen kann, man sich nicht schämen muss, wenn man mit dem Auto anreist, man den Schabbat mit Musik aus der Jukebox oder aus Instrumenten feiern kann, der Rabbiner freundlich und die jüdische Religion das verbindende Element ist.

Der Übertritt zum Judentum in reformierten oder liberalen Gemeinden wird von Gemeinde zu Gemeinde sehr unterschiedlich gestaltet. Während manche von den Übertrittswilligen einen aus ihrer Sicht jüdischen Lebenswandel verlangen und diesen auch überprüfen, bevor sie jemanden aufnehmen, akzeptieren andere nach kurzer Zeit jeden als Juden, der sich selbst als solchen bezeichnet.

Allerdings wird außerhalb der eigenen Gemeinde kaum einer

jemanden als Juden anerkennen, der liberal konvertiert ist. Auch eine Einwanderung nach Israel ist mit einem solchen Giur nicht möglich.

4. Bnei Noach

Sie haben bereits die Sieben Gesetze Noachs kennengelernt und außerdem gesehen, dass Jude zu werden nicht nur bedeutet, einen Glauben anzunehmen, sondern auch, einem Volk beizutreten. Sie können jedoch den jüdischen Glauben an den einen G'tt und seine Torah auch ohne Aufnahme ins jüdische Volk ausleben. Zwar sind Sie dann kein Jude, aber jüdischen Glaubens, einer der Bnei Noach, ein Sohn oder eine Tochter Noachs.

In Israel verstehen sich die Drusen, ein arabisches Volk mit eigener monotheistischer Religion, die islamische Wurzeln hat, als Bnei Noach. Auch in Deutschland gibt es Bnei Noach, jedoch ohne kirchliche oder ähnliche Struktur. Daher ist es schwer, Zahlen zu nennen. Die fehlende Struktur rührt daher, dass sie entweder den Kontakt zu Juden suchen und an deren G'ttesdiensten und Lehrstunden als Gast teilnehmen oder einer anderen abrahamitischen Religion angehören.

Wenn man es besonders ernst nimmt mit den Sieben Gesetzen, kann man vor einem jüdischen Gericht den Status eines »Ger Toschav« erlangen. Man bekräftigt vor drei torahtreuen Juden die strikte Absicht, sich an die Sieben Gesetze zu halten und wird zu einem »Ansässigen Fremden«.

Das Wort »Ger« wird hier als »Fremder« übersetzt, während es bei einem Übergetretenen als »Konvertit« verstanden wird. Ich kenne allerdings keinen aktuellen Fall von einem Ger Toschav.

Als einer der Bnei Noach haben Sie natürlich kein Recht, nach Israel einzuwandern, und viele Juden wissen überhaupt nicht, was die Bnei Noach sind. Ein Beitritt ist also etwas, was Sie nur für sich selbst und Ihren persönlichen Bund mit G'tt machen.

Haben Sie oben in der Liste der Antworten, für wen Sie konvertieren, die Antwort »Für G'tt« schmerzlich vermisst und die anderen Antworten treffen auf Ihre Situation nicht zu, dann sind Sie hier vielleicht genau richtig.

5. Kostümjuden

Ja, es gibt sie wirklich. Kostümjuden sind Menschen, die wider besseres Wissen frech behaupten, sie wären Juden. Wenn sie das eine Weile durchgezogen haben, verschwimmen Fiktion und Wirklichkeit, und sie glauben sich irgendwann selbst. In Deutschland gibt es einige davon, und ihre Motivation lässt sich in drei Kategorien unterteilen:

Die erste Gruppe, die mir begegnet ist, ist wahrlich nicht zu beneiden. Es sind oft Frauen, denen als Kinder Schreckliches angetan wurde. Sie suchen Abstand zu ihrer eigentlichen Familie, eine neue Identität und eine neue Familie. Sie finden sie in einer jüdischen Gemeinde. Juden waren ja nicht nur im Holocaust Opfer von Gewalt und Mord, sondern auch schon in den vielen Jahrhunderten davor. Dieser jüdische Opferstatus gibt der Kostümjüdin in ihrer eigenen Opferrolle Halt, und sie kann auf Nachfragen wahrheitsgemäß auf unaussprechliche Leiden hinweisen, ohne Verwunderung zu ernten. Sie muss sich nicht erklären und braucht ihren Schmerz trotzdem nicht zu verbergen. Wenn in der Familie ein Jude existiert, etwa der Vater oder Großvater, entwickelt sich die Rolle noch selbstverständlicher.

Ich bin kein Arzt, aber Psychologen kennen dieses Verhalten als Krankheitsbild.

Die zweite Kategorie sind Menschen, die sich durch eine falsche jüdische Identität offenbar weltliche Vorteile erhoffen. Es gibt in Deutschland Kostümjuden aus der ehemaligen Sowjetunion, die mit gefälschter jüdischer Identität den deutschen Staat betrogen und als Kontingentflüchtlinge Sozialleistungen und einen deutschen Pass erschlichen haben. Auch in Israel versuchen manche von ihnen, auf diese Weise Einwanderungspapiere zu bekommen. Da gefälschte Geburtsurkunden in Russland einfach zu beschaffen sind, werden sie in Israel nicht mehr als Beweis dafür, Jude zu sein, akzeptiert.

Meine Frau stammt ursprünglich aus der Sowjetunion und wir mussten einen Rabbi finden, der ihre Jüdischkeit bestätigte und dem die israelischen Behörden vertrauen. Hätten wir keinen Rabbi gefunden, wäre es dank der vielen Kostümjuden sehr schwierig geworden, denn ohne die Bestätigung, dass meine Frau Jüdin ist, hätten wir nicht heiraten können.

In einigen wenigen Branchen – dazu gehörte früher der Diamantenhandel, bevor er sich weitestgehend nach Indien verlagert hat – ist es für den wirtschaftlichen Erfolg von Vorteil, wenn man Jude ist. Das liegt nicht an irgendwelchen geheimen jüdischen Seilschaften oder Verschwörungen, sondern weil ein Jude bei einem anderen Juden allein dadurch, dass er Jude ist, einen Vertrauensbonus hat. Man kennt sich ja noch vom Berg Sinai, als uns die Torah von G'tt gegeben wurde. Durch Vertrauen werden gute Geschäfte ermöglicht oder erleichtert.

Diese Art Kostümjuden sind für mich einfach nur Gauner. Die würden sich als alles Mögliche ausgeben, der Jude bietet sich nur auf Grund der Gesetzes- oder Wirtschaftslage gerade an. Wahrscheinlich lieben diese Menschen die Juden sogar dafür, dass sie sich als einen der Ihren ausgeben können.

Die Motivation der dritten Kategorie ist Antisemitismus oder übertriebener Philosemitismus. Solche Menschen haben einen tief sitzenden Judenknacks, glauben aber nicht an G'tt und suchen daher eine Abkürzung ins jüdische Volk. Die Antisemiten hassen die Juden zutiefst, sind aber besonders als Deutsche darauf konditioniert, dass ehrlicher Antisemitismus böse ist. Also machen sie sich selbst zum Juden, weil nach ihrer Logik ein Jude kein Antisemit sein kann. Es gibt eine Menge echter Juden unter den Antisemiten, und deren Existenz zeigt, dass das Gedankenkonstrukt eines solchen Kostümjuden wie ein Kartenhaus zusammenfällt, wenn man nur kurz darüber nachdenkt.

Jüdischer Antisemitismus und Israelhass ernten grundsätzlich wohlwollenden Applaus von all jenen, die selbst auch Antisemiten sind. Es ist Balsam für ihre mörderische Seele, denn wenn selbst ein Jude so über Juden redet, muss ja was Wahres dran sein, dass der Jude an sich schlecht ist.

Ein Beispiel für eine solche Kostümjüdin: In Deutschland gibt es eine Frau, die ihren evangelischen Wehrmachtspapa zu einem »Zaddik«, also einem »Gerechten«, und ihre urdeutsche Mutter zu einer Holocaustüberlebenden inklusive tätowierter Nummer auf dem Arm umgedeutet hat. Sich selbst hat sie zu einer IDF-Veteranin im ersten Libanonkrieg und zur Vorbeterin in einer deutschen jüdischen Gemeinde gemacht. Mit dieser Biographie in petto sondert sie Schreckliches über den Staat Israel und über Juden im Allgemeinen ab. Als vermeintliche Jüdin fühlt sie sich vermutlich vor den harten Schlägen der eingebildeten »Auschwitzkeule« sicher. Ich werde ihren Namen nicht nennen. Erstens hat sie es nicht verdient, genannt zu werden, und zweitens haben auch Kostümjuden und Antisemiten ein Recht auf Persönlichkeitsschutz.

Wenn Sie also auch einen Judenknacks haben und sich durch die Konvertierung zum Judentum einen Schutzpanzer gegen »Auschwitzkeulen« anlegen wollen, werden Sie lieber Kostümjude. Selbsthassende echte Juden haben wir schon genug.

Der Kreativität sind keine Grenzen gesetzt. Die obige Story ist zwar schwer zu toppen, aber eine orthodoxe Konvertierung in einer Hinterhofjeschiva in Mea Shearim, dem religiösesten Wohnviertel Jerusalems, kann man sich mit etwas Fantasie andichten.

6. Chabad

Chabad-Lubawitsch oder kurz Chabad ist eine chassidische Organisation mit Sitz in New York. Sie gehört zum aschkenasisch-orthodoxen Spektrum, das bereits vorgestellt wurde. Es gibt etliche andere, teils größere chassidische Gruppen, auch Dynastien genannt, etwa Satmar oder Belz und viele, viele mehr, die aber im heutigen Deutschland nur eine untergeordnete Rolle spielen.

Chabadzentren wurden jedoch in den letzten Jahrzehnten in jeder größeren Stadt in Deutschland gegründet oder neu belebt. Einige alteingesessene Gemeinden fühlen sich durch die Neuankömmlinge bedroht und bekämpfen sie teilweise, deswegen stelle ich Chabad gesondert vor.

Was alle chassidischen Gruppen eint: Sie haben oder hatten einen Rebben, dem sie folgen, und sie haben ihren gemeinsamen Ursprung in Osteuropa. Dort wurde der Chassidismus Anfang des 18. Jahrhunderts als eigenständige jüdische Lehre vom Rabbiner Israel Ben Eliezer זצ"ל, besser bekannt als Baal Schem Tov, begründet. Er setzte den Menschen in den Mittelpunkt religiösen Handelns, und die Halacha, also das jüdische Gesetz, wurde dem untergeordnet. Auf diese Weise konnten mehr Spiritualität und Mystizismus in das jüdische Leben einziehen, und die strikte Anwendung der Gesetze wurde etwas in den Hintergrund gedrängt. Ironischerweise sind die Chassiden heute diejenigen, die die jüdischen Gesetze mit am strengsten ausleben, wahrscheinlich, um dem Vorwurf, nicht gesetzestreu zu sein, von vornherein entgegenzuwirken.

Nach dem Tod des Baal Schem Tov hat sein Nachfolger Rabbi Dov Bär von Mesritsch זצ"ל den Chassidismus über Europa verbreitet. Daraus sind die verschiedenen chassidischen Dynastien entstanden, unter anderem eben auch Chabad.

Die spirituelle Leitung von Chabad hatte der jeweilige Rebbe inne, der seine Position an seinen Nachfolger vererbte. International bekannt wurde Chabad unter der Führung des letzten Rebbes, Rabbiner Menachem Mendel Schneerson זצ"ל. Er ist der Begründer des Schlichut, also der Entsendung von Rabbinerfamilien in alle Ecken dieser Erde, und hat so die Errichtung von Chabadzentren auf der ganzen Welt und eben auch in Deutschland initiiert. Dass viele alteingesessene Gemeinden Chabad als unwillkommene Konkurrenz sehen und bekämpfen und als extremistische Sekte diffamieren, ist meiner Meinung nach ein Fehler. Das jüdische Leben in Deutschland liegt nach dem Holocaust immer noch weitestgehend brach. Es gibt also viel Arbeit, und Chabad sollte als tatkräftige Hilfe beim Wiederaufbau betrachtet werden. Außerdem bringen sie eine Menge Erfahrung mit: Nach dem Zusammenbruch der Sowjetunion war es hauptsächlich Chabad, die den Juden dort wieder eine Identität und Religion geschenkt hat.

Die Arbeit, die Chabad geleistet hat und immer noch leistet, ist unglaublich und bewundernswert. Auch wenn Mitglieder der Gruppierung, Chabadniks genannt, wie alle Chassiden sehr streng sind in ihrer Religiosität, so sind sie trotzdem sehr offen und herzlich gegenüber Juden, die nicht religiös sind. Die Philosophie dahinter ist, dass jede Mitzwa, also jedes jüdische Gebot, das ein Jude ausführt, wertvoll ist. Ein Jude, der keines der jüdischen Gesetze hält und als Gast in einem Chabad-Zentrum am Schabbat eine besondere Mahlzeit isst, hat dadurch eine Mitzwa erfüllt. Diese Mitzwa ist vergleichbar mit einem angezündeten Streichholz in einem dunklen Raum. Wer alle Mitzwot hält, dessen Raum ist zwar hell erleuchtet, aber wer nur eine einzige hält, der beleuchtet einen vorher komplett dunklen Raum und macht mit dieser einen Mitzwa einen deutlich sichtbaren Unterschied.

So weit, so gut. Das Problem aber ist, dass der letzte Rebbe 1994 kinderlos verstorben ist und keinen Nachfolger eingesetzt hat. Nicht alle Chabadniks kommen mit diesem Umstand klar. Der Rebbe war ein wahrlich großer Mann. Darum glauben viele

Chabadniks einfach nicht, dass er gestorben ist, und halten ihn für den Moschiach, den Gesalbten, also den Erlöser.

Auf seinem Grabstein steht zwar ein Geburts-, aber kein Sterbedatum. Den Widerspruch darin kann man schon fast komisch finden, denn wer nicht gestorben ist, braucht eigentlich auch keinen Grabstein, auch keinen mit fehlendem Todestag.

Schon mehrmals in der Geschichte haben Juden einen Rabbi als ihren Moschiach erkannt. Daher gibt es heute das Christentum, außerdem noch die Anhänger von Schabbtai Zvi, Dönmehs genannt, und noch einige andere falsche Erlöser samt Gefolgschaft. Und nun reihen sich die Chabad-Moschichisten in diese Liste ein. Sie spalten sich seit ein paar Jahren von den übrigen Chabadniks ab, erkennbar unter anderem an der gelben Fahne mit Krone, die manche von ihnen als Pin an ihrer Jacke tragen, und an hebräischen Spruchbändern auf der Kippa. Für unbedarfte Beobachter sehen die Gruppierungen jedoch immer noch gleich aus, und das nährt die Vorbehalte gegen Chabad allgemein. Vor diesem Hintergrund ist es nicht verwunderlich, dass Chabad von manchen als extremistische Sekte bezeichnet und von den anderen jüdischen Gemeinden bekämpft wird.

Glücklicherweise versuchen Chabad-Rabbiner sich aus Konvertierungen rauszuhalten. Sie betreiben innerjüdische Mission und sind damit mehr als ausgelastet. So ist es unwahrscheinlich, dass Sie ausgerechnet an einen Chabad-Rabbiner geraten, der auch noch Moschichist ist und Sie vor ein Gericht aus eben solchen Rabbinern bringt, um Sie zu konvertieren. Ein solcher Übertritt ist nämlich genauso wertvoll wie ein liberaler Giur, wenn auch ungleich schwieriger zu erreichen. Der Staat Israel heißt so Übergetretene konsequenterweise nicht als Staatsbürger willkommen. Halten Sie also lieber Abstand zu den Moschichisten.

Haben Sie aber einen Chabad-Rabbiner als Lehrer gewonnen, der kein Moschichist ist, kann man Sie nur beglückwünschen.

7. Jews for Jesus (J4J), Messianische Juden

Laut der Webseite dieser Organisation haben die J4J eine einstellige Zahl an Mitarbeitern und unter einhundert jüdische Anhänger in ganz Deutschland (Stand 2011). Es handelt sich bei J4J um zum Christentum übergetretene Juden, die sich nicht von allen jüdischen Traditionen lösen können und als Christen die jüdischen Feste weiter feiern wollen. Sie nennen sich weiter Juden, die Jesus als Messias verehren. Während ordentliche Christen niemals zweifeln, dass Jesus der Messias war oder ist, müssen die J4Js anhand der Torah und der Schriften des Tanach, also der hebräischen Bibel, immerfort aufs Neue beweisen, dass Jesus gemeint war, wenn vom Moschiach gesprochen wird.

Es gibt tatsächlich Christen, die zum Judentum konvertieren, um danach messianische Juden zu werden.

Ich kann nicht verstehen, was das soll. Vielleicht hoffen diese Menschen, über diesen beschwerlichen Umweg in Zukunft erfolgreicher bei der Judenmission zu werden?

Ich glaube nicht, dass Sie diesen Weg gehen wollen. Falls doch: Bleiben Sie einfach ein ordentlicher Christ, und lesen Sie noch mal den Abschnitt über die Bnei Noach.

Nachdem Sie »Ihre« Strömung des Judentums gefunden haben, suchen Sie sich eine Gemeinde in Ihrer Nähe und besuchen die G'ttesdienste und Veranstaltungen. Suchen Sie insbesondere nach Lerngruppen und Unterrichtsstunden. Schauen Sie sich alles eine Weile an, vielleicht fällt Ihnen irgendwann auf, dass es doch eine andere Strömung sein soll. Sobald Sie von anderen Juden in der Gemeinde wiedererkannt und vielleicht sogar persönlich begrüßt werden, suchen Sie das Gespräch mit dem Gemeinderabbiner. Fragt Sie vor diesem Gespräch jemand, ob Sie konvertieren wollen, antworten Sie nicht mit »ja«. Weichen Sie aus. Sagen Sie höchstens, Sie denken darüber nach. Der Rabbiner sollte der Erste in der Gemeinde sein, der von Ihrem konkreten

Wunsch erfährt. Können Sie ihn von Ihrer Ernsthaftigkeit überzeugen, und akzeptiert er Sie, haben Sie bald auch die übrige Gemeinde auf Ihrer Seite.

Werden Ihre Bestrebungen konkret, und Sie wollen wirklich in den Prozess einsteigen, kann es sein, dass Sie umziehen müssen. Die Synagoge sollte von Ihrer Wohnung aus zu Fuß erreichbar sein, und selbst, wenn Sie liberal übertreten wollen, ist ein Gemeindeleben und -erleben in einer eine Autostunde entfernten Gemeinde kaum möglich.

Der Rabbiner wird Sie genauer beobachten. Sieht er, dass Sie es mit dem Judentum ernst meinen, wird er einen Kontakt zum zuständigen Jüdischen Gericht, dem Beit Din, herstellen.

Tun Sie sich und dem Rabbiner einen Gefallen: Schleimen Sie sich nicht ein. Stehen Sie zu sich und Ihrer gut begründeten Meinung, und seien Sie sich nicht zu schade, sie zu ändern. Man lernt am schnellsten durch Diskussion, und eine fruchtbare Diskussion kennt immer verschiedene Standpunkte. Respektieren Sie dabei trotzdem die Meinung des Rabbiners als die richtige. Er hat das Hintergrundwissen und die Erfahrung in religiösen Fragen. Was Sie versuchen können zu erreichen, ist, dass der Rabbiner Ihre Meinung zu einem Thema nicht einfach abtut, sondern mit Hilfe einer Schrift oder eines anderen Rabbiners widerlegt. Manchmal passiert es auch, dass Ihre Meinung sich als die richtige herausstellt. Den Tag können Sie sich im Kalender anstreichen. Mein Kalender hat vielleicht drei oder vier solcher Eintragungen in den letzten sechs Jahren. Auch ein blindes Huhn findet ab und an mal ein Korn.

Den Prozess dürfen Sie sich nicht wie ein Studium an der Uni oder in einer Schule vorstellen. Man lernt nicht mit dem Ziel, eine Prüfung mit definiertem Inhalt zu bestehen. Die Fragen, die bei den Prüfungen gestellt werden, sind sehr unterschiedlich. Was das Beit Din feststellen muss, ist die Eignung und den ehrlichen Willen, ein jüdisches Leben zu führen.

Woran das festgemacht wird, ist sehr unterschiedlich. Wichtig ist nicht nur Ihr Wissensstand, sondern auch Ihre Tendenz.

Ich brachte zu meiner ersten Sitzung ein Empfehlungsschreiben meines Rabbiners mit, auf das ich sehr stolz war. Dabei stand darin in schönen Worten auf Hebräisch nur: »Ja, den Herrn Havemann kenne ich, er kommt öfter in die Synagoge.«

Es war die ehrliche Einschätzung des Rabbiners am Anfang meiner Konvertierung. Das Gericht war nicht beeindruckt.

Zur nächsten Sitzung gab mir der Rabbiner ein neues Zeugnis mit, und das las sich schon deutlich besser. Darin stand, dass ich Schabbat halte, zu den Lehrveranstaltungen komme und mich in das Gemeindeleben einbringe. Seine volle Wirkung entfaltete dieses Schreiben aber erst, als es mit dem ersten verglichen wurde. Das Beit Din hat eine Entwicklung festgestellt. Im Nachhinein freue ich mich daher immer noch über das erste Empfehlungsschreiben. Abgesehen davon ist es überhaupt schon ein Erfolg, ein solches Schreiben zu bekommen. Denn dann hat man die erste Hürde tatsächlich genommen und bekommt das auch noch schriftlich.

Wie oft einen das Beit Din einlädt, bevor man konvertiert wird, ist sehr unterschiedlich. Es gibt Konvertiten, die nach nur einer Sitzung in die Mikve geschickt werden. Das sind meistens Menschen, die mit vielen Empfehlungen von Rabbinern kommen, schon lange dabei sind und bisher einfach noch keinen Termin mit dem Beit Din bekommen haben. Frauen sind hier im Vorteil, da einem Mann erst die Beschneidung und dann erst die Mikve erlaubt werden muss. Ein Mann hat also im Zweifel einen Termin mehr.

Üblich sind drei oder mehr Termine. Ich hatte einen Kennenlerntermin, einen, an dem mir die Brit erlaubt wurde, und den finalen Termin mit anschließendem Bad in der Mikve.

Das Beit Din, das für meine Konvertierung zuständig war, ist ein wanderndes Gericht, das an verschiedenen Orten in Europa tagt. Für die ersten beiden Termine bin ich mit einem Billigflieger nach Basel geflogen, bei dem letzten hatte ich genug Chuzpe, mir einen anderen Ort zu wünschen. Daher wurde ich in Berlin untergetaucht und fertig konvertiert.

Zu diesem Beit Din bin ich durch eine Verkettung von Zufällen, will sagen, durch g'ttliche Fügung gekommen. Ursprünglich hatte ich mich bei der ORD, der Orthodoxen Rabbinerkonferenz Deutschland, angemeldet. Der zuständige Landesrabbiner aus Hamburg hat mich in den Prozess aufgenommen, und ich habe angefangen zu lernen. Zu der Zeit kam eine neue Rabbinerfamilie in die Stadt, die für die Jugendarbeit eingestellt wurde. Wir haben uns angefreundet, und dieser Rabbi hat regelmäßig in seiner Freizeit mit mir gelernt. Allerdings erst, nachdem der Landesrabbiner es erlaubte.

Von ihm habe ich das meiste gelernt, was ich über das tägliche Leben als Jude wissen muss. Vom Betritus über koscheres Essen bis hin zu Schabbat und Feiertagen, aber auch spirituelle und zwischenmenschliche Regeln und Einsichten. In der Familie war ich Dauergast, habe fast jeden Schabbat mit ihnen verbracht und so das jüdische religiöse Leben unmittelbar kennengelernt. Für diese Möglichkeit und Erfahrung bin ich sehr dankbar.

Sie müssen sich auch eine Familie suchen, die Ihnen das jüdische Leben zeigt. Lernen und lesen kann man viel, aber verinnerlichen kann man am besten, indem man erlebt. Es muss nicht unbedingt eine Rabbinerfamilie sein, aber religiös muss sie schon sein. Die Beziehung muss auf gegenseitiger Freundschaft beruhen. Wie Sie die aufbauen, vor allem als Neuling und Fremder in einer Gemeinde, dafür kann ich Ihnen keinen Rat geben. Das sind zwischenmenschliche Dinge, die sehr individuell sind. Nur: Sie müssen offen sein für eine Freundschaft. Eine, die eine Chance hat, Ihre Konvertierung zu überdauern, und nicht mit dem Bad in der Mikve abrupt endet. Und dieses Gefühl muss auch die Familie haben, denn als einfacher Dienstleister für die Bedürfnisse eines Konvertiten will niemand herhalten, wie Sie bestimmt nachvollziehen können.

Ich war also schon mitten im Geschehen, hatte Lehrer, Familie, Gemeinde und ein Beit Din gefunden, da verabschiedete sich Letzteres einfach. Es gab in der ORD politische Turbulenzen, kombiniert mit persönlichen Problemen eines Rabbiners, die dazu führten, dass ein Rabbiner aus dem Gericht ausschied und kein neuer berufen werden konnte. Und das auf unbestimmte Zeit.

Inzwischen ist das Problem gelöst. Die ORD ist also wieder eine gute Adresse für Konvertiten, aber ich stand damals ohne Perspektive da, jemals vor dem Gericht vorsprechen zu können. Der Rabbi aus »meiner« Familie, der eben auch mein wichtigster Lehrer war, fuhr seinerzeit auf eine europäische Rabbinerkonferenz. Dort traf er den inzwischen verstorbenen Rabbiner Aba Dunner זצ״ל. Er organisierte das Beit Din des CER, also des »Council of European Rabbis«. Dieses Beit Din sieht seine Aufgabe darin, überall in Europa einzuspringen, wo es kein funktionierendes lokales Beit Din gibt.

Rabbi Aba Dunner זצ״ל sprach also auf dieser Konferenz mit meinem Lehrer und erzählte von diesem Beit Din. Den Vorsitz dieses Gerichtes hat Dayan Chanoch Ehrentreu inne, einer der angesehensten Dayanim, also jüdischen Richter unserer Zeit.

Bei ihm einen Giur zu bestehen ist fantastisch. Eine von ihm unterschriebene Übertrittsurkunde wird niemand anzweifeln, und das ist für einen Konvertiten das wichtigste Kriterium bei der Wahl eines Beit Din.

Rabbi Aba Dunner זצ״ל fragte meinen Rabbi und Lehrer also, ob er jemanden kenne, der konvertieren will und ein Beit Din sucht. Mein Lehrer nannte ihm meinen Namen. Daraufhin wurde ich vom Beit Din kontaktiert, bekam einen Termin in Basel, wie schon erwähnt, und war mit der Konvertierung fertig, noch bevor die ORD wieder in geordnete Bahnen zurückgefunden hatte.

Als in Israel mein Giur vom Rabbanut anerkannt werden

sollte, war der zuständige Rabbi ein Sohn von Dayan Ehrentreu. Die Unterschrift seines Vaters machte aus der Prüfung meines Status als Juden einen sehr kurzen Verwaltungsakt.

Die wichtigsten Aufgaben eines Beit Din sind Scheidungen und Konvertierungen, und vor allem Ersteres muss zeitnah von einem jüdischen Gericht behandelt werden, damit das Leben der ehemaligen Ehepartner weitergehen kann. Es besteht immer aus drei Dayanim, also drei Richtern, und aus einem oder mehreren Beisitzern. Mit grimmigen Blicken mustern sie den Menschen vor ihnen und stellen möglichst gemeine Fragen. Sie als angehender Konvertit sitzen vor großen rabbinischen Autoritäten, die noch dazu in der Überzahl sind und Unterstützung durch die Beisitzer haben. Sie sitzen alleine, ohne Beistand, auf einem Stuhl und müssen sich behaupten. Wenn Sie sich noch nie klein gefühlt haben, jetzt ist der Moment gekommen.

Ich saß vor dem großen, gefürchteten und respektierten Dayan Chanoch Ehrentreu, und der hatte an diesem Tag verdammt schlechte Laune. Sein Flug von England nach Basel war holprig und anstrengend gewesen. Er ist schon ein älterer Mann, arbeitet in dem Beit Din ehrenamtlich, und die Strapazen der Reise nagten an seinen Nerven. Eine wunderbare Ausgangssituation für mich.

Er fragte mich Dinge, die ich nicht wissen konnte. Danach erklärte er mir, warum meine Antwort falsch war. Ich schrumpfte noch ein paar Zentimeter, wenn das überhaupt noch möglich war. Heute weiß ich, dass das seine Taktik ist. Er geht davon aus, dass seine Frage nicht beantwortet werden kann, und beobachtet, ob der Prüfling seine Erklärung richtig nachvollzieht. So erfährt er deutlich mehr über den Wissensstand des Gegenübers als durch eine richtige Antwort auf eine leichtere Frage.

Aber auch leichtere Fragen kommen, und bei einer hatte ich Hilfe von ganz Oben. Ich wurde gefragt, in welcher Zeit wir uns gerade befinden. Es war die Zeit des Omers, das sind die 50 Tage zwischen Pessach und Schawuot, dem Wochenfest. Die korrespondierenden christlichen Feste sind Ostern und Pfingsten, die auch genau 50 Tage auseinander liegen. Daher auch der Name Pfingsten, der von altgriechisch *pentekostē* = fünfzig kommt.

Wir zählen in dieser Zeit jeden Abend nach dem Abendgebet laut in der Synagoge den Tag und sagen dabei einen Segensspruch. Den heutigen Tag ohne vorherigen Segensspruch laut auszusprechen, muss man vermeiden, aber man darf den Segen nur ein Mal täglich sagen. Wenn man also gefragt wird, welcher Tag des Omers ist, antwortet man beispielsweise: »Gestern war Tag 21.«

Man geht davon aus, dass der Fragende die Addition plus eins einfach im Kopf hinbekommt, ist also keine Antwort schuldig und aus dem Schneider.

Beim Gebet zählt man auf Hebräisch, und Zahlen werden als Buchstaben mit Zahlenwert geschrieben.

Weder beherrschte ich dieses Zahlensystem, noch wusste ich, dass man nur die Zahl des Vortages sagt, wenn man nach der Omer-Zahl gefragt wird. Ich wusste aber, dass Lag BaOmer, ein fröhliches Grillfest, was ich am Tag zuvor in der Gemeinde gefeiert hatte, seinen Namen daher hatte, dass es am Tag »Lamed Gimel« in der Omerzeit gefeiert wird. Lamed und Gimel bedeuten übersetzt dreißig und drei, gestern war also der 33. Tag. Leider konnte ich das nicht auf die Schnelle umrechnen und antwortete frech: »Gestern war Lag BaOmer!«

Die Dayanim waren begeistert. Sie schlossen daraus, ich wüsste, welcher Omer-Tag ist, dass ich die hebräischen Zahlen kenne und man immer mit dem gestrigen Tag antwortet. Nichts davon wusste ich!

Hilfe hatte ich aber nicht nur von Oben, sondern auch vom Beisitzer des Beit Din, Rabbi Aba Dunner זצ״ל. Er war mein unverhoffter Anwalt vor dem Gericht. Wir haben uns nur kurz getroffen und selten gesprochen, aber er mochte mich. Das war ein großes Glück und machte es mir viel einfacher, vor diesem Beit

Din zu bestehen. Ich war nicht allein und konnte auf die vielen anderen Fragen deutlich entspannter antworten. War ich mal ungenau, hat er mich verteidigt und mir die Möglichkeit gegeben, Antworten klar zu stellen.

Die meisten Fragen waren auch gar nicht schwer. Zumindest nicht für jemanden, der tatsächlich ein jüdisches Leben führt. Ich wurde gefragt, wie weit die Synagoge von meinem Haus zu Fuß entfernt ist, wann in der Gemeinde gebetet wird, wo ich meinen Käse kaufe und noch viele andere Dinge, die man nicht lernen kann, sondern die sich aus dem täglichen jüdischen Leben ergeben. Den Weg in die Synagoge kannten meine Füße auswendig, die Gebetszeiten waren in meinem Wochenablauf verankert, und den Käse bekam ich über meinen Rabbi. Wer bei solchen Fragen stockt, der meint es nicht ernst. Wer aber ein halachisches Problem nicht lösen kann, der kann es noch lernen, und wenn er weiß, in welchem Buch er die Antwort suchen muss, bekommt er dafür dieselbe Anerkennung wie für eine richtige Antwort.

Das Verständnis für die Halacha, also das jüdische Gesetz und die dazugehörige Denkweise, wirkt auf Außenstehende oft bizarr. Nachdem ich ein komplexes halachisches Problem und seine Lösung kennengelernt hatte, erzählte ich ein paar Freunden davon, die bei mir zum Essen waren. Wenn es keine koscheren Restaurants vor Ort gibt, lädt man eben öfter zu sich ein.

Es war eine bunte Truppe. Zwei waren zufällig Anwälte. Das halachische Problem und dessen Lösung fanden alle völlig abstrus, sowohl die jüdischen als auch die nichtjüdischen Gäste. Nur die beiden Anwälte fanden es einleuchtend.

Warum? Weil auch sie berufsbedingt gelernt haben, *mit* Gesetzen und nicht *nach* Gesetzen zu leben. Diesen Unterschied will ich Ihnen mit einer kleinen Geschichte verständlich machen:

RASEN BETRETEN VERBOTEN

Ein solches Schild versteht der sprichwörtlich obrigkeitshörige Deutsche so: Diese Rasenfläche muss ich komplett meiden, ich darf mich weder darauf aufhalten noch darüberlaufen. Zu diesem Schluss kommt er, da er den Grund für das Verbot ergründet. Der Rasen soll davor geschützt werden, dass seine Halme niedergedrückt werden.

Wäre das Schild ein g'ttliches Gebot des Raseng'ttes und sollte von einem Rasenjuden eingehalten werden, würde er nicht versuchen, den Grund zu ergründen, denn des Raseng'ttes tiefe Gründe bleiben ihm verborgen, und es wäre anmaßend zu glauben, sie zu kennen. Daher hält er sich einfach an das Gesetz, wie es ihm übermittelt wurde: »Rasen betreten verboten!«

Betreten ist jedoch etwas, das man mit den Füßen tut. Robben, Krabbeln, auf Händen laufen, Fahrrad fahren, eine Decke darauf legen, Sitzen und Liegen fallen also nicht unter dieses Verbot.

Rasen sind Grashalme ab einer gewissen Dichte und Reinheit, wie sie die Rasenrabbiner definiert haben, daher sind beispielsweise Stellen mit Blumen aus dem Verbot ausgeschlossen und dürfen betreten werden. Rasenrabbi Rose BenBlume aus dem Botanischen Garten Berlin sagt: Betreten kommt von »treten«, und dafür braucht man Treter, also Schuhe. Darum ist der Rasen ohne Schuhe begehbar.

Seine Anhänger sind besonders strenge Rasenjuden und robben, krabbeln und laufen auch auf Händen nicht nur ohne Schuhe, sondern komplett barfuß, da Socken schuhähnlich sind und ein Beobachter aus der Ferne glauben könnte, der Rasenjude trage Schuhe.

Rasenrabbi Erdloch BenTagebau aus Kohlenflöz wiederum sagt, dass »betreten« nur für eine Fußbewegung steht, die einen Tritt nach vorne beinhaltet. Deshalb verbietet er das Fußballspielen, erlaubt aber das Laufen mit Schuhen auf dem Rasen. Seine Anhänger sind so streng in der Auslebung der Gesetze, dass sie nicht nur keinen Fußball spielen, sondern auf dem Rasen auf alle Ballspiele verzichten, bei denen luftgefüllte Bälle verwendet werden.

Frisbees sind erlaubt. Der Rest der Rasenjuden akzeptiert die beiden Rasenrabbiner als Autoritäten. Aus diesem Grunde laufen sie nur in Socken und spielen keinen Fußball, dafür aber Volleyball, und sie haben Schuhe an, während sie sitzen.

Die ganz strengen Rasenjuden spielen barfuß Frisbee und versuchen dabei auf einem Fleck mit mehr als 20 Gänseblümchen pro Quadratmeter zu stehen. Gepicknickt wird dann aber zusammen auf einer großen Decke.

Jetzt verstehen Sie wahrscheinlich nicht nur unseren Umgang mit dem jüdischen Gesetz besser, sondern auch, warum es so viele verschiedene jüdische Traditionen gibt und sie sich gegenseitig ergänzen und nicht ausschließen.

Mit diesem Verständnis ausgestattet, werden Sie vor dem Beit Din die halachischen Kniffelfragen leichter herleiten können. Aber nicht alles kann man herleiten, manches muss man auch auswendig lernen.

Ein paar Konvertiten haben mir erzählt, dass sie das Gebet nach dem Toilettenbesuch auswendig auf Hebräisch aufsagen mussten. Den Spruch, der etwa eine Seite lang ist, sagt man mehrfach am Tag – eine anständige Verdauung und funktionierende Nieren vorausgesetzt. Irgendwann kann man ihn auswendig. Daher eignet sich dieser Test vorzüglich, um den jüdischen Lebenswandel nachzuprüfen. Das ist aber nicht der einzige Segensspruch, den das Beit Din abfragen kann.

Bringen Sie zum Termin in jedem Fall Ihren Siddur mit, das Gebetbuch für das tägliche Gebet. Erstens natürlich, weil Sie es brauchen werden, denn der Termin kann länger dauern, und irgendwann wird es Zeit für Mincha, das Nachmittagsgebet. Zweitens, weil das Beit Din Ihren Siddur sehen will. Sie lesen aus diesem Buch einiges über Sie ab. Etwa, welcher Richtung Sie angehören wollen, welche Übersetzung Sie gewählt haben und wie oft Sie beten. Sieht das Buch neu und unbenutzt aus, sind Sie offenbar kein regelmäßiger Beter. Die Seiten der häufigsten

Gebete müssen sich an den Rändern vom Umblättern schon langsam Richtung braun verfärben, der Buchrücken ausgeleiert und das Cover abgegriffen sein. Ein ordentlich genutzter Siddur ist nach kürzester Zeit in einem schlechteren Zustand als jedes Buch vom Flohmarkt. Ich habe mal einen gesehen, bei dem jede Seite an den Rändern dunkelbraun und ausgefranst war, als hätte er kurz im Feuer gelegen.

Damit Ihr Siddur abgenutzt wird, müssen Sie ihn regelmäßig benutzen. Und benutzen kann man nur, was man besitzt. Daher kaufen Sie sich einen Siddur, falls Sie noch keinen haben. Ich habe einen mit deutscher Übersetzung, wie er auch in vielen Gemeinden Deutschlands ausliegt. Er heißt »Schma Koleinu«, was »Höre unsere Stimme« bedeutet.

Es gibt noch viele andere. Manche sind besser für Anfänger, andere besser für Reisende und wieder andere besser für die Nutzung als Synagogengebetbücher. Kaufen Sie am besten den, den Sie aus Ihrer Synagoge gewohnt sind.

Trotzdem will ich Ihnen einen besonders ans Herz legen: Den *The Complete Artscroll Siddur*. Das ist der gängigste Siddur in Nordamerika, und wie auch schon der Titel erahnen lässt, verfügt er neben dem hebräischen Gebetstext über eine englische Übersetzung.

Meiner steht bei mir im Regal, und ich benutze ihn sehr selten. Warum empfehle ich ihn dann so wärmstens? Erstens ist er wirklich complete, also vollständig. Es gibt kaum einen Siddur, der so viele nur selten gebrauchte Einschübe und Gebete liefert. Wenn also dem Siddur für den täglichen Gebrauch etwas fehlt, im Artscroll wird es stehen.

Zweitens ist es der Siddur, der am genauesten und umfangreichsten die Einzelheiten der Gebete erklärt. Und nicht nur das, auch spirituelle und geschichtliche Hintergründe zu den Gebeten finden sich darin. Wenn ich mal nicht weiterweiß, greife ich zum Artscroll. Zum Lernen ist er also ideal. Zum Beten bevorzuge ich meinen normalen Siddur. Die ganzen Kommentare und Verweise im Text lenken ziemlich ab.

Ich habe mal ein Video von einem Wettbewerb in Amerika gesehen. Jemand hatte gewettet, dass er ohne nachzusehen weiß, was auf jeder beliebigen Seite des *Complete Artscroll Siddur* für ein Gebet steht. So genau müssen Sie Ihren Siddur nicht kennen, aber wenn Sie vor dem Beit Din stehen und aufgefordert werden, das Abendgebet aufzuschlagen, dann sollten Sie nicht minutenlang im Buch herumblättern.

Synagoge

Sie kennen bestimmt die Synagoge in Ihrem Ort. Aber woran erkennen Sie, dass es sich bei dem Gebäude um eine solche handelt? Will sagen, gibt es architektonische Merkmale, die das Gebäude auszeichnen? Eine Kirche hat einen Glockenturm und ein Kreuz auf dem Dach. Eine Moschee hat ein oder mehrere Minarette. Was aber macht eine Synagoge aus?

Es gibt sehr prachtvolle Synagogenbauten, die ihre religiöse Bestimmung auch architektonisch ausstrahlen. Ein Beispiel ist die Neue Synagoge in Berlin mit ihrer goldenen Kuppel. Sie ist heute ein beliebtes Touristenziel, dient aber auch als Betraum für eine Liberale Gemeinde.

Die meisten Synagogen sind jedoch eher bescheidene Häuser oder gar einfach nur Räume in Wohnhäusern oder anderen Zweckbauten.

In Jerusalem hat der Zentrale Busbahnhof eine eigene Synagoge in einem Raum eingerichtet, auch das größte Einkaufszentrum hat eine. Sogar in einem einfachen Supermarkt existiert eine Synagoge für Besucher und Mitarbeiter, und im Zug zwischen Bet Schemesch und Tel Aviv ist eine Synagoge in einem der Waggons untergebracht.

Auch außerhalb Israels sind Synagogen an den unterschiedlichsten Orten versteckt. In Paris war ich zum Beispiel einmal zum Schabbatgebet in einem zur Synagoge umgebauten Ladengeschäft.

Von außen ist eine Synagoge also nicht immer zu erkennen. Die Gemeinsamkeiten der einzelnen Synagogen beschränken sich auf die Inneneinrichtung. Und auch hier unterscheiden sich vor allem aschkenasische und sephardische Bethäuser. Letztere sind deutlich prachtvoller und mit mehr Kitsch und allerlei Brimborium ausgestattet.

In Deutschland erkennt man Synagogen leider von außen leicht, nämlich an den hohen Zäunen davor und den schwer bewaffneten Polizisten und ihren Wachhäuschen.

Jüdische Einrichtungen müssen in Deutschland ständig bewacht werden. Die Kosten dafür sind enorm. Eine kleinere Synagoge muss in mehreren Schichten von insgesamt 15 Polizisten gesichert werden. Das alleine verursacht Gehaltskosten in Höhe von 350 000 Euro im Jahr. Für größere Gebäude wird noch mehr Wachpersonal benötigt. Im 24/7/365 Schichtbetrieb muss man fünf Mitarbeiter pro Wachposten rechnen. Bezahlt wird das vom Steuerzahler, nicht von der jeweiligen Jüdischen Gemeinde. Und das ist auch richtig so.

Eine Gesellschaft, die es nicht hinbekommt, die wenigen Idioten im Zaum zu halten, die regelmäßig jüdische Einrichtungen wie Synagogen, Kindergärten, Friedhöfe, Gemeindezentren und Schulen mit Schmierereien, Vandalismus und gar Brandbomben attackieren, muss eben bezahlen.

Wenn Sie also eine deutsche Synagoge besuchen, werden Sie von grimmigen Sicherheitsbeamten mit automatischen Waffen begrüßt und müssen an der gemeindeeigenen Security vorbei.

In vielen Gemeinden muss man sich, wenn man als Gast einen G'ttesdienst besuchen möchte, vorher anmelden und einen Ausweis vorzeigen. Manche Synagogentürsteher fragen unbekannte Gesichter auch auf Hebräisch nach dem Namen des Wochenabschnitts aus der Torah, bevor sie Eintritt gewähren, denn Juden, die aus religiösen Gründen am Schabbat keinen Ausweis bei sich tragen, können diese Frage leicht beantworten.

Kommen Sie also zum ersten Mal in die Synagoge, melden Sie sich vorher an, finden Sie den richtigen Geheimcode heraus, oder lassen Sie sich von jemandem mitnehmen, der regelmäßig dorthin zum Beten geht und dem die Security-Mitarbeiter trauen.

Hat man Sie eingelassen, finden Sie am Eingang eine Mesusa im oberen Drittel des rechten Türrahmens. Jedes jüdische Haus sollte eine haben, und erst recht eine Synagoge. Die Mesusa ist eine kleine Pergamentschriftrolle mit einem handgeschriebenen Torahabschnitt in einem Gehäuse.

Wenn Sie den Betraum betreten, sehen Sie, was eine Synagoge ausmacht.

An der Ostwand, also der Wand, die Jerusalem zugewandt ist, steht das wichtigste Möbelstück: der Torahschrein, auch Aron Hakodesch genannt. In diesem Schrein, der mit einem prächtig bestickten Vorhang, dem Parochet, versehen ist, werden die Torahrollen aufbewahrt. Je größer, älter und reicher die Gemeinde ist, desto mehr Rollen stehen in dem Schrank. Immerhin kosten diese großen, handgeschriebenen Pergamentrollen fünfstellige Eurobeträge in der Anschaffung.

Die aschkenasischen Torahrollen sind auf zwei Holzstäbe gewickelt und werden durch einen Stoffmantel geschützt. Bei den Sepharden sind die Rollen noch in ein prachtvoll geschmücktes, rundes Gehäuse eingebaut, das sich von oben nach unten der Länge nach aufklappen lässt.

In der Mitte des Raumes steht der Bima, das Pult für die Torahlesung. Hier reicht die Bandbreite von einem einfachen Möbel mit leicht geneigter Tischplatte bis hin zu einem gemauerten Podest mit Tisch und Bank und Verzierungen.

Die sephardische Bima ist nicht geneigt, da die Torah samt Gehäuse aufgestellt und dann daraus gelesen wird. Die aschkenasische Torahrolle wird auf den Bima gelegt.

Im Grunde genommen reichen Torahschrein und Lesepult, um einen Raum in eine Synagoge zu verwandeln. Es gibt portable Schreine mit Parochet und Platz für bis zu zwei Torahrollen, und jeder einfache Tisch kann als Bima genutzt werden, wenn man einen Gebetsschal darüber ausbreitet.

Praktischerweise sollte es für die Beter noch Sitzgelegenheiten geben. In den meisten Synagogen sind das Stuhlreihen mit einem ausklappbaren Tischchen in der Rückenlehne des Sitzes der Vorderreihe und oft auch einem Fach, in dem der Beter seine Bücher verstauen kann.

In aschkenasischen Synagogen sind alle Bankreihen zum Aron Hakodesch ausgerichtet, wohingegen sie in sephardischen Synagogen oft um den Bima herum platziert sind.

Viele Synagogen haben noch einen Schtender. Das ist ein kleineres Pult zwischen Bima und Aron Hakodesch, an dem der Vorbeter mit dem Rücken zur Gemeinde steht und vorbetet. Für Vorträge und Predigten sind manche dieser Schtender beidseitig nutzbar, oder es gibt gar ein Pult, das an eine Kanzel erinnert.

Über dem Torahschrein hängt in den meisten Synagogen das Ewige Licht, das vieles repräsentiert, unter anderem das Licht der Torah, das wir Juden durch die Generationen tragen.

Dank des elektrischen Stroms muss niemand mehr regelmäßig zur Lampe hochklettern und Öl nachfüllen, nur alle paar Jahrzehnte muss die Birne gewechselt werden.

> Ein jüdischer Robinson Crusoe führt seine Befreier über die Insel. »Was ist das für ein Gebäude?« – »Das ist meine Synagoge, die ich mir gebaut habe. Hier habe ich jeden Tag zu G'tt gebetet, dass Sie mich finden.« – »Und dieses Gebäude?« – »Das ist die andere Synagoge, die ich gebaut habe, in die ich nie einen Fuß setzen werde!«

Neben dem Torahschrank hängt oft eine Tafel, auf der die wichtigsten Informationen zum täglichen Gebet sowie der aktuelle Torahabschnitt angezeigt werden. Diese Tafel ist heutzutage immer öfter ein Bildschirm. Dasselbe Schicksal hat in vielen Synagogen der Lebensbaum ereilt. Das ist eine Tafel, auf der sich wiederum kleinere Täfelchen befinden, in die die Namen der Verstorbenen der Gemeinde eingraviert sind, sofern ein Angehöriger dafür bezahlt, will sagen: gespendet hat.

Statt dieser Tafeln strahlt immer öfter ein Flachbildschirm mit vielen virtuellen Täfelchen und schlecht animierten Kerzenflammen die Beter von hinten an. Ich finde das furchtbar hässlich und freue mich immer, wenn ich noch einen analogen Lebensbaum in einer Synagoge sehe.

Es gibt Synagogen nur für Männer, meistens für orthodoxe Juden auf der Durchreise, etwa an Flughäfen oder Bahnhöfen. In Deutschland existiert meines Wissens keine reine Männersynagoge.

In egalitären, also liberalen Gemeinden gibt es natürlich keinen gesonderten Bereich für Frauen. In orthodoxen jedoch müssen die Frauen getrennt von den Männern sitzen. Je nach Gebäude wird das unterschiedlich gelöst. Am elegantesten ist eine Empore, von der aus die Frauen auf die Männer herabsehen und das Geschehen überwachen können. Bietet die Synagoge diesen Luxus nicht, weil das Gebäude nicht groß genug ist, werden die Frauen von den Männern mittels einer Absperrung, Mechiza genannt, getrennt. Dieser Sichtschutz ist meist so konzipiert, dass man während einer Predigt oder Ansprache die obere Hälfte aufklappen oder zurückziehen kann. Denn die Geschlechtertrennung muss nur während des Gebetes, streng genommen sogar nur während der Lesung aus der Torah eingehalten werden.

Als ich zum ersten Mal die Synagoge in Hamburg während eines G'ttesdienstes betreten habe, stand dort ein Kantor, der wallende Kleider, glänzende Lackschuhe und einen imposanten Kantorenhut trug und außerdem eine durchdringende Stimme hatte. Er hielt den gesamten G'ttesdienst auf Hebräisch. Ich dachte, dass dieser Mann mit Sicherheit der Rabbi ist. Mir war diese Verwechslung im Nachhinein sehr peinlich.

Damit Sie gleich bei Ihrem ersten Besuch die Menschen in einer Synagoge und ihre Aufgaben auseinanderhalten können, hier eine kleine Übersicht:

Kantor

Der Kantor oder Vorbeter leitet das Gebet und bestimmt damit die Geschwindigkeit, muss für die verschiedenen Einschübe in der Liturgie wie etwa für Neumonde, Fasttage und mehr den Kalender im Blick haben und verständlich und deutlich sprechen und singen können.

Er kennt die meisten Gebete auswendig, auch wenn er sie aus einem speziellen großen Gebetbuch abliest.

Besonders an Feiertagen leistet ein Kantor schwere Arbeit. Am schwierigsten ist es an Yom Kippur. Das Gebet dauert viele Stunden, und während die Gemeinde meist sitzt und die Gebete murmelt, steht er die ganze Zeit am Bima oder Schtender und betet laut. Trinken darf er genauso wenig wie alle anderen, da Yom Kippur ein strikter Fasttag ist. Nicht mal einen Schluck Wasser, um die Stimmbänder zu schmieren, darf er sich gönnen.

Einen fest engagierten Kantor gibt es nicht in jeder Gemeinde. Vor allem in solchen, wo es viele religiöse Menschen gibt, übernehmen die Gemeindemitglieder abwechselnd diese Aufgabe.

Selbst während eines Gebetes wechseln sich die Vorbeter manchmal ab. Ich selbst habe auch schon einmal vorgebetet, obwohl ich das nicht so gut kann. Wahrscheinlich wurde ich deswegen auch bisher nicht wieder darum gebeten.

In kleineren Gemeinden wird die Aufgabe oft vom Rabbiner übernommen. Nur wenige Gemeinden, vor allem in Amerika, leisten sich speziell für die hohen Feiertage einen Star-Kantor, der auch schon mal Gagen wie ein Popstar aufrufen kann und das Gebet zu einem Konzert in der Synagoge werden lässt.

In Deutschland habe ich noch nicht davon gehört, dass solche Stars engagiert werden, aber vor allem Gemeinden ohne fest angestellten Kantor buchen zumindest für die hohen Feiertage einen einfachen Kantor zur Unterstützung, der kein Star-Honorar verlangt.

Vorleser, Bal Koreh

Jede Woche wird in der Synagoge ein Kapitel aus der Torah laut vorgelesen. Jedes Wort muss deutlich artikuliert und verständlich sein, und es gibt eine festgelegte Melodie, in der der Text vorzutragen ist. Das Kapitel wird in sieben Abschnitte unterteilt, für jeden Abschnitt wird ein Mitglied aus der Gemeinde zum Lesepult gerufen.

In gedruckten Ausgaben der Fünf Bücher Mose findet man dafür Satz-, Vokal- und Kantillationszeichen und die Unterteilung in Abschnitte, in einer handgeschriebenen Version der Torah dagegen nicht. Daher muss der Bal Koreh die Aussprache und Melodie erlernen und oft wiederholen.

Viele jüdische Jungs üben für ihre Bar Mitzvah monatelang den Abschnitt, der an dem Schabbat an oder direkt nach ihrem 13. Geburtstag gelesen wird, und tragen ihn dann an diesem für sie besonderen Schabbat in der Synagoge vor.

Nach vielen Jahren können manche Bal Koreh die Torah in großen Teilen auswendig. Das Gesetz sagt aber, dass sie *gelesen* und nicht nur gesprochen werden muss. Daher gleitet der Bal Koreh mit einem silbernen Stab, der an der Spitze die Form eines Fingers hat, über die Wörter, damit er beim Lesen kein Wort auslässt.

Nachdem am Schabbat der Torahabschnitt zu Ende gelesen wurde, wird in ähnlicher Melodie noch ein Kapitel aus der Bibel vorgelesen, das nicht aus den Fünf Büchern Mose stammt und das man Haftara nennt.

Auch diesen Job übernimmt oft der Bal Koreh, vor allem in Gemeinden, wo es sonst niemanden gibt, der flüssig hebräisch lesen kann.

Jeder, der es sich zutraut, kann Bal Koreh sein. Ich traue mir das nicht zu und werde es wahrscheinlich in meinem Leben auch nie lernen. Vielleicht schaffe ich irgendwann eine Haftara, denn da stehen wenigstens Satzzeichen und Vokalpunktierung. Sollten Sie mit diesem Job liebäugeln, dann müssen Sie viel üben.

Souffleur, Sagan

Links neben dem Bal Koreh steht sein Helfer, der Sagan. Vor ihm liegt eine gedruckte Torah mit allen Hilfszeichen, und er souffliert oder korrigiert den Bal Koreh, wenn er einen Fehler macht. Das Korrigieren nimmt sich aber nicht nur er heraus, auch aus dem Publikum hört man Zwischenrufe, wenn mal ein Vokal, der ja nicht geschrieben wird, falsch ausgesprochen oder gar ein Wort übersprungen wurde. Selbst angesehene Rabbiner, die Torah lesen, müssen sich das gefallen lassen.

Für einen religiösen Juden ist es zwingend erforderlich, am Schabbatmorgen jedes einzelne Wort des Wochenabschnitts korrekt zu hören, unabhängig vom Ansehen des Vorlesenden. Wenn Sie zum ersten Mal das Schauspiel erleben, könnten Sie den Sagan mit einem Übersetzer für Taubstumme verwechseln. Es kann nämlich passieren, dass der Bal Koreh den Souffleur um Unterstützung bei der Kantillation bittet. Dann fuchtelt dieser wie ein Dirigent wild mit den Armen herum, um die Betonung des nächsten Wortes anzuzeigen.

Synagogendiener, Gabbai

In einer Synagoge muss vieles vorbereitet und organisiert werden. Die Torahrollen müssen wie eine Tonbandkassette an die richtige Stelle für den Wochenabschnitt gespult werden, damit das nicht erst bei der Lesung gemacht werden muss. Auch die Rollen für Neumond und Feiertage müssen vorbereitet sein. Es muss immer genügend Kiddusch-Wein vorhanden sein, die Gebetbücher sortiert, die besonderen Gebetbücher für Feiertage aus dem Lager geholt und nach den Feiertagen wieder eingemottet werden.

Noch viele andere kleinere und größere Dinge werden vom Gabbai organisiert. Er unterstützt den Vorbeter und weiß, welcher

Wochenabschnitt und welche Gebete dran sind. Bei ihm kann man sich seinen angestammten Platz in der Synagoge mieten, und in vielen Gemeinden fungiert er für Gäste als Platzanweiser.

Er macht die Ansagen zu Gebetszeiten, informiert über besondere Anlässe und übermittelt Glückwünsche und Trauerbekundungen öffentlich im Namen der Gemeinde. Seine schwierigste Aufgabe jedoch ist es, während des G'ttesdienstes die Aufgaben an die Beter zu verteilen, wie das Öffnen und Schließen des Torahschrankes an entsprechenden Stellen der Liturgie, das Aufheben und Zusammenrollen der Torahrollen und, am wichtigsten: die Aufrufe zu den einzelnen Abschnitten bei der Torahlesung.

Eine dieser Aufgaben zu übernehmen gilt als große Ehre, und der Gabbai muss dafür sorgen, dass sich niemand übergangen fühlt. Sonst gibt es böses Blut, und jemand fragt: »Warum hat der Kaminksy schon wieder einen Aufruf bekommen?! Der war schon vor drei Wochen dran, und ich warte schon einen ganzen Monat!«

Er muss auch wissen, wann wer eine Simcha, also einen freudigen Anlass wie eine Hochzeit, Geburt, Beschneidung, oder einen traurigen Anlass wie einen Trauerfall oder die Jahrzeit für einen verstorbenen Angehörigen begeht.

Außerdem muss er im Blick haben, wer von einer weiten Reise zurückkommt und wer zu Gast ist in der Gemeinde. Dann steht demjenigen nämlich unter Umständen ein Aufruf zu, oder es geziemt sich, ihm einen zu geben.

Wer welchen Aufruf bekommt, ist abhängig davon, ob jemand ein einfacher Jude oder ein Kohen oder Levi ist. Also muss der Gabbai sich auch diese Information über die Leute merken. Da man es nicht immer allen recht machen kann, stehen die Synagogendiener oft im Zentrum der Kritik. In manchen Gemeinden teilen sich mehrere Männer diesen Job und damit auch die Kritik.

In sephardischen Gemeinden macht sich der Gabbai die Entscheidung, wer welchen Aufruf bekommt, etwas leichter. Er versteigert ihn einfach. Das ist für jemanden, der in einer aschkenasischen Gemeinde aufgewachsen ist, ein bizarres Schauspiel. Wie bei einer echten Auktion ruft der Gabbai für jede der Aufgaben ein Startgebot auf und beschließt die Versteigerung mit den Worten: »Zum Ersten! Zum Zweiten! Zum Dritten! Die dritte Aliyah (Aufruf) geht an den Herrn dort hinten links mit der grünen Kippa für 36 Euro. Herzlichen Glückwunsch!«

Am Schabbat darf man aber keine Geldtransaktionen machen, und daher bekommt der Auktionsgewinner die Rechnung später von der Gemeinde per Post zugeschickt.

> Der Gabbai streitet sich auf der Straße mit Schmulik, einem Juden aus der Gemeinde. Ein Polizist kommt dazu und fragt, was passiert ist. Da sagt der Gabbai: »Reb Schmulik hat Maftir [letzter Aufruf bei der Torahlesung am Schabbat] bekommen, und nun will er nicht dafür bezahlen!« Sagt der Polizist: »Also, entweder Sie bezahlen, oder Sie geben sofort den Maftir zurück!«

Minjan

Zu dieser Gruppe gehören Sie. Will sagen: eines Tages.

Einen geordneten G'ttesdienst mit Torahlesung kann man nur abhalten, wenn mindestens zehn männliche Juden, die 13 Jahre oder älter sind, anwesend sind. Dieses Quorum von zehn nennt man einen Minjan.

Aus diesen zehn oder mehr Juden werden die Männer für die Aufrufe, für das Aus- und Einheben der Torah aus dem Torahschrank und noch einige andere kleine Aufgaben rekrutiert.

Als Konvertit zählen Sie vorerst nicht dazu und bekommen auch keine Aufgaben übertragen.

Für mich war das manchmal ein ziemlich unangenehmes Gefühl. Besonders, wenn ich der Zehnte war, was bei den Gebeten unter der Woche öfter vorgekommen ist. Ich wurde nicht mitgezählt und damit ausgeschlossen, es gab keinen Minjan und daher kein vollständiges Gebet. Das ist schmerzhaft, aber wichtig, denn es lehrt Demut.

Als Konvertit in einer durchschnittlichen deutschen Gemeinde lebt man nach kurzer Zeit gesetzestreuer als die meisten Juden dort. Zumindest glaubt man das, da man Regeln lernt, an die man sich auch hält, die aber von anderen in der Synagoge offenbar missachtet werden.

Sie werden irgendwann verstehen, dass es verschiedene Möglichkeiten gibt, ein Gesetz zu halten. Zweitens sollten Sie sich vor Augen führen, dass diese Menschen sich ihren Weg nicht so ausgesucht haben wie Sie. Sie sind geborene Juden, und die Synagoge ist ihr Zuhause. Daher ist es egal, wie viele Gebote sie im Vergleich zu Ihnen halten, Sie bleiben der Gast und Neuankömmling.

Frauen haben zumindest in orthodoxen Gemeinden dieses Problem nicht, da sie generell nicht zum Minjan zählen. Nur wenn zehn oder mehr Frauen allein unter sich sind, sind sie ein Minjan. Das kommt selten vor und hat auch keine große Bedeutung.

Für Männer gibt es noch einen Moment der Ausgrenzung: Wenn drei oder mehr Männer zusammen Brot gegessen haben, wird das Tischgebet gemeinsam gesprochen und ein Vorbeter bestimmt. Sind Sie als Nichtjude der Dritte, fällt dieses Ritual aus.

Wenn ich früher beim Rabbi zum Essen war, und ein dritter Mann, der mich nicht kannte, war auch zu Gast, war spätestens nach dem Essen klar, dass ich kein Jude war. Auch dieser peinliche Moment bleibt Frauen erspart.

Aber auch für Frauen gibt es Momente, in denen eine klare Unterscheidung gemacht wird. Nichtjuden dürfen koscheren Wein oder Traubensaft nicht berühren, sobald die Flasche geöffnet ist. Das würde den Wein unkoscher machen. Darum nimmt man abgekochten Wein, wenn man davon ausgehen muss, dass Nichtjuden anwesend sind. Den darf jeder berühren. Sind Sie bei einem Juden zu Gast, kann es sein, dass er einen nicht abgekochten Wein serviert, denn das sind generell die besseren Tropfen, wie Sie sich denken können. In dem Fall müssen Sie sich bedienen lassen.

Wenn Sie fertig konvertiert sind, werden Sie mit vor Stolz geschwellter Brust Wein einschenken, das Tischgebet anleiten und in der Synagoge nicht nur zum Minjan zählen, sondern auch nach und nach alle Aufgaben übernehmen, die der Gabbai zu verteilen hat.

An meinem ersten Schabbat als Jude bekam ich sogar alle Ehrungen, die möglich waren, auf einmal, obwohl niemand sonst zwei verschiedene Aufgaben an einem Schabbat übernimmt.

Rabbi

Jede Gemeinde hat üblicherweise einen Gemeinderabbiner. Und auch, wenn dieser Rabbi der wichtigste Mann in der Synagoge ist und oft einen eigenen, exponierten Sitzplatz besitzt, ist er doch für den Ablauf des Gebets komplett unwichtig.

Es gibt keine einzige Aufgabe in der gesamten Liturgie, die ausschließlich dem Rabbiner zusteht. Er ist als spirituelles Oberhaupt für den Zusammenhalt der Gemeinde verantwortlich, hat die oberste Entscheidungsgewalt, wenn sich Gabbai und Kantor nicht einig werden können, und bereitet oft eine Predigt in der jeweiligen Landessprache vor, die auch denen, die kein Hebräisch verstehen, den Wochenabschnitt näherbringt.

Aber selbst diesen Job hat er nicht exklusiv. In meiner Gemeinde in Israel etwa wird reihum jemand gebeten, eine Predigt oder ein Dvar Torah, wörtlich übersetzt ein »Torah-Ding«, vorzubereiten. Auch ich war mal dran und habe meine Einsichten zu einem Wochenabschnitt zum Besten gegeben. Die Landessprache hier ist leider Hebräisch, und ich habe furchtbar geschwitzt. Aber es hat am Ende ganz gut geklappt. Die Gemeinde hat mir mein schlechtes Hebräisch verziehen.

Manche Gemeinden haben sogar mehrere Rabbiner. Und da sie die gelehrtesten und des Hebräischen mächtigsten sind, übernehmen sie oft die Funktion des Bal Koreh oder des Kantors. Vor allem in kleinen Gemeinden übernimmt der Rabbi oft alle diese Funktionen in Personalunion. Und auch wenn er das nicht regelmäßig macht, so ist er es, der einspringt, wenn der Kantor krank, im Urlaub oder einfach nicht da ist.

Es stimmt also doch nicht, dass der Rabbi für den Ablauf des Gebetes komplett unwichtig ist, wie ich anfangs behauptet habe. Es stimmt aber, dass es auch ohne ihn geht. Das ist gut so, denn auch ein Rabbi verdient ab und zu Urlaub.

Heutzutage muss ein Rabbi ordiniert werden, um diesen Titel tragen zu dürfen. Diese Ordinierung nennt man Smicha, und sie beinhaltet eine schwere Prüfung vor altgedienten Rabbinern. Früher war das nicht so. Da hat eine Gemeinde sich einen Rabbiner erwählt. Das Hauptkriterium war, dass er viel wusste und auf alle religiösen Fragen eine verlässliche Antwort geben konnte. Das Wort Rabbiner kommt nämlich von Hebräisch Rav, was wörtlich übersetzt einfach »viel« heißt.

JFK

Nein, es geht nicht um John F. Kennedy. Wäre er am 22. November 1963 in einer deutschen Synagoge gewesen, wäre er vielleicht dank der deutschen Polizei besser bewacht gewesen als in Dallas. Er kann also nicht gemeint sein.

Es geht um etwas ganz anderes. Die Abkürzung JFK steht im Synagogenslang für »Just For Kiddush«. JFKs sind also Gemeindemitglieder, die nur an den Tagen in die Synagoge kommen, an denen es etwas zu essen gibt. Da das meist am Schabbat der Fall ist, nennt man dieses Essen auch Kiddusch, da vor dem Essen ein Kiddusch, ein Segen, über den Wein gesprochen wird.

Zum Gebet morgens kommen die JFKs meist kurz vor Schluss

und stehen dann ganz hinten in der Synagoge, damit sie die Ersten am Buffet sind. Grundsätzlich ist nichts gegen einen JFK einzuwenden. Es ist doch tausendmal besser, die Leute kommen überhaupt in die Synagoge, und sei es nur zum Essen, als dass sie daheim und damit dem jüdischen Leben komplett fernbleiben.

Den Schmähtitel JFK muss man sich redlich verdienen. Es reicht eben nicht, einfach immer ausschließlich zum Kiddusch zu kommen. Man muss sich außerdem in der Gemeinde unglaublich wichtig machen, eventuell sogar so lange, bis man tatsächlich wichtig ist und in den Vorstand oder Beirat gewählt wird.

Es gibt Vorstände, die sind nicht einmal JFKs, und das Gemeindeleben in der Synagoge kennen sie nur von den Feiertagen und vom Hörensagen.

Ich will deren Engagement gar nicht diskreditieren, jede ehrenamtliche Hilfe ist willkommen, aber ein echter JFK versteht das Wort »Ehre« im Ehrenamt nicht.

Den Prototyp eines JFK habe ich in meiner Konvertierungslaufbahn kennengelernt. Am Anfang, als ich noch neu war, gab es diese schon erwähnte Familie, die mich unterstützt hat. Sie hat mich ermutigt, nicht nur zum Gebet, sondern auch zum Kiddusch zu bleiben. Sie hat mir die Gewissheit gegeben, dass ich willkommen bin, und mir versprochen, mich zu verteidigen, wenn mich jemand fragt, was ich hier will. Sie hat dafür gesorgt, dass ich kein JnFK, also kein »Just not For Kiddush« bleibe. Und ich bin ihnen, ehrlich, bis heute dankbar dafür. Natürlich haben wir uns angefreundet.

Diese Familie hat sich unglaublich wichtig genommen und ich habe mich davon blenden lassen. Das größere Problem aber war, dass sie eine Privatfehde mit dem Rabbiner am Laufen hatten. Und sie haben mich mit Gerüchten über den Mann vergiftet. Diese Sünde nennt man »Laschon Hara«, also die »böse Zunge«, und sie ist eine der schlimmsten Sünden, die das Judentum kennt. Warum das so ist, zeigt diese kurze chassidische Geschichte:

Ein Mann kommt zum Rabbiner und ist verzweifelt. Er hat über einen Nachbarn schlecht geredet, und daraufhin wurde die Verlobung mit dessen Tochter gelöst. Nun ist er untröstlich und fragt den Rabbiner, was er tun kann, damit ihm vergeben wird. Der Rabbiner sagt: Nimm ein prall gefülltes Daunenkissen, schlitze es auf, und schüttele es aus dem offenen Fenster aus, bis alle Federn im Wind fliegen.

Der Mann geht nach Hause und tut, wie ihm geheißen. Am nächsten Tag kommt er zum Rabbiner und berichtet. Er fragt, ob ihm seine Sünde nun vergeben wurde.

Der Rabbiner sagt: Noch nicht, erst musst du alle Federn wieder einsammeln und zurück in das Kissen stecken, nicht eine einzige darf fehlen!

Der Mann ist entsetzt: Das ist doch unmöglich! Wie soll ich das schaffen?

Der Rabbiner sagt: So ist es mit Laschon Hara. Ein böses Gerücht, das man in die Welt setzt, ist nie wieder aus der Welt zu schaffen. Und nun geh.

Ich war also vergiftet.

Als dieser Rabbiner einmal eine Predigt hielt, habe ich selbst herumgegiftet und meinen Banknachbarn gefragt, wie ein so zweifelhafter Rabbi sich nur so moralisch aufspielen kann?

Mein Banknachbar ist ausgerastet. Er hat mich deutlich darauf hingewiesen, dass ich nur Gast sei und mir kein Urteil über diesen Rabbiner erlauben dürfe.

Ich war in meinem Stolz gekränkt und total geknickt. Und ich hatte dem nichts entgegenzusetzen, denn er hatte einfach recht.

So wurde mir auf die harte Tour meine Lektion über Laschon Hara erteilt.

Für Sie bedeutet das: Seien Sie vorsichtig. Mindestens einen JFK gibt es in jeder Gemeinde. Und auch, wenn der Rabbiner für das Gebet nicht viel wichtiger ist als jeder andere Beter, für Sie muss er immer der wichtigste Mann und seine Frau die wichtigste Frau vor Ort sein. Kein JFK darf Sie gegen ihn aufbringen.

Das heißt nicht, dass Sie den Rabbiner kritiklos hinnehmen müssen. Aber denken Sie daran: Sie sind Gast, so wie ich es war, und als Gast behält man seine Kritik am besten erst mal für sich. Auch später ist es gesünder, sich aus allen diplomatischen Verwerfungen innerhalb der Gemeinde herauszuhalten.

Meine Freundschaft zu den JFKs ist zwar zerbrochen, aber wir grüßen uns noch höflich. Und mein zorniger Banknachbar hat mir verziehen.

Mikve

Wenn Sie in der Synagoge Ihren Platz gefunden haben, die Gemeinde Sie akzeptiert hat, Sie vor dem Beit Din bestanden und als Mann die Beschneidung hinter sich haben, steht Ihnen der letzte Schritt bevor, der aus Ihnen endgültig einen Juden macht: die Mikve.

Das Wasser einer Mikve muss natürliches Wasser sein. Jeder Fluss, jedes Meer, jeder Brunnen und die meisten Seen, sofern sie von einer Quelle gespeist sind, sind eine koschere Mikve, nur Wassergräben, Baggerseen und Kanäle nicht. Aber nicht jede Gemeinde hat einen Fluss in der Nähe, und selbst wenn, ist ein öffentliches Flussufer nicht der ideale Ort für ein rituelles Bad, da man komplett entkleidet untertauchen muss.

Jeder Ort, an dem Juden leben, hat daher eine künstliche Mikve mit einem meist gekachelten Becken, Duschen, Waschbecken, Umkleide und Toilette.

Wenn Juden einen neuen Ort oder mehrere Familien eine neue Gemeinde gründen, werden sie irgendwann eine Synagoge bauen. Und wenn die jüdische Bevölkerung wächst, dann relativ bald auch eine zweite und eine dritte.

Ich wohne in einem Ort in Israel, der gerade stark wächst, und es sind vier solcher Gebäude im Bau, zusätzlich zu den vielen bereits bestehenden Synagogen.

Jeder Raum kann zur Synagoge werden, wie wir gesehen haben, daher ist ein eigenes Gebäude dafür ein Luxus, den man sich früher oder später gönnt. Aber nicht jedes Badezimmer ist eine Mikve. Verheiratete Frauen müssen regelmäßig in die Mikve, viele Männer gehen sogar täglich in das Bad, und auch neues

Besteck und Geschirr muss vor dem ersten Gebrauch geteuvelt, also rituell untergetaucht werden.

Daher ist das Erste, was an einem neuen Ort gebaut wird, ein Ritualbad.

Als natürliches Wasser gilt auch Regen. Daher werden die meisten künstlich angelegten Mikven mit Regenwasser betrieben. Da es nicht überall so viel regnet wie in Deutschland und man das Wasser in der Mikve ab und an wechseln muss, ist es gut, dass das Regenwasser seinen Mikve-Status allein durch Berührung an normales Leitungswasser vererben kann. Es muss also immer nur ein Teil des originalen Regenwassers übrig bleiben.

Die genauen Gesetze dazu kann Ihnen wahrscheinlich nicht mal jeder Rabbiner erklären, ohne nachzulesen. Sie müssen sie also nicht wissen.

Das Wechseln des Wassers und Prüfen der Mikve übernimmt ein Rabbiner für Sie, der die Gesetze und die Mikve kennt.

Wie oft das Wasser gewechselt wird, liegt im Ermessen des Rabbis. Das Gesetz verlangt nur, dass es gewechselt werden muss, wenn ein Stock, den man ins Wasser stellt, im angesammelten Schlamm stecken bleibt und nicht mehr zur Seite kippt.

Igitt! Rufen Sie jetzt vielleicht. Ich soll in so ein Drecksloch steigen? Und danach bin ich Jude? Und als Frau soll ich das auch noch jeden Monat machen, ausgerechnet um »rein« zu werden?

Keine Angst, Sie holen sich schon nichts weg, denn auch eine Mikve wird gechlort. Außerdem wartet kein Rabbiner so lange, bis das Wasser schlammig wird, bevor er es tauscht.

Doch so richtig sauber ist das Wasser tatsächlich nicht. Es ist auch falsch zu glauben, dass eine Mikve der körperlichen Reinigung dient. Im Gegenteil, man muss sich, bevor man in die Mikve geht, komplett waschen. Sogar die Zähne muss man putzen, und wenn man Kontaktlinsen trägt, muss man sie rausnehmen.

Frauen müssen sich abschminken und Nagellack entfernen. Nichts darf zwischen Mikvewasser und Körper sein, denn erst wenn man körperlich komplett gereinigt ist, kann die Mikve ihre reinigende Kraft entfalten. Sie reinigt nicht die Haut, sondern die Seele.

Eine Frau wird nach dem Bad wieder koscher, also für ihren Mann erlaubt, Mann und Frau erreichen durch das Eintauchen ihre spirituelle Reinheit. Und ein Konvertit wird zum Juden.

Ich selbst gehe nur ein Mal im Jahr vor den hohen Feiertagen in die Mikve. Da ich nicht der Einzige bin, der das so handhabt, bilden sich lange Schlangen vor dem Eingang. Schon alleine, um den Verkehr nicht aufzuhalten, geht man schnell in die Dusche, taucht kurz komplett unter und huscht dann noch schneller wieder unter die Dusche, um sich das Mikvewasser abzuwaschen, und schon kommt der Nächste dran.

Seelisch und, dank der doppelten Dusche, auch körperlich sauber, fühlt man sich frisch und erleichtert. Kaum ist man zu Hause, isst man schnell etwas. Das ist wichtig, denn falls man jetzt etwas zwischen den Zähnen findet, kann man davon ausgehen, dass es vom Essen nach der Mikve stammt und nicht schon vorher da und der Mikvebesuch nicht umsonst war.

Kaum war ich zum ersten Mal unter den Augen der Richter des Beit Din der Mikve entstiegen, bekam ich also eine leckere Mahlzeit.

Ihr Leben als Jude fängt mit Baden und Essen an!

Zum Essen braucht man Besteck und Geschirr. Wie schon angedeutet, muss auch das in die Mikve. Viele Mikven haben dafür ein mit Deckel verschlossenes Außenbecken. Besonders vor Pessach, wo viele Juden neues Geschirr kaufen, türmen sich die Verpackungsmaterialien der Teller, Gläser und Töpfe in den Mülleimern neben der Mikve, und die Herstelleraufkleber, die einzeln mühselig abgepult werden müssen, kleben am Beckenrand.

In Deutschland gibt es wenige solcher von außen jederzeit

erreichbaren künstlichen Mikven, aber dafür gibt es Flüsse und Seen zuhauf, in die man Messer und Gabel tauchen kann.

Eines Abends ruft mich mein Freund, Lehrer und Rabbi an. Er braucht meine Hilfe. Er muss dringend ein paar Dinge teuveln, die er für eine Veranstaltung am nächsten Morgen benötigt, und die Mikve in der Synagoge ist schon geschlossen. Wir fahren also mit dem Auto in Hamburg an die Elbe. In Teufelsbrück, etwas flussabwärts vom Hafen, kommt man problemlos mit dem Auto bis an die Wasserkante. Wir haben teuflisch viel Zeug im Kofferraum für unser himmlisches Ritual, daher fahren wir dort hin, auch wenn es etwas weiter weg ist. Es ist Nacht, eiskalt, und jeder Meter zählt.

Mein Rabbifreund kniet also am Elbufer und taucht ein Küchenutensil nach dem anderen ins kalte Wasser. Ich reiche sie ihm und sehe, wie ein großes Containerschiff die Elbe hochfährt.

Der Rabbi ist neu in der Stadt und kennt die Elbe nicht. Ich habe schon als Kind gelernt, dass die Bugwellen eines so großen Schiffes nach einiger Zeit das Ufer mit überraschend großer Wucht erreichen.

Ich warne ihn vor den herannahenden Wellen. Er will schnell fertig werden, nimmt mich nicht ernst, wird mit der letzten Gabel in der Hand von einer Welle überrascht und ist klitschnass.

Schnell packen wir alles zusammen, und bevor er am Boden festfriert, sitzt er im Auto und bibbert vor Kälte.

Die Elbe ist nicht gerade für ihre hohe Wasserqualität berühmt. Daher musste nicht nur mein Rabbi heiß duschen, auch das frisch getauchte Besteck wurde gewaschen.

Es geht hier nicht um physische Sauberkeit, sondern um spirituelle. Eine Religion, die sonst so bodenständig und weltbezogen ist wie kaum eine andere, erinnert uns durch die Mikve daran, dass Menschen spirituelle Wesen sind, sich nicht alles in unserer Dimension aus Raum und Zeit abspielt und es eine weitere, schwer begreifliche Dimension darüber hinaus gibt.

Wie wichtig uns diese spirituelle Dimension im Hier und Jetzt ist, sieht man daran, dass mein Rabbi und ich mitten in der Nacht im tiefsten Winter kilometerweit an das Ufer eines Flusses fuhren, um Gabeln und Messer, von denen wir und andere Juden essen, untertauchen, um sie danach abzuwaschen.

Vor allem für einen Konvertiten ist dieses Bad wirklich ein spirituelles Erlebnis. Viele, mit denen ich gesprochen habe, sagten mir, dass die Mikve der schönste Moment im gesamten Prozess war. Und das nicht nur, weil es danach vorbei war.

Dieser kurze Moment im Wasser, das einen komplett umgibt, schwebend vom Rest der Welt abgekapselt ohne Atmung und ohne das Gefühl des eigenen Gewichts, gibt einem einen kleinen Eindruck davon, was ein Engel ist: ein rein spirituelles Wesen. Und so fühlt man sich auch, so nackt im Wasser.

Geschafft

Ihr Geldbeutel wurde in der Zwischenzeit etwas strapaziert: Das Beit Din verlangt Gebühren für jede Sitzung, die Küche koscher einzurichten kostet, die Gebetbücher, Torah und andere Literatur waren teuer, und die vielen handgeschriebenen Pergamentrollen in Mesusot und die Tfillin sind kostspielige kleine Kunstwerke. In manchen Gemeinden werden sogar Gebühren für die Giur-Kurse genommen. Aber alle diese Ausgaben liegen hinter Ihnen, und die drei Voraussetzungen für einen Giur sind erfüllt. Zur Wiederholung, diese sind:

1. Die feste Absicht, alle 613 Gebote auf sich zu nehmen
2. Die Beschneidung und
3. Die Mikve

Geschafft! Sie sind Jude!

Ist ja gar nicht so schwer, sagen Sie? Unterschätzen Sie das nicht, denn die 613 Gebote haben für jeden Lebensbereich etwas parat. Jude ist man nicht nur während des Gebetes in der Synagoge, man ist es jeden Tag von morgens bis abends. Was sage ich: auch nachts natürlich, also ununterbrochen. Also auch auf der Arbeit.

Berufsleben

Religion und Beruf unter einen Hut zu bringen birgt vor allem dann Risiken, wenn man nicht der Mehrheitsreligion eines Landes angehört. Wer Christ ist, hat in Deutschland den unschätzbaren Vorteil, dass je nach Bundesland fast alle christlichen Feiertage auch staatliche Feiertage sind. Wer an Ostern Schokoeier suchen und danach zur Ostermesse in die Kirche gehen will, der muss niemanden um Erlaubnis fragen. Wer aber am Yom Kippur fasten, die Synagoge besuchen und komplett auf Telefon, Internet und Autos verzichten will, braucht einen Arbeitgeber, der dafür Verständnis aufbringt und an diesem Tag Urlaub bewilligt. Und auch wenn man dieses Glück hat, so opfert man wertvolle Urlaubstage für die Religion, die dann für den Sommerurlaub fehlen.

Die jüdischen Feiertage liegen teilweise unglücklich über das Jahr verteilt und verschieben sich jedes Jahr. Dass außerhalb Israels alle Feiertage bis auf Yom Kippur auf zwei Tage ausgedehnt werden, macht es noch schwieriger. Hinzu kommt, dass Feiertage wie alle Tage im jüdischen Kalender bereits abends mit Sonnenuntergang beginnen und mit Sonnenuntergang aufhören. Vor allem im Winter kann also ein Feiertag drei Urlaubstage verschlingen, liegt nicht zufällig ein Wochenende dazwischen. Wenn Sie dann noch Urlaub von Dienstag bis Donnerstag einreichen müssen, wird sich Ihr Chef herzlich bedanken und Sie ermuntern, die Woche gleich voll zu machen. Und schon wird der Sommerurlaub noch zwei Tage kürzer.

Jüdische Feiertage sind nicht verhandelbar. Sie fallen, wie sie fallen, und diese Unflexibilität schmeckt manchen Unternehmen gar nicht. Wenn auf Grund eines wichtigen Projektes eine allgemeine Urlaubssperre ausgesprochen wird und dummerweise in der Zeit gerade das Pessach-Fest liegt, sind Sie im Zweifelsfall der Einzige, der nicht ins Büro kommt und die Kollegen im Stich lässt. Wenn dann der Tischnachbar keift: »Du tust doch nur so, als ob du Jude bist, bleib mal schön hier wie alle anderen auch, und arbeite!«, schmerzt das, und das Betriebsklima leidet.

Aber nicht nur die Feiertage sind ein Problem. Der Schabbat, also der Samstag, ist quasi der höchste jüdische Feiertag und wiederholt sich wöchentlich. Ihn zu brechen, darauf steht in der Torah die Todesstrafe, natürlich nur spirituell.

Um also ohne Seelenschaden durch das Jahr zu kommen, ist es unmöglich, am Schabbat zu arbeiten.

Wenn Sie sich schon gefreut haben, dass Ihre reguläre Arbeitswoche nur von Montag bis Freitagmittag geht, dann hoffe ich für Sie, dass Sie Handwerker sind. In diesem Berufsumfeld gilt der Wahlspruch: freitags ab eins macht jeder seins.

Auch der Schabbat fängt mit Sonnenuntergang, also Freitagabend an. Im Winter ist daher ein so frühes Arbeitsende wie bei den Handwerkern bitter nötig. In Hamburg, also im hohen Norden der Republik, geht die Sonne am kürzesten Tag im Jahr schon vor vier Uhr nachmittags unter. Und sie brauchen mindestens eine Stunde Zeit, um sich auf den Schabbat vorzubereiten.

Es gibt Ausnahmen für das Arbeitsverbot. Wenn jemand einen Beruf hat, bei dessen Ausübung man akut Leben rettet oder schützt, etwa als Notarzt, darf man am Schabbat arbeiten. Aber nur, wenn man keinen Nichtjuden findet, der die Schicht für einen übernimmt. Und Nichtjuden gibt es in Deutschland genug.

Sie sollten also am besten Freiberufler sein, der seine Arbeitszeiten selbst festlegen kann. Oder Chef, der die Urlaubstage verteilt. Ich war keines von beidem, aber ich hatte Glück. Mein Chef hat alles mitgemacht. Ich durfte an allen Feiertagen Urlaub nehmen, konnte freitags früher gehen und war vom Notdienst an

Schabbat und Feiertagen befreit. Die fehlenden Stunden vom Freitag habe ich in der Woche nachgeholt.

Sagte ich, ich hatte Glück? Nun, Glück kommt selten von alleine. Um seinen Arbeitgeber davon zu überzeugen, einem bei den Feiertagen entgegenzukommen, muss man Überzeugungsarbeit leisten. Man kann natürlich versuchen, auf die Freiheit der Religionsausübung zu pochen, dem Verantwortlichen ein schlechtes Gewissen einzureden oder ihn gleich einen Antisemiten zu schimpfen, aber damit wird man nicht weit kommen. Weder bei der Feiertagsproblematik mit dem Chef noch auf seinem Weg zur Religion, weil einem wichtige Charakterzüge fehlen, einen Übertritt zum Judentum durchzuziehen. Der wichtigste Charakterzug ist Konsequenz. Merkt der Arbeitgeber, dass Sie mit Ernsthaftigkeit bei der Sache sind, sich also nicht die Rosinen rauspicken – sich freitags aus religiösen Gründen einen frühen Feierabend gönnen, dafür aber bei der nächsten Firmenfeier, die an einem Freitagabend stattfindet, Zigaretten rauchend an der firmeneigenen Cocktailbar herumhängen –, haben Sie echte Chancen, den Chef zu überzeugen. Der denkt sich nämlich: Wer so charakterstark ist, der ist auch ein guter Mitarbeiter, den man halten sollte, auch wenn es Kompromisse erfordert.

Eine weitere Schwierigkeit bereitet das koschere Essen. Ein Businesslunch mit dem ultrawichtigen Kunden ist nur dann ein Lunch, wenn man auch etwas isst. Wenn man nur an einem Glas Mineralwasser nippt, während sich das Gegenüber ein Schweineschnitzel reinzieht, entsteht eine Distanz, die man geschäftsschädigend nennen kann. Mit Ausreden wie »bin schon satt« oder »habe später noch eine Einladung« oder »bin Vegetarier« kann man sich eine Weile über Wasser halten. Besser, man ist einfach ehrlich zum Kunden und sagt: »Zum nächsten Geschäftsessen lade ich Sie in ein koscheres Restaurant ein.« Wenn es in Ihrer Stadt denn eines gibt.

Auch die Mittagspause wird einsamer, da der traditionelle Gang mit den Kollegen zum Chinesen um die Ecke ausfällt. Die

Firma, für die ich damals arbeitete, hat eine große Küche, in der Mitarbeiter sich Essen kochen können. Ich habe mit zwei Kolleginnen eine religiöse Kochgruppe gegründet. Ich brachte koscheres Kochgeschirr mit, und wir haben zu dritt gekocht. Das Essen musste allen drei vertretenen Religionsrichtungen gerecht werden, die da waren: Judentum, Islam und Weight Watchers. Das hat eigentlich immer geklappt, vor allem, da alles koschere Essen – bis auf Alkoholhaltiges – immer auch halal, also für Muslime erlaubt ist.

Ein anderes Problem entsteht durch äußere Erkennungsmerkmale wie die Kippa. Es gibt tatsächlich Kunden, die sich daran stören. Ich nahm einmal an einem Vertriebsmeeting als Techniker teil, der einem Kunden das Produkt erklären sollte. Als ich fertig war und das Meeting verlassen hatte, fragte der Mann den Vertriebschef, was die Kippa auf meinem Kopf solle, und war offen abgeneigt. Der Vertriebschef erwiderte: »Wenn Sie das stört, brauchen Sie auch nicht bei uns zu kaufen!«

Wow. Ich habe innerlich vor Freude geweint, als er mir das erzählt hat. Aber so sehr den Rücken gestärkt zu bekommen, kann man nicht erwarten. Reden Sie mit Ihrem Rabbi. Im Zweifelsfall ist es erlaubt, die Kippa im Büro abzusetzen.

Ja, ich hatte den ganzen Tag über im Büro meine Kippa auf. Meine Kollegen hielten mich zwar für verrückt, aber das taten sie schon vorher. Irgendwann war die Kippa dann nichts Überraschendes mehr.

Sagte ich bereits, dass ich wahnsinniges Glück mit meinem Arbeitgeber hatte? Mir wurde sogar ein Raum zur Verfügung gestellt, damit ich in Ruhe mein Nachmittagsgebet sprechen konnte. Trotzdem führten mein Judentum und die dazugehörige Kippa auf meinem Kopf zu komischen oder auch weniger komischen Situationen wie die mit dem Kunden, der keine Juden mochte.

Ein Elektrikerunternehmen, das viel und bereits einige Jahre für uns arbeitete, war schon fast ein Teil der Firma. Mit den

Arbeitern waren wir per Du. Eines Tages lief ich durch den Flur, und auf einer Leiter saß ein Elektriker und schraubte eine Lampe an die Wand. Aus seiner luftigen Perspektive sprang ihm meine Kippa direkt ins Auge, und so fragte er mich, ob ich jetzt religiöser Jude wäre. Er kannte mich ja aus meiner Zeit »davor«. Ich bejahte, und das ermunterte ihn dazu, mir leicht entrückt von seiner Erleuchtung zu erzählen und wie er sich wieder dem Christentum zugewandt hatte. Ich fragte, ob er bei der Erleuchtung Phase und Null eines Stromkabels gleichzeitig angefasst hätte und schämte mich im selben Moment für meinen blöden Witz. Er lachte kurz in seiner Entrückung, verneinte und erzählte selig weiter. Ich dachte: Oy wey, was macht Religion nur aus den Menschen? Bin ich auch so meschugge?

Eine Erleuchtung hatte ich nie. Ich schließe einfach mal von mir und meinem Elektrikerkollegen auf andere und sage: Eine Erleuchtung, das ist ein christliches Phänomen. Das Judentum verlangt, dass man sich zeitlebens mit den Schriften auseinandersetzt und lernt und lernt. Dabei geht es meist um handfeste Dinge und Gesetze und, man mag es kaum glauben, um knallharte Logik. Außerdem um Textkritik, die ihren Namen verdient.

Am Ende sollten der Glaube und seine Grundlagen einleuchtend sein und keine spirituelle Macht das Erleuchten übernehmen. Man betreibt intensives Gehirnjogging, und das sollte doch jedem Arbeitgeber gefallen. Also, überzeugen Sie Ihren Chef oder Ihre Chefin davon, dass das, was Sie machen, nicht nur ein bizarres Vergnügen für Sie selbst ist, sondern Sie als gesetzestreuer Jude ein ebenso firmentreuer, motivierter und produktiver Mitarbeiter sind.

Generell empfiehlt es sich, mit seinem Glauben und allem, was er mit sich bringt, in die Offensive zu gehen. Dazu eignen sich auch die sogenannten »teambildenden Maßnahmen«, die Firmen veranstalten.

In deutschen Firmen ist es üblich, gegen Jahresende eine »Weihnachtsfeier« mit allen Kollegen zu feiern. Mit dem namensspendenden christlichen Fest haben diese Feiern bis auf die Jahreszeit meist wenig zu tun. So war es auch bei uns. Ich habe mich also in einem Jahr bereiterklärt, diese Feier zu gestalten, und habe einfach mal Hanukkah, also das jüdische Lichterfest, im Winter zum Thema gemacht. Ein Weihnukkah quasi. Ich bestellte einen koscheren Caterer, der leider das mir zur Verfügung stehende Budget fast komplett aufgebraucht hat.

Essen an sich ist zwar etwas Schönes, aber die Meute will unterhalten sein. Daher habe ich einen Wettbewerb gestartet. Erst wurden mit Hilfe von Dreideln, das sind Kreisel mit vier Seiten, mit denen an Hanukkah traditionell gespielt wird, Teams ausgewürfelt. Diese Teams mussten nach den Gesetzen, wie sie von unseren Weisen überliefert wurden und im »Kizzur Schulchan Aruch« beschrieben werden, eines der wichtigsten Standardwerke über das jüdische Gesetz aus dem 19. Jahrhundert, einen Kerzenständer mit neun Armen, eine sogenannte Chanukkiah, bauen. Danach haben die Teams ihre Kreation vorgestellt, die Kerzen angezündet, und eine Jury hat den Sieger gekürt. Eine gesamte Fensterfront des Büros erstrahlte im Kerzenlicht. Später am Abend, als die Kerzen schon längst heruntergebrannt waren, kam ein Kollege auf mich zu und sagte: »Weißte, als ich gehört habe, dass *du* die Feier organisierst und die auch noch 'n religiöses Thema hat, habe ich mit dem Schlimmsten gerechnet. Aber auch wenn es mir schwerfällt, muss ich zugeben: Das war die lustigste und beste Weihnachtsfeier, die wir je hatten«.

Damit hatte er vielleicht sogar recht. Zwar hielten mich meine Kollegen nach der Feier immer noch für verrückt, aber das Befremdliche an meinem eingeschlagenen Weg war weg. Ich habe hoch gepokert, und es hätte auch komplett schiefgehen können, daher kann ich Ihnen nicht vorbehaltlos eine Nachahmung empfehlen. Aber die Flucht nach vorne ist immer besser, als seine neu entdeckte Jüdischkeit am Arbeitsplatz zu verstecken oder herunterzuspielen.

Die Herausforderungen im Berufsleben sind, wie Sie sehen,

außer vielleicht Sie arbeiten im Diamantenhandel, wahrlich keine Motivation für einen Übertritt. Es sei denn, Sie lieben den Kick, wollten Ihrem Chef und Ihren Kollegen schon immer mal auf den jüdischen Zahn fühlen und fürchten sich nicht davor, sich nach einem neuen Arbeitgeber umsehen zu müssen. Für seinen Glauben die Karriere zu riskieren, ist jedoch etwas, das nicht jeder bereit ist zu tun. Und nicht jeder hat mit seinem Arbeitgeber so viel Glück, wie ich es hatte.

Ihre Kollegen können Sie ja trotzdem freitags zum Feierabend mit Gefillte Fisch und einem Glas Wein überraschen.

Sprache

Jankele erzählt: »*Erev Schabbes mache ich mich fertig für Schabbes. Auf dem Weg in die Schul treffe ich Schmulik, den Levi, meinen Chavruta. Wir schmuusen zu lange und sind daher ein wenig spät für Mincha, und der Schaliach Zibbur, der für den Kantor eingesprungen ist, war schon nervös, dass wir keinen Minjan vor Schkia bekommen. Mit uns kann es aber losgehen. Ich nehme mir einen Siddur und habe beinahe einen Machsor erwischt. Räumt die keiner weg? Dann setze ich mich auf meinem Platz hinter den Bima neben unserem Kohen. Als der Chasan die Tfilla zu Mincha wiederholt, vergisst er Ya'ale v'ya'avo! Es ist doch Rosch Chodesch Nissan! Fehlt nur noch, dass er Tachanun sagt vor Kabbalat Schabbat. Refua Schlema für den Kantor, dem passieren solche Fehler nicht. Ich muss aufpassen: keine Laschon HaRa!*

Nach Maariv macht der Chasan noch einen Kiddusch. Eigentlich bin ich dadurch joizer, aber für meine Frau und ihre Kruvim, die zu Besuch sind und heute zu Hause geblieben sind, wiederhole ich ihn. Hoffentlich wird es keine Machloikes geben, chas vechalila! Schlom Bait ist das Wichtigste. Die Kruvim haben einen Lechaim mitgebracht, und die Nacht war lang. Mein Schwer gab einen schönen Schi'ur zur Paraschat Haschavua. Wir haben erst um ein Uhr morgens gebentscht. Kein Wunder, dass ich am nächsten Morgen lange gegen die Yezar Hara kämpfen musste und erst sehr spät zur Schul gekommen bin. Gerade noch vor Barchu, so kann ich die Keduscha der Tfilla noch mitbekommen, Baruch HaSchem. Nur finde ich keinen Chumasch mehr im Bücherregal. Der Gabbai gibt mir die Kavod, die beiden Sefrei Torah für die Kria aus dem Aron Hakodesch zu holen. Natürlich freue ich mich, aber so bekomme ich schon wieder keine Aliyah. Aber vielleicht ist es auch besser so, da wir einen Bar Mitzva haben, der die Krias Torah vorbereitet hat und heute Bal Kore ist. Er hat seiner Mischpoche die Aliyot versprochen. Die Aliyah für Maftir aus dem Sefer Scheni bekommt er selbst, und so liest er auch noch die Haftara. Kol Hakavod, er hat es gut gemacht. Ich sage Schkoiach! Zu Ehren des Bar Mitzva gibt es heute einen großen Kiddusch mit Tscholent. Da fällt mir auf, in meiner Tasche ist etwas, und wir haben doch keinen Eruv! Und es stellt sich heraus, es ist auch noch Muktze und wertvoll! Klar, das passierte bedi'eved und nicht lehatchila, aber besser ich gehe zum Rav eine Scheila machen, was ich tun soll. Nicht, dass ich noch eine Aveira mache! Nach meinem Schabbes-Schluff komme ich zu Mincha zurück in die Schul, und danach gibt es die Seudat Schlischit mit Smirot und Dvar Torah. So bleiben die Leute, und wir bekommen einen Minjan für Maariv zusammen. Zu Hause nach der Hawdala gibt meine Frau noch eine Bracha für die Woche, und wir sagen »Amen« und wünschen uns alle Schawua tov, a gut' Woch!«

Sie sehen, das war ein ganz normaler Schabbat in einer deutschen Großstadt, den unser Jude Jankele da erlebt hat. Konnten Sie seiner Erzählung folgen? Nein?

Viele Gruppen entwickeln einen eigenen Jargon, nutzen eigene Vokabeln und Ausdrücke. Juden benutzen vor allem für religiöse Dinge, aber auch für familiäre Themen viele jiddische und hebräische Worte. Das Besondere dabei ist, diese Gastworte können Sie in jeder Sprache verwenden. Sie könnten die Geschichte oben problemlos ins Englische übertragen, da Sie diese Worte nicht übersetzen müssten. Yankele aus New York würde erzählen: »Erev Shabbes, I got ready for Shabbes. On my way to shul I met Shmulik the levi, my chavruta …«

Verzweifeln Sie nicht. Am Ende des Kapitels finden Sie eine Liste mit Vokabeln, die Ihnen helfen werden, Jankeles Geschichte zu verstehen. Und dann haben Sie bereits den ersten Schritt getan, den Synagogenslang zu beherrschen. So schwer ist es gar nicht, oder?

Eines Tages wird diese Sprache auch Ihre Sprache sein. Vor allem am Anfang kann das sehr komisch und aufgesetzt klingen. Daher empfehle ich, dass Sie sich lieber erst einmal einen passiven Wortschatz zulegen, bevor Sie sich selbst in die Untiefen des jüdischen Slangs begeben.

Und versuchen Sie bloß nicht, Jiddisch zu reden. Es sei denn natürlich, Sie können das wirklich. Nur durch Einstreuen von ein paar »oy« und paar gekrächzten »ch« und umgestellten Satzbau sein Deutsch Jiddisch klingen zu lassen, funktioniert nicht. Das liegt auch daran, dass Jiddisch und Deutsch so viele falsche Freunde haben, wie die Linguisten sagen. Also Worte, die ähnlich klingen, aber grundverschiedene Bedeutungen haben. Etwa wie »to become« und »bekommen« auf Englisch und Deutsch.

Cohn verklagt Levi, weil er ihn beleidigt hat und ihm Chuzpe vorgeworfen hat. Der Richter fragt, was Chuzpe ist. Levi sagt: »Chuzpe ist eigenlich nicht zu übersetzen. Am ehesten ist es Frechheit, aber eine Frechheit mit Gwure.« »Was ist Gwure?« »Gwure ist Kraft.« »Chuzpe ist also eine kräftige Frechheit.« »Ja, aber eine Kraft mit Sechel.« »Und was ist Sechel?« »Sechel ist Verstand.« »Chuzpe ist also eine intelligente, kräftige Frechheit.« »Ja, aber Verstand mit Taam.« »Und was ist Taam?« »Taam ist eigentlich nicht zu übersetzen.«

Es gibt eine Geschichte von einem Rabbi, der von Israel nach Deutschland gekommen ist und eine Gemeinde übernommen hat. Er sprach Jiddisch und hat sich einen etwas deutscheren Akzent angewöhnt, um zu kommunizieren. An einem Schabbat waren Nichtjuden in die Synagoge eingeladen, und es gab ein großes Buffet. Ein Nichtjude war unsicher und fragte den Rabbi, ob er etwas zu essen nehmen kann. Der antwortete: »Man kann, aber man derf nicht!« Der arme Kerl hat den ganzen Abend nichts angerührt. Dabei meinte der Rabbi nur ein wenig schelmisch: »Man kann, aber man muss nicht!«

Dieser Leitsatz gilt auch für Sie, lieber angehender Konvertit. Solange Sie den Slang nicht draufhaben, verstehen Sie »derf« bitte als »darf« und später erst als »muss«.

Ein Muss ist es jedoch, ein wenig Hebräisch zu lernen. Vor allem das Lesen müssen Sie üben. Alle Gebete im Siddur, dem

Gebetbuch, sind auf Hebräisch, auch alle Segenssprüche wie das Tischgebet. Das jüdische Gericht, das Beit Din, wird voraussetzen, dass Sie die wichtigsten Gebete und Segen auf Hebräisch lesen können.

Ich musste in meiner Prüfung den zweiten Teil des Aleinu-Gebetes, also das Schlussgebet, auf Hebräisch aus dem Gebetbuch des Rabbiners vorlesen und auch erkennen, was ich da gelesen habe. Heute kann ich es fast auswendig, aber damals habe ich ziemlich geschwitzt.

Grundsätzlich ist Hebräisch weniger komplex als Deutsch. Es gibt nur zwei Geschlechter, keine Groß- und Kleinschreibung und keine grammatikalischen Fälle. Der aktive Wortschatz, der nötig ist, um Hebräisch zu sprechen, ist auch deutlich kleiner als der deutsche. Jedoch ist Hebräisch eine semitische Sprache, hat eine komplett andere Grammatik als germanische oder lateinische Sprachen und auch nur wenige Überschneidungen im Wortschatz. Hinzu kommt die andere Schrift, die nicht nur von rechts nach links geschrieben wird, sondern auch noch weitgehend ohne Vokale auskommt und Buchstaben hat, die, je nach Stelle im Wort, verschieden klingen können.

F und P etwa sind ein und derselbe Buchstabe. Punkte unter, in, neben und über den Buchstaben können die fehlenden Vokale ergänzen und Buchstaben wie F und P eindeutig machen, finden sich aber nur in wenigen Texten, vor allem in Kinderbüchern, und müssen gelernt werden.

Es gibt zwei Druckschriften (regulär und Rashi) und eine Schreibschrift, die alle drei sehr unterschiedlich sind. Für Gebete gibt es dann noch komplett verschiedene Aussprachen: Sephardisch klingt eher so wie das moderne Hebräisch und Ashkenasisch eher wie Jiddisch. Bei Letzterem wird aus t manchmal s, aus a wird eu und vieles mehr. So verwandelt sich »Schabbat« in »Schabbes«, und aus »Amen« wird »Eumain«.

Einfach ist Hebräisch also nicht.

Auch wenn Sie vielleicht nie so gut Hebräisch lernen, dass Sie in Tel Aviv in einem Café mit Israelis ins Gespräch kommen können, so müssen Sie doch zumindest das Alef-Bet, also das hebräische Alphabet und die Vokal-Punktierung beherrschen.

Wenn Sie dann noch verstehen wollen, was Sie lesen, und ein Wörterbuch nutzen wollen, brauchen Sie auch Grammatik. Hebräisch ist eine Wurzelsprache, das heißt, die Konjugation der Verben geschieht um eine Wurzel herum.

Artikel, Pronomen und Konjunktionen werden teils nicht alleine geschrieben, sondern werden Wortbestandteile. So heißt etwa das Wort והלכתי (vehalachti) übersetzt »Und ich ging«. Versuchen Sie das mal in einem Wörterbuch zu finden. Dort gibt es nur … ו(ve) = und, ללכת(lalechet) = gehen und אני (ani) = ich.

Die gute Nachricht: Inzwischen gibt es Online-Übersetzer, die die Grammatik verstehen und ganz anständig arbeiten, wie etwa der Google Übersetzer.

Neben Hebräisch helfen Ihnen auch andere Sprachen auf Ihrem Weg. Sie werden nämlich viel Sekundärliteratur lesen müssen. Viele dieser Bücher gibt es auf Deutsch, und einige große Rabbiner haben ihre Werke auf Deutsch geschrieben. Die meisten Bücher jedoch über das Judentum und die jüdische Religion gibt es neben Hebräisch auf Englisch und Russisch. Eine dieser beiden Sprachen sollten Sie also zumindest gut lesen können.

Allein eine gute deutsche Übersetzung der Torah zu finden, ist schwer. Ganz zu schweigen von einer kommentierten Ausgabe. Und nein, die Luther-Übersetzung des »Alten Testaments« zählt nicht.

Zwar kann man auch ohne erweiterte Sprachkenntnisse Jude werden. Aber mit ist es deutlich einfacher. Sollten Sie also mit Fremdsprachen auf Kriegsfuß stehen, wird es schwer für Sie. Will sagen: Noch schwerer.

Wollten Sie jedoch schon immer mal einen Kauderwelsch sprechen, den außer Ihnen und Ihren neuen Freunden keiner versteht, dann sind Sie bei uns genau richtig, Ach(ot)i!

Erev Schabbes	Freitag bis Sonnenuntergang, wörtlich »Schabbat Abend«
Schabbes	Schabbat, Freitagabend bis Samstagabend
Schul	Synagoge
Levi	Priesterkaste
Chavruta	Lernpartner für Lernen zu zweit
Schmuusen	sich unterhalten/Small Talk
Mincha	Nachmittagsgebet, wird zwischen etwa einer halben Stunde nach Sonnenhöchststand und Sonnenuntergang gesprochen
Schaliach Zibbur	wörtlich: Gesandter der Gemeinde, gemeint ist der Vorbeter
Kantor	Hauptberuflicher Vorbeter, in der Regel mit ausgebildeter Gesangsstimme
Minjan	Quorum von zehn jüdischen Männern, nötig für einen vollständigen G'ttesdienst
Schkia	Sonnenuntergang
Siddur	wörtlich: »Ordnung«, das Gebetbuch
Machsor	spezielles Gebetbuch für einen Feiertag
Bima	Lesepult in der Mitte der Synagoge
Kohen	Hohepriesterkaste
Chasan	Vorbeter
Tfilla	wörtlich: »Gebet«, gemeint ist hier die »Schmone Essre«, das Hauptgebet
Ya'ale V'ya'avo	Einschub in die Tfilla für Neumond und die drei Pilgerfeste
Rosch Chodesch	Neumond, Monatsanfang im Jüdischen Kalender
Nissan	Monat im Jüdischen Kalender im Frühling
Tachanun	Bittgebet nach der Tfilla

Kabbalat Schabbat	Das in großen Teilen gesungene Gebet zur Begrüßung des Schabbat, wird meist direkt nach Mincha gebetet
Refua Schlema	Vollständige Genesung
Laschon Hara	Üble Nachrede
Kiddusch	Der rituelle Segen über den Schabbatwein. Das Wort wird auch für eine Mahlzeit in der Synagoge am Schabbat genutzt, die einem Kiddusch folgt
Joizer	Von einer religiösen Pflicht befreit. Hier: Selbst einen Kiddusch zu machen
Kruvim	Verwandte
Machloikes	Streit/Diskussionen
Chas Vechalila!	G'tt bewahre!
Schlom Beit	wörtlich: Hausfrieden, gemeint ist vor allem die gute Beziehung zwischen Ehepartnern
Lechaim	wörtlich: Auf's Leben! Kann man mit »Prosit« übersetzen, bedeutet hier: Hochprozentiges Getränk
Schwer	Schwiegervater
Schi'ur	Unterricht/Vortrag
Paraschat Haschavua	Wochenabschnitt aus der Torah
Bentschen	Tischgebet sagen
Yezer Hara	Böse Seite/Innerer Schweinehund
Barchu	Gebet kurz vor dem Schma, dem wichtigsten Gebet für Juden
Keduscha	Wechselseitiges Gebet bei der Wiederholung der Tfilla durch den Vorbeter mit der Gemeinde
Baruch Haschem!	G'tt sei Dank!
Chumasch	Fünf Bücher Mose (Torah), kommt von »Chamesch« = »Fünf«
Gabbai	Synagogendiener
Kavod	Ehre

Sefer Torah/Sefrei Torah	Torahrolle/n
Kria	Lesung der Torah während des G'ttesdienstes
Aron Hakodesch	wörtlich: Heiliger Schrank. Der große Schrank am Kopfende der Synagoge, in dem die Torahrollen aufbewahrt werden
Aliyah	Die Torahlesung am Schabbat ist in meist sieben Aliyot unterteilt, zu der ein Gemeindemitglied aufgerufen wird und bei der Lesung aus der Rolle den Text mitliest oder auch selbst vorliest
Bar Mizvah	Der 13. Geburtstag eines jüdischen Jungen. In diesem Zusammenhang auch als Bezeichnung für den Jungen selbst
Bal Kore	Vorleser (der Torah)
Mischpoche	Familie
Aliyot	Plural von Aliyah
Maftir	Nach Beendigung der Lesung werden die letzten Sätze des Wochenabschnitts wiederholt und dazu derjenige aufgerufen, der danach auch die Haftara liest. In diesem Fall aber, wegen Rosch Chodesch, stammt Maftir aus …
Sefer Scheni	der zweiten Torahrolle, aus der zu besonderen Anlässen, etwa Rosch Chodesch, zusätzlich gelesen wird
Haftara	Ein zum Wochenabschnitt passender Text aus der hebräischen Bibel, der nicht aus den Fünf Büchern Mose stammt
Kol Hakavod!	Wörtlich: Alle Ehre!
Schkoiach	Zusammengezogen »Jascher Koach«, wörtlich: Möge deine Kraft gradlinig sein. Ausspruch der Ehrerweisung. Korrekte Antwort ist »Baruch tehi'e« – Gesegnet seist Du.
Tscholent	Jüdischer Eintopf mit Fleisch, Kartoffeln und Bohnen und was sonst noch in der Küche übrig war
Eruv	Eruv hat viele Bedeutungen. Hier ist ein durch einen Zaun oder Wasserlauf begrenztes Gebiet, in dem man am Schabbat Dinge hin und her tragen darf, gemeint

Muktze	ein Gegenstand oder Tier, den oder das man an Schabbat nicht berühren darf
Bedi'evet	aus Versehen, das Gegenstück zu …
Lehatchila	vorsätzlich. Bei vielen Fragen zum jüdischen Gesetz ist der Vorsatz ein sehr wichtiger Faktor
Scheila	wörtlich: »Frage«. Eine Anfrage an einen Rabbi zu einem halachischen, also das jüdische Gesetz betreffenden Problem
Aveira	Sünde/Grenzübertritt
Schabbes-Schluff	ausgedehnter Mittagsschlaf am Schabbat
Seudat Schlischit	wörtlich: Dritte Mahlzeit. Damit ist eine Mahlzeit am Samstagnachmittag gemeint, die die dritte am Schabbat darstellt. Siehe Kapitel Schabbat
Smirot	Lieder für Schabbat und andere freudige Anlässe
Dvar Torah	wörtlich: Torah-Ding. Ein kurzer Vortrag zu einem jüdischen Thema
Hawdalah	Ritual zur Begrüßung der neuen Woche mit Kerze, wohlriechenden Kräutern und Wein
Bracha	Segen
Amen	Stammt von derselben hebräischen Wurzel wie Ne'eman (zuverlässig/treu) oder alternativ zu verstehen als Initialwort aus den Anfangsbuchstaben der Worte »El Melech Ne'eman« und »G'tt, treuer König«.
Schawua Tov; A Gut' Woch	Eine gute Woche!
Achi/Achoti	Mein Bruder/Meine Schwester

Das hebräische Alefbet

Zahlenwert	Rashi	Schreibschrift	Druckschrift	Name
1	א	א	א	Alef
2	בּ	בּ	בּ	Bet
2	ב	ב	ב	Wet
3	ג	ג	ג	Gimel
4	ד	ד	ד	Dalet
5	ה	ה	ה	Hey
6	ו	ו	ו	Waw
7	ז	ז	ז	Sain
8	ח	ח	ח	Chet
9	ט	ט	ט	Tet
10	י	י	י	Jud
20	כּ	כּ	כּ	Kaf
20	כ	כ	כ	Chaf
500	ך	ך	ך	Chaf soffit
30	ל	ל	ל	Lamed
40	מ	מ	מ	Mem
600	ם	ם	ם	Mem soffit
50	נ	נ	נ	Nun
700	ן	ן	ן	Nun soffit
60	ס	ס	ס	Ssamech
70	ע	ע	ע	Ain
80	פּ	פּ	פּ	Pey
80	פ	פ	פ	Fey
800	ף	ף	ף	Fey soffit
90	צ	צ	צ	Zadi
900	ץ	ץ	ץ	Zadi soffit
100	ק	ק	ק	Kof
200	ר	ר	ר	Reysch
300	שׁ	שׁ	שׁ	Schin
300	שׂ	שׂ	שׂ	Ssin
400	ת	ת	ת	Tav

Wohnung

Die eigene Wohnung ist für viele Menschen in Deutschland nur noch der Ort, an dem sie nach der Arbeit fernsehen und schlafen. Ein jüdisches Haus ist aber Lebensmittelpunkt. Zu unserer Hochzeit hat der Rabbiner meiner Frau und mir gewünscht, dass unser zukünftiges Haus so offen und einladend sein möge wie die Chuppa, unter der wir geheiratet haben: Vier Stäbe, ein Dach, keine Wände.

Sie müssen die Türen Ihrer Wohnung nicht aushängen und auf den Sperrmüll bringen, aber Ihr Haus wird ein offenes Haus sein. An Schabbat und Feiertagen lädt man Freunde und Familie zu sich ein, isst und trinkt zusammen und verbringt Zeit miteinander und redet. Daher fristen Fernseher ihr Dasein in irgendeiner Ecke und sind nicht das zentrale Möbel eines Wohnzimmers. Ein Gästezimmer oder zumindest ein ausklappbares Schlafsofa ist eine Selbstverständlichkeit und Gastfreundschaft ein Bedürfnis. Der Mann, der uns zur Hochzeit genau das gewünscht hat, ist ein Mann, der mit seiner Familie Gastfreundschaft geradezu verkörpert. In seiner Wohnung gibt es, obwohl die Zimmer für die fast zehn Kinder kaum reichen, mehrere Gästezimmer und einen riesigen Esstisch mit Platz für unzählige Gäste. Auch wir waren schon oft bei ihm.

Man muss kein Jude oder gar Rabbi sein, um gastfreundlich zu sein, und ich habe auch vor meiner Konvertierung viel Gastfreundschaft in meinem Leben erfahren dürfen. Aber was ist ein jüdisches Haus ohne Gäste? Wenn wir einen Schabbat mal keine Gäste haben oder nirgends eingeladen sind, dann genießen wir zwar die Ruhe, aber es fehlt uns etwas.

In ein jüdisches Haus gehören Kinder. Es müssen nicht unbedingt die eigenen sein, auch Kinder von Freunden sind willkommen. Kein Regal oder gar eine Vitrine ist so aufgestellt, dass ein tollpatschiges Kind etwas herunterreißen könnte, was danach nicht einfach wieder aufgestellt oder eingeräumt werden kann oder gar das Kind verletzen könnte. Wenn Eltern mit Kindern zu Besuch sind, sollen sie sich wohl fühlen und sich nicht sorgen müssen, dass ihre Kinder stören. Kinder sind das Wichtigste im Leben. Nicht umsonst gibt es das Klischee der »Jiddischen Mame«, die ihre und andere Kinder überversorgt und überbesorgt um sie ist.

Ein jüdisches Haus erkennt man immer auch an äußerlichen Dingen. Die Küche ist mit Aufklebern für »fleischig« und »milchig« übersät, eine Spendenbox steht auf der Anrichte, und in den Regalen stehen Lebensmittel mit hebräischem Aufdruck auf der Verpackung. Irgendwo steht eine Warmhalteplatte für das Schabbatessen, Plata genannt, mit einer Zeitschaltuhr. Es existiert eine Kollektion an Einweggeschirr für regelmäßig auftretende Notfälle und Alufolie auf Rollen in Gastronomiebedarfsgröße.

Ich kann mir gar nicht vorstellen, wie man vor der Erfindung von Einweggeschirr, Alufolie und Zeitschaltuhren einen koscheren Haushalt führen konnte. Koschere Weine im Regal und Spirituosen für ein »Lechaim« dürfen auch nicht fehlen.

An jedem Türrahmen im oberen rechten Drittel hängt eine Mesusa, also eine kleine Gebetsrolle auf Pergament in einer mehr oder weniger schicken Hülle mit dem Buchstaben »Schin« darauf. Die schönste Hülle bekommt üblicherweise die Mesusa an der Eingangstür. Die Mesusot sollen das jüdische Haus schützen und erinnern an den Auszug aus Ägypten, als Juden ihre Türrahmen mit Blut bestrichen haben, damit der Todesengel jüdische Häuser überschreitet und die Hebräer von der Plage der Tötung der Erstgeborenen verschont. Daher wird das zugehörige Fest Pessach auch als das Überschreitungsfest übersetzt.

Neben der Badezimmertür, die keine Mesusa trägt, hängt statt dessen ein laminiertes »Nach-dem-Klo«-Gebet, das Ascher-Jatzer, und im Bad neben dem Klo liegen Trivialliteratur und Illustrierte, da man sich an diesem Ort ausnahmsweise nicht mit der Torah beschäftigen soll.

Also wehe, Sie lesen dieses Buch auf dem Lokus!

Im Esszimmer stehen Bentscher, das sind kleine Hefte mit dem Tischgebet, und im Wohnzimmer ist mindestens ein gut gefülltes Regal mit religiösen Büchern zu finden. Irgendwo in der Wohnung an zentralem Ort stehen die Schabbatkerzenleuchter. An den Wänden hängen Bilder mit jüdischen Motiven. In den Regalen verstauben mehrarmige Kerzenleuchter, von denen manche an Chanukka rausgeholt und benutzt werden, silberne Kidduschweinbecher und andere Judaica, und neben der Haustür hängt, hoffentlich nicht schief, ein hebräischer Haussegen. Der Davidstern ist geradezu allgegenwärtig.

Die Transformation Ihrer Wohnung wird fast unmerklich passieren. Sie konvertiert also mit Ihnen mit. Und wenn Sie fertig konvertiert sind, wird auch Ihre Wohnung zum jüdischen Haus, und Sie werden mit stolz geschwellter Brust und erleichtertem Geldbeutel die teuren, auf Pergamentrollen handgeschriebenen Mesusot an die Eingangstür und die anderen Türrahmen im Haus anschlagen.

Außer, Sie trennen sich während Ihres Prozesses von Ihrer Wohnung, da sie partout nicht jüdisch werden will oder kann. Denn: Die drei wichtigsten Kriterien für die Wahl einer Wohnung sind bekanntlich: Lage, Lage und Lage. Diese alte Maklerweisheit wird für einen Juden noch mal verschärft, denn als viertes wichtigstes Kriterium kommt nochmals »Lage« hinzu. Das fünfte Kriterium ist: Kein automatisches Licht im Flur und kein elektronisches Zutrittssystem.

Diese Kriterien haben alle mit Schabbat und den Feiertagen

zu tun. An diesen Tagen dürfen Sie keine Stromkreise schließen und kein Auto, keinen Bus und keine Bahn benutzen. Eine Sammlung von Zeitschaltuhren wird Ihnen das Ein- und Ausschalten der Lichter, Warmhalteplatte und anderer elektrischer Verbraucher abnehmen. Einfach an Schabbat zu Hause bleiben, weil man sein Türschloss nicht bedienen kann oder weil die Synagoge zu weit weg ist, als dass man sie ohne Auto erreichen könnte, ist vor allem für einen angehenden Konvertiten keine Option.

Sie müssen am Schabbat regelmäßig in die Synagoge gehen. Daher ist die Lage so wichtig: Die Synagoge muss zu Fuß erreichbar sein. Wo Ihre Grenze für eine vertretbare Entfernung ist, müssen Sie selbst wissen. Ich wohnte etwa 1,7 km von der Synagoge entfernt und brauchte ungefähr 20 Minuten für den Fußweg. Ich weiß das so genau, weil ich die Strecke unzählige Male gelaufen bin – jeden Schabbat mindestens drei Mal in jede Richtung, macht über zehn Kilometer pro Schabbat.

Diesen Weg werden Ihre Beine also irgendwann von alleine laufen. Sie werden Ampeln meiden, bei denen man per Knopfdruck ein grünes Licht anfordern muss, Sie werden um Garageneinfahrten mit Bewegungssensor und automatischem Licht automatisch Bögen machen, Sie kennen den besten Weg bei Regen mit möglichst vielen Vordächern und Unterständen, da man am Schabbat keinen Schirm benutzen darf, und Sie werden sich unter der Woche auch ohne Not beim Laufen dabei ertappen, dass Sie sich gewisse Marotten angeeignet haben.

Mittlerweile wohne ich in Israel, und im Umkreis von 500 Metern habe ich eine veritable Auswahl an Synagogen. In Hamburg wiederum, wo ich konvertiert bin, gibt es in der Stadt mit einem Durchmesser von zwanzig Kilometern nur eine einzige. Sollten Sie in einem Dorf, einem Vorort oder einer Kleinstadt ohne Synagoge wohnen, kann ich Ihnen nur raten: Ziehen Sie um. Mein Beit Din machte das sogar zur Voraussetzung. Hätte ich nicht angekündigt, nach Israel umzuziehen und damit in eine Umgebung, in der jüdisches Leben nicht nur von einzelnen Menschen praktiziert wird, hätte ich deutlich länger auf meine Konvertierung warten müssen.

Familie

Wenn Sie bisher keinen Grund gefunden haben, von einer Konvertierung zum Judentum Abstand zu nehmen, denken Sie an Ihre Familie. Jude zu werden ist wahrscheinlich die größtmögliche emotionale Distanz, die Sie zu Ihren Nächsten einnehmen können.

Ich liebe meine Familie, meine Eltern, meine zahlreichen Geschwister von Herzen. Das Judentum ist in unserer Familie tief verwurzelt. Mein Großvater väterlicherseits wurde als Jude in Auschwitz ermordet, und mein Großvater mütterlicherseits hat posthum die höchste zivile Auszeichnung für einen Nichtjuden des Staates Israel erhalten. Das Yad Vashem, die Holocaustgedenkstätte in Jerusalem, hat ihn als »Gerechten unter den Völkern« geehrt. Diese Ehre bekommt, wer sein eigenes Leben riskiert hat, um Juden vor antisemitischer Verfolgung und Ermordung zu retten. Mein Großvater Robert Havemann hat sie dafür bekommen, dass er Juden geholfen hat, Ariernachweise zu fälschen, um sie vor der Deportation und der Ermordung zu retten. Er wurde erwischt und von den Nazis wegen Hochverrats zum Tode verurteilt. Das Urteil wurde nicht mehr vollstreckt, da die Rote Armee das Gefängnis und seine Insassen vorher befreite.

Eine Kopie der Urkunde aus dem Jahr 2005 hängt gerahmt an der Wand meines Wohnzimmers hier in Israel. Jeder Besucher steht ehrfürchtig davor, wenn er die Zeilen liest, die auf dem Dokument in Hebräisch und Englisch stehen.

Die hebräische Schreibweise für meinen Nachnamen habe ich aus diesem Dokument übernommen. Den Namen Havemann kann man in mindestens fünf verschiedenen Schreibweisen ins Hebräische transkribieren, und leider klingt keine davon zurückübersetzt genau wie Havemann.

Trotz alldem. Dass ich Jude wurde, war und ist für meine Familie nicht leicht. Mein Vater kann nicht verstehen, wie man nach dem Holocaust in Deutschland an G'tt und im Besonderen an einen jüdischen G'tt glauben kann. Er verlor seinen Vater und dessen gesamte Familie an eine Mörderbande, die viel zu spät erst von den Alliierten und nicht rechtzeitig von G'tt aufgehalten wurde. Über sechs Millionen Menschen, die meisten von ihnen Juden, konnte sie einfach so hinschlachten.

Um ehrlich zu sein: Auf die Frage, warum G'tt den Holocaust zugelassen hat, habe ich schon viele Antworten gehört und mir auch selbst welche zurechtgelegt. Aber keine dieser Antworten befriedigt mich vollständig. Darum kann ich es meinem Vater nicht verdenken, dass er den Glauben seines Sohnes an einen jüdischen G'tt nicht nachvollziehen will.

Meine Mutter wiederum glaubt, religiösen Menschen fehlt etwas im Leben, das sie durch Religion kompensieren. So unrecht hat sie damit in meinem Fall gar nicht. Zu sehen, dass ihrem eigenen Sohn offenbar etwas fehlt, was sie ihm nicht geben konnte, schmerzt sie. Was mir die Religion gegeben hat, fehlte mir tatsächlich: Disziplin, das Gefühl, angekommen zu sein, ein Land, ein Volk.

Meine Geschwister gehen sehr unterschiedlich mit meinem Judentum um. Niemand in meiner Familie hat ein Problem damit, dass ich Jude bin, sondern nur damit, dass ich *religiöser* Jude bin. Denn religiös waren in unserer Familie immer nur die anderen, und wir haben solche Leute oft genug belächelt, ich ganz vornan.

Diese meine 180-Grad-Wendung lässt sie fürchten, andere Ansichten und Einstellungen könnten sich bei mir ebenso radikal ändern. Sich selbst treu zu bleiben ist mit die größte Herausforderung, und das zu vermitteln ist für die Familie und Freunde enorm wichtig.

Sind Ihre Eltern katholisch oder, noch schlimmer, evangelisch, Luther war immerhin ein Antisemit vor dem Herrn, kann die Abkehr von der Kirche und die Zuwendung zum schon vor Zeiten überwunden geglaubten Judentum eine große Kluft zwischen Sie und Ihre Eltern schlagen. Sind Sie Kind muslimischer Eltern, will ich mir die daraus entstehenden Spannungen gar nicht erst vorstellen, ebenso wenig wie bei Familien mit tief verwurzeltem antisemitischem Gedankengut. Aber antisemitische Familien haben es wohl verdient, ihr Kind ans Judentum zu »verlieren«.

Auch atheistische Eltern und Familien werden ein Problem damit haben, dass Sie sich plötzlich neue Freunde und neue Angewohnheiten zulegen und andere Feiertage feiern.

Die Aufgabe, die Sie als Konvertit meistern müssen, ist folgende: Eines der wichtigsten Mizvot, religiösen Gebote also, ist, seine Eltern zu ehren. Es ist eines der sehr wenigen Gebote, von denen wir von unseren Weisen eine Belohnung für die Erfüllung kennen: ein langes Leben. Und der Aufwand einer Konvertierung lohnt nicht für ein kurzes Leben. Diesen Spagat müssen Sie also schaffen.

Halachisch, also streng nach jüdischem Gesetz, sind nach der Konvertierung Ihre biologischen Eltern nicht mehr Ihre Eltern. Ihr Platz wird von unseren Vorfahren Abraham und Sarah eingenommen. Bekommen Sie als Mann einen Aufruf zur Torah in der Synagoge, werden Sie als Sohn Abrahams aufgerufen. Mein vollständiger jüdischer Name ist: Eliyah Ben Avraham Awinu. Das »Awinu« bedeutet »unser Vorvater« und wird üblicherweise weggelassen, um mich nicht öffentlich als Konvertit zu brandmarken, steht aber in meiner Ketuba, dem religiösen Ehevertrag für meine Frau.

Sie sind also nach dem Übertritt nicht mehr Kind Ihrer Eltern, wieso müssen Sie sie dann noch ehren? Das passt doch alles nicht zusammen, sagen Sie jetzt vielleicht. Tut es aber, denn zum einen sagen unsere Rabbiner, dass dieses Gebot auch für biologische Eltern gilt. Das betrifft ja auch Juden, die einen nichtjüdischen Vater haben. Zum anderen bleiben Ihre Eltern natürlich trotzdem Ihre Eltern.

Als ich damals über diese neuen halachischen Verwandtschaftsbeziehungen gelernt habe, habe ich mich über die Skurrilität amüsiert. Würde etwa eine meiner Schwestern auch konvertieren, dürfte sie mich theoretisch heiraten, da wir ja keine halachischen Geschwister mehr sind. Nur wird kein Rabbiner dieser Welt eine solche Ehe schließen. Daran sieht man, wie theoretisch und wenig praxisrelevant diese Gesetze im Grunde sind.

Ich habe jedoch nicht damit gerechnet, wie verstört meine Familie darauf reagierte, als ich in einem Gespräch nebenbei erzählte, was ich gerade gelernt hatte, nämlich dass Abraham und Sarah meine neuen Eltern werden. Sie dachten, ich meinte das tatsächlich ernst und wollte sie zurücklassen auf meinem Weg zum Judentum. Irgendein verschrobener Rabbiner hätte mir eine Gehirnwäsche verpasst und wollte mich von meiner Familie isolieren. Nichts davon ist wahr. Und weil es mir auch nie im Entferntesten in den Sinn gekommen wäre, habe ich bedenkenlos das Gelernte wiedergegeben und damit unbedacht viel Trauer und Leid verursacht, bis ich es endlich aufklären konnte. Allerdings musste ich erst mal Wind von der Sache bekommen. Danach bin ich zu fast jedem in der Familie persönlich hingegangen und habe aus tiefstem Herzen beteuert, was auch stimmt: Von meiner Familie kann mich keine Religion dieser Welt trennen. Und nun hoffe ich immer noch, dass es umgekehrt auch so ist. Denn der Wiederannäherungsprozess dauert bis heute, auch wenn im Großen und Ganzen alles wieder gut ist.

Ihre Familie nimmt nichts von dem, was Sie tun, bedenkenlos hin, wenn sie sieht, wie Sie sich und Ihr Leben von Grund auf umkrempeln. Daher muss man doppelt und dreifach vorsichtig sein mit dem, was man sagt und tut.

Immer, wenn ich meinen Vater besucht habe, hat er mir mit Freude ein Essen zubereitet, und wenn es nur ein Wurstbrot war. Er sagte, es sei sein väterlicher Instinkt, sein Kind zu füttern.

Mindestens vier meiner Geschwister und meine Mutter sind fantastische Köche, und gemeinsames Essen ist etwas, was uns als Familie schon immer verbunden hat. Und nun schließe ich mich aus all dem aus, da keiner in meiner Familie eine koschere Küche führt, verständlicherweise.

Mit relativ großem Aufwand bekommen wir es aber doch ab und zu hin, zusammen zu essen, wenn meine Frau und ich in Deutschland sind. Ich kaschere den Ofen, mache ihn also physisch und spirituell sauber, damit wir darin koscheres Essen zubereiten können, nutze Einweggeschirr oder kaschere auch mal einen Kochtopf.

Zum Kaschern reinige ich den Ofen und den Topf gewissenhaft. Ich schalte den Ofen zwanzig Minuten auf höchste Stufe, stelle den Topf bis zum Rand mit Wasser gefüllt auf den Herd und lasse ihn überkochen. Ofen und Topf sollten 24 Stunden unbenutzt gewesen sein und nach dem Kaschern vor der Benutzung wieder abkühlen.

Gegessen wird oft von Papptellern. Teilweise habe ich auch koscheres Geschirr und Besteck auf die einzelnen Haushalte meiner Familienmitglieder verteilt, oder sie haben selbst Geschirr gekauft, was auf einen koscheren Einsatz wartet, bis ich mit Frau und Kind auftauche.

So wird ein extra Teller im Regal ein warmes Willkommen für mich und erfreut mein Herz und später auch meinen Gaumen. Von einem ordentlichen Teller und einer echten Gabel schmeckt Essen eben doch besser als von Pappe und Plastik.

Die Akzeptanz der Familie für solche Verrenkungen in der Küche ist schwer zu erreichen und leicht zu verspielen. Allerdings hilft auch hier, wie so oft, Konsequenz. Geht man für seinen früheren, unkoscheren Lieblingssnack aus dem Supermarkt gerne mal einen faulen Kompromiss ein, kann man von seiner Mutter kein Verständnis in ihrer eigenen Küche erwarten.

Besonders schwierig ist das, wenn Sie noch bei Ihren Eltern

oder mit anderen Menschen zusammen wohnen. Dann wird die Herausforderung alltäglich und verschlimmert sich mit Schabbat noch mehr. An diesem Tag darf nämlich nichts in der Küche zubereitet werden, und wer lässt sich das schon gerne bieten?

Jeder Familienbesuch ist mit Essen verbunden. Das daraus entstehende Problem lässt sich leidlich lösen, indem man etwa sein eigenes Essen mitbringt.

Aber es gibt noch mehr Fallstricke im Familienleben. Auch wenn der letzte Besuch in einer Kirche so weit zurückliegt, dass die Erinnerung daran schon komplett verblasst ist, wird in vielen Familien Weihnachten und Ostern zusammen gefeiert. Ihre Anwesenheit ist natürlich Pflicht, und Nichterscheinen wird als Bruch einer Familientradition und als fortschreitende Entfremdung aufgefasst. Wenn Sie Glück haben, wird während der Feiern keine christlich-religiöse Handlung durchgeführt, wie etwa ein Tischgebet oder eine Andacht. Sie können sich mit Ihrem koscheren Essen auf dem Plastikteller an die Ecke des Tisches verkriechen und sich für die Kinder freuen, die gerade ein Schokoei gefunden haben, das hinter dem Chanukka-Leuchter versteckt war, den Sie im letzten Jahr Ihren Eltern aus Israel mitgebracht haben. Und Weihnachten halten Sie der Familienbande einen Vortrag darüber, dass Chanukka übersetzt das Weihefest ist und abends gefeiert wird und »Weihnachten« nichts anderes ist als das deutsche Wort für Chanukka. Außerdem wird Chanukka am 25. Kislew gefeiert. Das ist der Monat im jüdischen Kalender, der üblicherweise mit Dezember zusammenfällt, in dem am 25. eben, na was? Genau: Weihnachten gefeiert wird.

Aber die Story hilft auch nur in einem Jahr über den Abend hinweg. Da Sie sich Geschenke aus religiösen Gründen verbitten und als positiven Nebeneffekt auch keine Geschenke verteilen müssen, ziehen Sie sich auf Dauer aus diesen Feiertagen zurück. Das müssen Sie irgendwie kompensieren. Entweder, Sie begeistern Ihre Familie, ein jüdisches Fest mit Ihnen zu feiern, oder Sie befördern einen religiös unbelasteten Feiertag zum Familienfeiertag, wie etwa den Tag der Deutschen Einheit. Das Problem mit den jüdischen Feiertagen ist ja, dass wir Juden nicht missionieren. Und Sie sollten nicht ausgerechnet bei Ihrer Familie damit anfangen.

In manchen Jahren macht Ihnen allerdings der Kalender einen Strich durch die Rechnung. Ist nämlich gerade Schabbat oder ein jüdischer Feiertag, fallen alle anderen Feierlichkeiten aus. Am unangenehmsten ist das an Silvester. Das war immer mein Lieblingsfeiertag. Wir sind, als wir noch Kinder waren, jedes Jahr mit der Familie gegen Mitternacht in Hamburg an die Elbe zum Museumshafen Övelgönne gelaufen. Dort haben wir uns Punkt zwölf gegenseitig ein schönes neues Jahr gewünscht, sind auch wildfremdem Menschen um den Hals gefallen, und die Ozeandampfer gaben ein stimmgewaltiges Signalhornkonzert.

Wenn ich heute an Silvester zufällig in Hamburg bin, gehe ich mit meinen Geschwistern und ein paar Freunden an die Elbe. Wir haben zwei koschere Flaschen Sekt dabei und wünschen uns einen »Guten Rutsch«, was von Jiddisch »Guten Rosch«, also »Guten Anfang« kommt.

In Israel wird Silvester nur privat gefeiert, denn der 1. Januar ist ein Arbeitstag. Daher vermisse ich Neujahrsfeiern nicht, wenn ich hier bin. Weihnachten mochte ich eigentlich nie. Schenken auf Kommando ist nicht so mein Ding, und andere christliche Feiertage interessierten mich nicht. Aber Sie?

Wenn Sie weiterhin Silvester feiern wollen, tun Sie das. Aber Ihr Rabbi wird sich nicht unbedingt darüber freuen. Auch wenn vordergründig nur der Beginn des neuen Kalenderjahres gefeiert wird, ist Silvester doch ein Fest mit antisemitischem Hintergrund. Nicht nur wurden Juden regelmäßig an Silvester in Pogromen getötet, der namensgebende Papst Silvester I. soll im Jahr 324 bei Kaiser Konstantin angeregt haben, dass Juden in Jerusalem nicht mehr wohnen dürfen.

Eine Meinung, die, zumindest auf Ostjerusalem bezogen, heute wieder en vogue ist.

Im ersten Konzil von Nicäa im Jahre 325 war Papst Silvester I. zwar selbst nicht anwesend, hat aber angeblich durch seine Gesandten dafür gesorgt, dass Repressalien gegen Juden beschlossen wurden. Und auch wenn sich die Geschichtsgelehrten vielleicht streiten, als Judenfreund ist Papst Silvester I. in keinem Fall in die Geschichte eingegangen.

Doch zurück zur Familie. Mit G'ttes Hilfe werden Sie eines Tages selbst eine Familie gründen, oder Sie haben bereits Kinder, die mit Ihnen zusammen übertreten. Diese Kinder, sofern vorhanden, wollen ihre Großeltern, Tanten, Onkels, Cousins und Cousinen kennenlernen und Zeit mit ihnen verbringen. Sie sollten das nicht zu verhindern versuchen. Aber was macht man, wenn das Kind vom Urlaub bei Oma mit Jesus-Abziehbildchen im Poesiealbum zurückkommt und fragt, ob es zuhause auch mal ein Schweinesteak mit Pilz-Sahne-Sauce essen darf, so wie bei Oma? Können Sie Ihrer Mutter verbieten, das Kind mit unkoscheren Gedanken und Essen zu füttern? Sie werden es müssen, und das wird schmerzhaft.

Wie ich schon sagte, ich liebe meine Familie, meine Eltern, und ich bin von Herzen gerne der große Bruder meiner Geschwister. Hätte ich vorher gewusst, wie schwer mein Übertritt für meine Familie wird, hätte ich mich vielleicht anders entschieden.

Nicht falsch verstehen, ich bereue nicht, dass ich konvertiert bin, ich muss nur damit umgehen, dass es für meine liebsten und engsten Mitmenschen schwierig ist. Dazu gehört vor allem, für ihre Sorgen, Ängste und Vermutungen ein Gespür zu entwickeln. Denn sie sagen einem selten direkt ins Gesicht, was sie denken, auch aus Angst, ihre »verlorene« Tochter oder ihren »verlorenen« Sohn ganz an die Religion zu verlieren. Dieser Angst kann man am besten durch Taten den Wind aus den Segeln nehmen, nicht durch viele Worte. Etwa, in dem man sich

Mühe gibt, trotz Feiertag oder Schabbat einer wichtigen Familienfeier beizuwohnen. Oder, indem man einfach weiterhin eine gute Schwester, Tochter, Mutter oder ein guter Sohn, Bruder, Vater ist, ohne andauernd von G'tt und vom Judentum zu reden.

Ich traf aber auch Konvertiten, die ein zerrüttetes Verhältnis zu ihren Eltern hatten und durch die Konvertierung einen neuen, vermeintlich triftigen Grund fanden, den Kontakt ganz abzubrechen. Ich will nicht unterstellen, dass das der Hauptgrund für sie war, den Weg ins Judentum zu gehen, aber ein willkommener Nebeneffekt war es bestimmt. Diese Menschen brechen jedoch das Gebot, ihre Eltern zu ehren.

Umgekehrt gibt es Konvertiten, die Probleme mit ihren schon erwachsenen Kindern haben und so zu lösen versuchen. Dabei ist die vermeintliche Lösung nur eine Flucht.

Ich will darüber nicht urteilen, ich denke nur, es gibt andere, bessere Möglichkeiten, die Beziehung zwischen Eltern und Kindern zu klären. Eine Konvertierung als Vehikel halte ich für falsch. Außer, Ihr Rabbiner kann und will Ihnen dabei helfen. Ein Familienpsychologe ist jedoch die bessere Adresse dafür.

Kann die Familie also eine Motivation sein, Jude zu werden? Traurigerweise, in Einzelfällen ja, generell aber nicht. Im Gegenteil. Und wenn Sie sich jetzt sagen: »Schön und gut, es wird vielleicht schwer mit Mama und Papa, aber ich schaff' das schon!«, dann unterschätzen Sie wahrscheinlich das, was auf Sie zukommt.

Essen

Am meisten vermisse ich Nordseekrabbensalat. Meine Oma hat, als sie noch lebte, die Krabben immer auf der Terrasse schüsselweise für die Familie per Hand gepult, also die Schale vom Fleisch entfernt. Mein Vater hat auch mir den Trick beigebracht, wie man den Panzer des Tieres hinter dem Kopfansatz bricht und dann durch Auseinanderziehen den Kopf und den Schwanz samt dem Panzer ohne Rückstände in einem Zug vom leckeren Krabbenfleisch abzieht. Eine Maschine kann das nicht. Jede fertig gepulte Krabbe, die man im Supermarkt kaufen kann, haben zwei fleißige Hände aus ihrem Chitinpanzer geschält.

Ich habe zwar die meiste Zeit meiner Kindheit mit meiner Mutter in der Rheinebene und im nahe gelegenen Elsass gewohnt, aber da mein Vater ein echter Hamburger Fischkopp ist, bin ich auch mit Krabben, Aal und Schillerlocken, also Haifischbauch, aufgewachsen.

Als ich mal mit meinen Pfälzer Mitschülern einen Schulausflug auf die Insel Föhr in der Nordsee mitgemacht habe, bin ich dort im Hafen zu einem Krabbenkutter gegangen und habe mir einen Beutel frisch gebrühter Krabben geholt. Ungepult, versteht sich. So wie andere Leute Sonnenblumenkerne futtern, habe ich eine nach der anderen geschält und gegessen. Ich roch noch drei Tage danach nach den Krabben, da halfen auch keine Seife und kein Rubbeln. Und meine Mitschüler waren angeekelt und ich Opfer ihres Spottes. »Die haben doch kleine schwarze Augen, die einen angucken, und die sehen aus wie Würmer oder Grashüpfer, und die stinken ganz dolle, und die sind doch einfach nur ekelig. Wie kannst du so was essen!«

Wie ich das konnte? Nordseekrabben schmecken einfach lecker. Besser als alle Shrimps der Welt.

Krabben, Schillerlocken und Aal, all das gibt es heute auf meinem Speiseplan nicht mehr. Denn nicht nur das Schwein ist uns Juden verboten, sondern noch viele andere Geschöpfe G'ttes. Welche erlaubt sind, ist bei Säugetieren und Meerestieren sehr einfach zusammenzufassen. Erstere sind erlaubt, wenn sie gespaltene Hufe haben und wiederkäuen,Letztere, wenn sie Flossen und Schuppen haben. Da ausnahmslos alle ausgewachsenen Fische mit Schuppen auch Flossen haben, reicht es also, wenn ein Fisch Schuppen hat, damit man ihn essen darf.

Bei Vögeln ist es etwas komplizierter. Man darf essen, was domestiziert ist und traditionell gegessen wird. Bei Hühnern, Enten und Tauben ist das einfach nachzuvollziehen, aber warum Pute erlaubt ist, weiß wohl nur ein gelehrter Rabbiner zu beantworten. Diese Tiere gab es bis zur Entdeckung Amerikas nicht bei uns, und auch nicht in Babylon, Israel und im Sinai, wo die Gesetze aufgeschrieben wurden. Ich esse Pute trotzdem, am liebsten als Schuwarma.

Geflügel und Säugetiere müssen geschächtet werden, und zwar von einem speziell ausgebildeten jüdischen Schächter. Die Muslime schächten zwar auch, aber deren Fleisch ist für uns trotzdem nicht erlaubt. Insekten, Spinnen, Schlangen, Reptilien, Meeresfrüchte und Würmer sind generell verboten.

Sie merken, es geht um das Thema »koscher«. Das Wort bedeutet übersetzt »erlaubt« und wird bei Weitem nicht nur auf Essen angewendet. Die deutsche Redewendung »Das kommt mir nicht ganz koscher vor!« lässt es erahnen. Koscher oder eben nicht können Kleidungsstücke, Torahrollen, Gebetsriemen, Gebetsschal, Geschäfte und viele Dinge mehr sein. Aber wir reden jetzt ja über das Essen.

Koscheres Essen ist nicht mehr oder weniger lecker als unkoscheres Essen. Wie lecker es ist, hängt, Sie ahnten es schon, hauptsächlich vom Koch ab. Wenn Sie mal bei meiner Frau und mir zum Schabbat eingeladen sind, werden Sie schmecken, dass gute Küche und koschere Küche absolut kein Widerspruch sind. Auch wenn Sie als Konvertit eventuell auf vieles verzichten müssen, was Sie vorher gerne gegessen haben, etwa Schinken oder Muscheln oder Hummer, so werden Sie vieles neu entdecken, was Sie vorher vielleicht noch nicht kannten, wie etwa Gefillte Fisch oder Tscholent, ein Fleischeintopf, der traditionell am Schabbat zu Mittag gegessen wird.

Aber es reicht nicht, nur ein paar Dinge aus dem Rezeptbuch zu streichen. Eine koschere Küche ist eine Wissenschaft für sich. Eines der wichtigsten Gesetze: Fleisch und Milch dürfen nicht vermischt werden.

Daher hat ein koscherer Haushalt Kochgeschirr für milchig und fleischig und für parve, also weder milchig noch fleischig. Parve Essgeschirr habe ich noch nicht gesehen, hier wählt man üblicherweise zwischen fleischig und milchig.

Und G'tt sprach zu Mosche: »Du sollst das Zicklein nicht kochen in der Milch seiner Mutter.« (Exodus 23:19)

Mosche: »Was? Wir dürfen Fleisch und Milch nicht zusammen essen?«

G'tt: »Du sollst das Zicklein nicht kochen in der Milch seiner Mutter.« (Exodus 34:26)

Mosche: »Wie bitte? Wir müssen getrenntes Geschirr für Fleisch und Milch benutzen?«

G'tt, genervt: »Du sollst das Zicklein nicht kochen in der Milch seiner Mutter.« (Deutoronomus 14:21)

Mosche: »Und wir müssen sechs Stunden warten zwischen Fleisch und Milch??«

G'tt: »Ach, macht doch, was ihr wollt!«

Der Einkauf im Supermarkt wird vor allem am Anfang zum Hindernislauf. Die meisten Dinge, die Sie im Regal finden, sind irgendwie zubereitet oder verarbeitet, und daher muss man davon ausgehen, dass sie nicht koscher sind. Auf manchen wenigen findet man einen Hechscher – ein Siegel, das eine jüdische Organisation vergibt, die Kaschrut überwacht, ob also die Herstellung und Zubereitung nach den jüdischen Koscher-Regeln erfolgt ist.

Am Ende des Kapitels finden Sie ein paar in Deutschland

übliche Hechscher. In Deutschland werden zwar viele Hersteller von Rabbinern überwacht, aber sie drucken die Hechscher meist nur auf Produkte für den Export. Mein Müsli, das ich hier in Israel zum Frühstück esse, kommt aus Lübeck. Derselbe Hersteller produziert auch für den deutschen Markt, aber dort vertriebene Produkte kommen, obwohl sie koscher zertifiziert sind, ohne Hechscher ins Regal. Vielleicht fürchten sie Umsatzeinbußen, wenn das Produkt was Jüdisches hat?

Rühmliche Ausnahmen in deutschen Supermarktregalen sind Heinz und Kellogg's. Alle deren Produkte, die koscher sind, sind auch als solche mit einem Hechscher gekennzeichnet. Ihre Ketchupversorgung ist also sichergestellt.

Es gibt aber auch eine Menge Dinge im deutschen Supermarkt, die ohne Zertifizierung koscher sind. Das sind:

- alles frische Obst und Gemüse, Ausnahmen siehe unten
- Reis, auch parboiled
- weißes Mehl, bei Vollkornmehl fragen Sie Ihren Rabbiner
- Zucker
- reiner Bienenhonig
- Kaffee, auch löslicher Kaffee
- echter Tee
- getrocknete Bohnen, Erbsen und andere Hülsenfrüchte
- Salz, auch jodiert
- reine Gewürze und die meisten Gewürzmischungen
- Apfelessig
- Hühnereier, am besten weiße Eier kaufen, da in denen erfahrungsgemäß seltener Blut ist
- Nudeln, Spaghetti, Pasta aus 100% Hartweizen
- Olivenöl Extra virgin
- alle anderen kalt gepressten 100% reinen Pflanzenöle außer Traubenkernöl
- Säfte mit 100% Fruchtgehalt frisch gepresst und aus Konzentrat (außer Traubensaft). Beim Kauf von Multivitaminsäften

muss darauf geachtet werden, dass kein Traubensaft im Gemisch ist!

- Bier (keine Bier-Mixgetränke), denn das deutsche Reinheitsgebot ist strenger als alle Kaschrut-Regeln
- Whisky, hier muss man seinen Rabbi fragen, wenn der Whisky etwa in Cherryweinfässern gereift ist. Ansonsten ist Whisky okay.
- Spirituosen generell, aber nur, wenn sie nicht aus Wein oder Weintrauben gewonnen werden. Daher ist jeder reine Wodka oder Früchteschnaps erlaubt, Cognac oder Grappa aber nur mit Hechscher
- Cola
- frischer oder tiefgefrorener nicht zubereiteter Fisch, sofern er Schuppen hat, also koscher ist. Beim Kauf muss daher zumindest ein Streifen Schuppen am Filet übrig sein. Nach manchen Rabbiner-Meinungen ist das bei Lachs nicht nötig, da auch Unerfahrene die charakteristische Maserung des Lachsfleisches als solche erkennen.
- Milch. Außer, wenn man auf »Chalav Israel« besteht, also auf Milch, die unter jüdischer Aufsicht gemolken wurde. Früher war ausschließlich Chalav Israel erlaubt, denn damals haben manche Bauern die Kuhmilch, nachdem sie das Fett fürs Buttern abgeschöpft hatten, mit der sehr fettigen Schweinemilch aufgefettet und als Trinkmilch verkauft. Da es heute in den USA und in den meisten europäischen Ländern Gesetze gibt, die besagen, dass Trinkmilch ausschließlich Kuhmilch sein darf, und ihre Einhaltung regelmäßig überwacht wird, hat Rav Moshe Feinstein זצ״ל erlaubt, Milch ohne jüdische Überwachung zu kaufen. Man nennt sie »Chalav Nochri«, frei übersetzt »Nichtjüdische Milch«. In Ländern, wo das nicht gegeben ist, darf man nur Chalav Israel kaufen. Auch in Deutschland gibt es Chalav Israel zu kaufen, sogar als frische Milch. Aber Sie müssen danach suchen.
- Reine Butter, selbst wenn man sonst auf Chalav Israel besteht,

und zwar aus folgendem Grund: Es ist unmöglich, Butter aus Milch anderer Säugetiere herzustellen als aus der von Kühen. Einige wenige bestehen auch bei Butter auf Chalav Israel.

Es gibt noch mehr Produkte, die man kaufen kann. Nach Meinung mancher Rabbiner ist auch geräucherter koscherer Fisch, der in Deutschland verkauft wird, erlaubt, wie Räucherlachs.

Was man aber in keinem normalen Supermarkt finden wird, sind koschere Fleischprodukte, koscherer Wein, Traubensaft und Weinessig und koscherer Hartkäse. Die müssen Sie entweder über die Gemeinde oder über einen Versandhandel bestellen. Oder Sie finden einen koscheren Laden in Ihrer Stadt. Bei diesen drei Produktkategorien muss der gesamte Herstellungsprozess oder Teile desselben speziell jüdisch und koscher sein. Bei Wein und Traubensaft liegt das auch darin begründet, dass sie für rituelle Dinge, wie etwa den Kiddusch am Schabbat, verwendet werden. Und da auch andere Religionen Wein für ihre Rituale nutzen, ist man besonders vorsichtig, dass der Wein aus jüdischer Produktion stammt. Nur so kann man sichergehen, dass er keinem anderen G'tt geweiht wurde.

Sie sehen, man verhungert nicht. Abgesehen von den eben genannten, gibt es noch sehr viele weitere koschere Produkte in deutschen Supermarktregalen. Fragen Sie Ihren Rabbiner, und surfen Sie auf der Webseite der ORD, der Orthodoxen Rabbinerkonferenz Deutschlands. Die betreiben online eine Datenbank mit koscheren Produkten und verkaufen auch ein kleines, übersichtliches Büchlein, das man zum Einkauf in den Supermarkt mitnehmen kann, um nachzuschlagen, ob ein gewünschtes Produkt koscher ist oder nicht. Darin finden Sie Schokolade, Müslis, Saucen, Brot, Babynahrung, Zahnpasta und mehr.

Aber koschere Ausgangsprodukte ergeben nicht zwangsläufig ein koscheres Gericht auf Ihrem Teller. Es würde den Umfang dieses Buches sprengen, alle relevanten Regeln für den täglichen Betrieb einer koscheren Küche genau wiederzugeben. Sie werden viel lernen müssen und vor allem am Anfang beim Kochen viele Fehler machen. Daher empfehle ich dringend, die eigene Küche für den Anfang nur »koscher Style« zu betreiben. Und verbrauchen oder verschenken Sie erst mal alle Ihre Lebensmittel. Und beeilen Sie sich mit dem Verschenken. Als Jude dürfen Sie nicht mit unkoscheren Lebensmitteln handeln und sie nicht mal verschenken. Sie müssten sie also wegwerfen, und das wäre doch schade. Schenken Sie sie auf keinen Fall einem Juden, auch wenn er meist nicht koscher isst. Bereits als angehender Konvertit tragen Sie eine Mitverantwortung für die koschere Ernährung von Juden in Ihrem Haus.

Kaufen Sie nur noch koschere Lebensmittel nach, separieren Sie fleischig und milchig, oder verzichten Sie ganz auf eines der beiden. Üben Sie, mit koscheren Produkten nach Koscherregeln zu kochen. Dazu gehört das Absuchen von Salat und Gemüse nach Insekten, das Prüfen von Eiern nach Blut und vieles mehr, vor allem aber eine saubere Küche. Erst gegen Ende des Prozesses, kurz bevor Sie Jude werden, kaschern Sie ihre Küche richtig.

Viele Dinge müssen Sie dann in jedem Fall austauschen oder neu kaufen, wie etwa Keramikteller und Bratpfannen. Andere lassen sich nach aufwendiger Reinigung weiter benutzen, wie etwa etliche Töpfe und manches Besteck. Gänzlich unproblematisch dagegen sind Trinkgläser aus reinem Glas.

Wenn Sie einen kapitalen Fehler beim koscheren Kochen machen, kann es passieren, dass Sie eben neu gekaufte Teller schon wieder tauschen müssen. Sparen Sie sich daher den doppelten Aufwand, und schieben Sie es auf, bis Sie wirklich alle Regeln verinnerlicht haben. Die Konvertierung dauert ja so lange, damit Sie Zeit haben, zu lernen und zu üben. Hinzu kommt, dass Sie bis zu Ihrer Konvertierung Nichtjude sind, und wenn Sie danach kein »Bischul Nochri« essen, also von Nichtjuden gekochte Speisen, müssen Sie nach der abgeschlossenen Konvertierung alles neu kaschern.

Mit dem Üben fangen wir am besten gleich an. Als Erstes mit einem einfachen Rezept für einen sehr leckeren mediterranen Auberginensalat:

Salat Chazilim schel Eliyah
(Auberginensalat ala Eliyah)

Zutaten:

- eine große Aubergine
- zwei Tomaten
- eine große Knoblauchzehe
- zwei bis drei gestrichene Esslöffel Sesampaste (Tahin/Tehina) (Gibt es beim Türken und ist generell koscher, da es unter die Rubrik »reine Pflanzenöle« fällt. Es gibt auch eine Sorte mit Hechscher zu kaufen, ansonsten beim Koscherversand bestellen.)
- Saft einer 1/4 Zitrone
- Olivenöl Extra virgin
- Salz
- Pfeffer

Zubereitung:

Die Aubergine ungeschält auf Backpapier im Ofen bei 220 °C eine Stunde lang backen. In den letzten 15 Minuten die Tomaten mit in den Ofen geben. Aubergine und Tomaten aus dem Ofen nehmen und 15 Minuten abkühlen lassen.

Die Aubergine und die Tomaten schälen (geht ganz einfach), das Fruchtfleisch in einen tiefen Teller geben und mit einer Gabel zermanschen. Dann die Knoblauchzehe in sehr kleine Würfel schneiden und zugeben (mit einer Knoblauchpresse zu quetschen bringt Bitterstoffe hervor, die unangenehm schmecken, daher Knoblauch immer schneiden oder hacken, nie quetschen). Den Zitronensaft, das Tahin, einen guten Schuss

Olivenöl, Salz und Pfeffer hinzugeben und mit der Gabel weitermanschen.

Die fertige Masse in eine saubere Schüssel geben, abkühlen lassen, mit einem Blatt Petersilie garnieren und servieren.

Schmeckt gut zu Grillgerichten oder einfach als Aufstrich mit Pitabrot oder anderem Weißbrot.

Haltbarkeit: 2–3 Tage im Kühlschrank (abgedeckt)

Lecker, oder? Sie sehen, koscheres Essen zuzubereiten ist nicht so schwer, zumindest zu Hause. Aber sobald Sie Ihre Küche verlassen, wird es kompliziert. Koschere Restaurants sind in Deutschland Mangelware, und bei vielen habe ich erleben müssen, dass sie sich darauf ausruhen, koscher zu sein und Kunden schon allein deswegen zu ihnen kommen. Qualität, Verfügbarkeit von Gerichten, Service? Schwierig. Beheben Sie den Missstand! Machen Sie, nachdem Sie alle Regeln gelernt haben und übergetreten sind, ein koscheres Restaurant mit so hoher Qualität auf, dass die Leute nur so hineinströmen, obwohl es koscher ist, nicht weil. Das ist eine echte Marktlücke in vielen deutschen Städten. Meine Rezepte aus diesem Buch dürfen Sie gerne nutzen.

Manchmal essen wir Juden überhaupt nicht. Wir haben im jüdischen Kalender unzählige Fasttage. Die beiden wichtigsten sind Yom Kippur und Tischa Be'av. Es sind »volle Fasttage«, also etwa 25 Stunden von Sonnenuntergang bis Nachtbeginn des folgenden Tages. Die anderen Fasttage dauern nur von Sonnenaufgang bis Nachtbeginn, und nur vier werden von den meisten religiösen Juden begangen. Sie erinnern an Zerstörung und Leid, an Hoffnung und Umkehr.

An Fasttagen ist jegliche Nahrungsaufnahme verboten, nicht mal Wasser darf getrunken werden. Vom Fasten ausgenommen sind Menschen, die krank sind, stillende Mütter oder wenn ein

Arzt, auch ein nichtjüdischer, dem Juden das Fasten verbietet. Frauen müssen nur an Yom Kippur fasten, versuchen aber, die anderen wichtigen Fasttage auch zu halten.

Ansonsten ist Essen unsere Lieblingsbeschäftigung. Manche verspotten das Judentum als »die kulinarische Religion«, denn jeder freudige Anlass, jeder Feiertag, jeder Schabbat bringt eine oder auch mehrere Seudat Mizvat, also »Gebotene Mahlzeit« mit sich. Am Schabbat und an Feiertagen liegen zwei prächtige Challa-Brote, das sind Hefezöpfe, auf dem Tisch. Dazu gibt es ein reichhaltiges Essen mit Fisch und Fleisch und vielen Salaten. Ist man Vegetarier, gibt es natürlich ein reichhaltiges vegetarisches Mahl.

Ein Feiertag ist kulinarisch etwas ganz Besonders: Pessach. Hier wird Mazzabrot gegessen, und ansonsten ist alles verboten, was auch nur ansatzweise mit Mehl in Berührung gekommen ist. Sogar Sprudelwasser ist verboten, da die Kohlensäure aus Weizen gewonnen sein könnte. Es gibt aber speziell für Pessach Sprudelwasser und sogar Cola, mit Kohlensäure, die anders erzeugt wurde. In Deutschland sucht man danach allerdings vergeblich.

Das Mazzabrot wird aus einem Teig nur aus Wasser und Mehl gebacken und muss innerhalb von maximal 18 Minuten nach dem Anmischen des Teigs im Ofen sein. So wird sichergestellt, dass das Mehl nicht säuert, denn nicht das Mehl selbst ist an Pessach verboten, sondern alles Gesäuerte. Nach den 18 Minuten wird die Backstube komplett gereinigt und der nächste Teig angerührt. Christliches Kinderblut wird und wurde selbstredend nie verwendet. Weil das Mazza auf jeden Fall koscher für Pessach sein muss, macht man es heutzutage selten selbst. Die Gemeinde nimmt vor Pessach Bestellungen entgegen, damit jeder, der will, an Pessach seine garantiert koschere Mazza bekommt.

Vor Pessach werden die Küche und der Rest der Wohnung komplett gereinigt und alle Flächen, die mit Lebensmitteln in

Berührung kommen, werden mit Plastik oder Alufolie bedeckt. Unsere Küche sieht jedes Mal aus wie die Kommandozentrale eines Raumschiffes aus einem 70er-Jahre-Film. Einkaufen im Supermarkt ist jetzt noch schwieriger, viel schwieriger, da auf alles verzichtet werden muss, was Getreide berührt haben könnte. Das Gemüse wird neben dem Regal mit Mehl gelagert? Dann suchen Sie sich einen anderen Supermarkt!

Zu Pessach gibt es von Familie zu Familie Unterschiede in den Traditionen. Sepharden essen auch an Pessach Kidniot, also Reis, Bohnen und Erbsen. Aschkenasen wiederum verzichten darauf. Manche essen keinen Fisch, andere keinen Knoblauch, wieder andere kein Mazzamehl. So passiert es, dass Familien, die sonst gerne zusammen essen und feiern, an Pessach unter sich bleiben. Das ist auch irgendwie passend, da man an Pessach seine eigenen Kinder über den Auszug aus Ägypten unterrichten soll.

Nach einer Woche ist der Spuk vorbei, und man kann eine Weile lang keine Kartoffeln mehr sehen. Aus denen wird an Pessach irgendwie alles hergestellt. Es gibt sogar Pizzateig aus Kartoffelmehl. Diese Woche ist daher himmlisch für alle, die eine Glutenunverträglichkeit haben. Alle anderen freuen sich, wenn Pessach endlich zu Ende ist.

Die Gesetze, wie man Lebensmittel verarbeitet und auch welche Ernte man benutzen darf, ist außerdem noch ortsabhängig. Auf Grund des kühlen Klimas muss man in Deutschland nicht damit rechnen, Milben im Mehl zu finden, und man kann es ungesiebt verarbeiten. Gesiebtes Mehl hat zwar generell Vorteile, wie Ihnen ein Bäcker oder Konditor bestätigen wird, aber in wärmeren Ländern muss man es schon alleine aus Gründen des Kaschrut, das ist das jüdische Speisegesetz, sieben.

Auch Reis muss gewissenhaft auf Insekten geprüft werden, sollten Sie im warmen Klima ein Risotto zubereiten wollen.

Für das Land Israel gibt es noch weitere Regeln, etwa die »Pea«. Das ist die Ecke, die bei der Abernte eines Feldes stehen gelassen werden muss. Außerdem gibt es das Verbot der Nachlese. Beide Verbote dienen dazu, den Armen die Möglichkeit zu geben, Lebensmittel für den eigenen Bedarf aufzulesen. Auch wenn heute keine Armen mehr in die Felder zur Ernte gehen, bleibt das Verbot bestehen. Auch dürfen viele Bäume erst vier Jahre nach der Pflanzung abgeerntet werden.

In Israel gilt zudem das Gebot der Schmitta und des Jobels. Alle sieben Jahre ist Schmitta und alle sieben mal sieben Jahre Jobel. In diesen Jahren dürfen Felder nicht bestellt werden. Davon leitet sich die Redewendung »Alle Jubeljahre« für einen Zeitraum von etwa 50 Jahren ab. Die Früchte, die die Felder und Bäume im Schmitta-Jahr tragen, dürfen zwar geerntet und verzehrt, nicht aber verkauft werden. Man kann jedoch für das Ernten und Liefern Geld verlangen.

Wein und Traubensaft aus dem Schmitta-Jahr dürfen nicht verschüttet werden, nicht ein Tropfen. Da manche Bauern in Israel sich nicht an diese Regeln halten und das Land im Schmitta-Jahr an einen Nichtjuden verpachten, sind die Früchte dieser Felder in diesem Jahr nach der Meinung der meisten Rabbiner nicht koscher.

Generell sollte man auf Früchte aus Israel verzichten, um nicht Gefahr zu laufen, dass sich der Bauer nicht um Pea, Nachlese und junge Bäume gekümmert hat. Im Schmitta-Jahr ist es sogar zwingend.

Ich kann mir denken, wie erstaunt Sie sind. Ich soll Israel boykottieren? Natürlich nicht! Sie müssen nur bei frischem Obst und Gemüse aufpassen. Alle anderen israelischen Produkte im deutschen Lebensmittelmarkt sind sogar zu bevorzugen, da sie in der Regel koscher sind.

Obst- und Gemüsehändler verkaufen aber nun mal nur Obst und Gemüse, und so staunte der türkischstämmige Lieferant der Jüdischen Gemeinde Hamburg nicht schlecht, als man ihm zum Schmitta-Jahr eröffnete, er solle auf keinen Fall Produkte aus Israel liefern.

Da uns Essen offenbar so wichtig ist, ist es nur verständlich, dass wir vor und nach dem Essen G'tt dafür loben, dass er uns ernährt. Und das ist nicht so einfach, wie es klingt. Es gibt feste Brachot, also Segenssprüche, und sie ändern sich teilweise an Feiertagen, Festen, Schabbat und Neumonden.

Lebensmittel werden in sechs Kategorien eingeteilt: Brot, Wein/Traubensaft, Getreideprodukte, Baumfrüchte, Erdfrüchte und der ganze Rest. Je nachdem, in welche Kategorie ein Nahrungsmittel gehört, wird eine passende Bracha darüber gesagt, bevor es gegessen wird. Vor dem Brotgenuss muss man sich rituell die Hände waschen.

Die Übergänge zwischen den Kategorien sind fließend, vor allem zwischen Brot und Getreideprodukten. Hier ist unter anderem die Menge wichtig. So gilt etwa ein Stück Pizza noch als Getreideprodukt, isst man aber drei oder mehr Stücke, wird es als Brot betrachtet. Und zwei? Das ist Machlokes! Will sagen: Da streiten sich die Geister.

Auch die Sorte, der Zustand, das Mischverhältnis und die Zubereitung sind wichtig. Mais ist zwar ein Getreide, aber weder Weizen, Gerste, Dinkel, Hafer noch Roggen. Mais ist also eine Erdfrucht. Zu Popcorn verarbeitet, zählt er jedoch zum Rest.

Die Bracha nach dem Essen hat es besonders in sich. Die mit Abstand längste Bracha, das Tischgebet, wird nach dem Genuss von Brot gesagt, die kürzeste nach Baum- und Erdfrüchten und allem anderen. Dann gibt es noch eine etwas längere für Wein, Getreideprodukte und für ein paar besondere Baumfrüchte, die mit Israel assoziiert werden, das sind Oliven, Datteln, Trauben, Feigen und Granatäpfel.

Sie sehen, ein wenig Lebensmittelkunde und Floristik müssen Sie beherrschen. So gelten Beeren von mehrjährigen Büschen als Baumfrüchte, nicht aber von einjährigen Stauden. Eine Banane ist daher eine Erdfrucht und eine Brombeere eine Baumfrucht. Um diese komplexen Regeln zu begreifen, müssen Sie sich mit Ihren Lebensmitteln auseinandersetzen. Außerdem werden Sie anfänglich alles Essen meiden, das eine der längeren Brachot nach sich zieht.

Bei mir führte das zu einem willkommenen Gewichtsverlust und bei meinen Schwestern zur nicht ganz ernst gemeinten Überlegung, auch eine Koscher-Diät zu machen.

Als Neuling brauchte ich für das Tischgebet etwa zehn Minuten, jetzt, nach jahrelanger Übung, rattere ich es in einer guten Minute herunter. Mein ursprüngliches Gewicht habe ich auch wieder erreicht. Für eine Schlankheitskur eignet sich koscheres Essen also langfristig nicht.

Eines dürfen Sie nie vergessen. Nur weil Sie koscher essen, sind Sie kein Stück besser als jüdische und nichtjüdische Mitmenschen, die das nicht tun. Wer so viel Aufwand in die Nahrungssuche steckt, belohnt sich gerne mit Selbstbeweihräucherung, und es gehört ja auch tatsächlich viel dazu, in Deutschland strikt koscher zu essen. Der Respekt für das, was Sie tun, kommt von ganz alleine, Sie müssen nicht nachhelfen. Es ist auch nicht erlaubt, beim Anblick eines Schweineschnitzels abfällige Geräusche oder Bemerkungen zu machen, nur weil es unkoscher ist. Im Gegenteil: Sie dürfen unkoschers Essen weiterhin lecker finden, nur eben nicht mehr essen. Daher ist mein Lobgesang auf die Nordseekrabbe auch kein Problem.

Am wenigsten Unannehmlichkeiten bei der Umstellung auf koscheres Essen werden Sie als Vegetarier bekommen. Die Veränderungen in Ihrer eigenen Küche sind kaum spürbar, eine Trennung zwischen Fleisch und Milch wird unnötig, und die Rezepte und Gerichte werden sich kaum ändern. Aber auch für Vegetarier ist koscher eine große Herausforderung. Teller, Pfannen und mehr müssen auch Sie austauschen. Und damit Sie darauf trotz allem Lust bekommen, gibt es noch zwei Rezepte für angehende Koscherköche:

Hummus

Zutaten:

- ein Becher getrocknete Kichererbsen
- Sesampaste (Tahin/Tehina)
- Saft einer 1/2 Zitrone
- Eine oder zwei Knoblauchzehen, je nach Geschmack
- Olivenöl
- Salz
- gemahlener Kreuzkümmel (auch Cumin genannt, auf keinen Fall normalen Kümmel!)
- Pfeffer
- mildes Paprikapulver (zur Deko)

Zubereitung:
Die Kichererbsen waschen und in einem Topf in reichlich Wasser 12 Stunden einweichen. Danach etwa eine Stunde kochen und abgießen. Alternativ, vorgekochte Kichererbsen aus der Dose waschen und kurz in Wasser aufkochen, allerdings muss man bei Dosenerbsen einen koscheren Hersteller wählen.

Einen Rest Kichererbsen (etwa eine gestrichene Hand voll) für Deko zurückhalten.

Die Kichererbsen in eine Schale geben und mit ein wenig Wasser übergießen, sodass etwa ein Drittel der Erbsen in Wasser schwimmen. Danach mit einem Pürierstab pürieren. Tahin langsam hinzugeben, bis die Masse die gewünschte Konsistenz hat. Dann die geschälte Knoblauchzehe, einen Schuss Olivenöl, Salz, Pfeffer und einen Kaffeelöffel Cumin zugeben und weiter pürieren. Die Masse in eine Schale füllen, mit den übrigen Kichererbsen üppig garnieren, mit ein wenig Olivenöl beträufeln und mit Cumin und mildem Paprikapulver dekorieren.

Haltbarkeit: 3 Tage im Kühlschrank (abgedeckt)

Tchina/Tehina

Zutaten für etwa 400 ml:

- Sesampaste (Tahin/Tehina)
- Olivenöl
- großblättrige Petersilie
- Knoblauchzehe
- Saft einer 1/2 Zitrone
- Salz
- Pfeffer

Zubereitung Variante 1:
Tahin und Wasser im Verhältnis 2:1 in eine Schale geben, einen Schuss Olivenöl, vier Stengel gewaschene Petersilie, die geschälte Knoblauchzehe und den Zitronensaft in eine Schale geben. Mit einem Pürierstab eine halbe Minute mixen und mit Salz und Pfeffer abschmecken. Vorsicht: Tehina schmeckt mit der Zeit salziger, also eher wenig Salz zugeben.

In eine saubere Schüssel füllen, mit einem Petersilienblatt dekorieren, fertig.

Zubereitung Variante 2:
Ganz ohne Pürierstab: Knoblauch und Petersilie mit einem großen Messer sehr klein schneiden bzw. hacken und mit Tahin und Wasser (2:1), Olivenöl, Zitronensaft und Salz und Pfeffer mit einer Gabel schlagen, bis es cremig wird.

Haltbarkeit: 4 Tage im Kühlschrank (abgedeckt)

Übliche Hechscher in Deutschland

Hechscher sind Symbole, die auf koscher zertifizierten Lebensmitteln aufgedruckt sind. Quasi ein Koscherstempel. Kauft man ein Lebensmittel mit Stempel zum ersten Mal, empfiehlt es sich, auf der Webseite der Zertifizierungsorganisation nach »Koscher-Alerts« zu suchen. Ab und an kommt es vor, dass Unternehmen aus Versehen oder gar betrügerisch Ware mit gefälschtem Zertifikat in Umlauf bringen. Ein lustiges Beispiel dafür ist ein Fotofilm, auf den der Hersteller ein OU-Hechscher gedruckt hatte. Als die OU nachfragte, was das soll, war die Antwort: »Wir dachten, das ist ein Symbol für ›hohe Qualität‹ in Amerika, und unsere Filme haben hohe Qualität!«

Ich will nur hoffen, dass keiner die Filme gegessen hat.

Die Liste ist weit davon entfernt, vollständig zu sein. Es gibt weit über 1000 Hechscher, und die folgenden sechs sind nur die wichtigsten für Einkäufe in Deutschland.

Orthodox Union. Sitz in den USA, sind weltweit aktiv und eine der größten Kaschrut-Zertifizierungsstellen, wenn nicht die größte.
Web: www.ou.org
Produktbeispiele: Häagen Dasz Eiskrem

Manchester Beth Din. Sitz in Manchester, UK
Web: www.mbd.org.uk
Produktbeispiele: Kellogg's Cornflakes, Heinz Ketchup

Star-K Kosher. Sitz in Baltimore, USA
Web: www.star-k.com
Produktbeispiele: verschiedene

Triangle-K. Sitz in New York, USA
Web: www.trianglek.org
Produktbeispiele: Müsli und Schokoriegel in Biomärkten

OK-Koscher. Sitz in Brooklyn NY, USA
Web: www.ok.org
Produktbeispiele: verschiedene

Kof-K. Sitz in Teaneck NJ, USA
Web: www.kof-k.org
Produktbeispiele: Ben & Jerry's

Urlaub und Reisen

Früher bin ich fast jeden Winter und jeden Sommer in den Urlaub gefahren. Im Winter in die Alpen und im Sommer nach Spanien, Portugal, Frankreich oder Israel. Manchmal habe ich mit Freunden einfach einen billigen Flug gebucht, dann haben wir ein ebenso billiges Auto gemietet und sind einfach losgefahren und haben darauf gehofft, dass wir schon irgendwas zu essen und eine Übernachtungsmöglichkeit finden. Und es hat jedes Mal geklappt.

Abgesehen davon, dass ich heute etwas älter bin, verheiratet und mit Kind und solche Spontanurlaube schon alleine deshalb nicht mehr möglich sind, entstehen durch das Judentum ganz neue Probleme. Die Herausforderungen koscheres Essen, Schabbat und Feiertage machen es schwierig. Koschere Hotels sind teuer und selten, die Nahrungsmittelsuche ist eine Herausforderung, die regelmäßigen Gebete manchmal schwierig, und der Schabbat macht einem im wahrsten Sinne des Wortes oft einen Strich durch die Rechnung. Zum Beispiel, wenn der günstigste Flug an einem Samstag geht und Sie für den doppelten Preis am Sonntag fliegen müssen.

Koscheres Essen kann man mitnehmen, aber ein Urlaub macht keinen Spaß, wenn man jeden Abend aus dem Koffer eine Tütensuppe holt und mit Hilfe des Hotelwasserkochers zubereitet, während alle anderen in malerischen Restaurants die lokalen Spezialitäten genießen. Aber vielleicht entschädigen einen die Landschaft, die Luft und das Wetter für das kulinarische Desaster.

Meine letzten Winterurlaube habe ich mit meiner Familie gemacht, und wir hatten eine eigene Hütte mit eigener Küche. So war das Koscherproblem gelöst. Und der Ausblick vom Gipfel eines Berges entschädigt für alles. Wer schon mal Mincha, das Nachmittagsgebet, dort oben gebetet hat, fühlte sich G'tt so nah wie nie zuvor.

Es ist also besser, Reiseziele zu wählen, wo die Versorgung mit gutem koscheren Essen gewährleistet ist. Israel bietet sich an, das Wetter ist ideal, und Strand und Meer gibt es auch, sogar drei sehr verschiedene Meere zur Auswahl.

Zugegeben, die Dichte an koscheren Restaurants ist in Tel Aviv nicht so hoch wie in Jerusalem, aber genügend Auswahl gibt es dennoch und noch dazu echte Gourmet-Perlen.

Bei einem Besuch in New York muss man sich auch keine Sorgen machen, dort finden Sie in einer Straße mehr koschere Restaurants als in ganz Deutschland. Auch Paris bietet so viele, dass Sie sich an jedem Tag im Jahr ein anderes aussuchen können. Aber eine Fahrt an die deutsche Nordsee ist eine Herausforderung. Wollen Sie dann noch über Schabbat oder gar einen Feiertag bleiben, schränkt sich die Wahl des Reiseziels weiter ein. Am besten ist es natürlich, wenn sich in Laufweite Ihres Hotels eine Gemeinde mit Synagoge und Schabbat-G'ttesdienst befindet. Aber auch wenn nicht, brauchen Sie ein Hotel ohne automatische Eingangstür am Eingang, die Zimmertür sollte sich mit einem stinknormalen Schlüssel öffnen lassen können, und im Zimmer und Bad sollte das Licht nicht beim Eintreten automatisch angehen. Solche Hotels soll es noch geben, aber sie rühmen sich selten mit irgendwelchen Sternen.

Es gibt Reiseunternehmer, die Koscher-Tours anbieten und Ihnen die Sorge ums Essen und Schabbat-taugliche Hotels abnehmen. Allerdings lassen sich diese Firmen den Service fürstlich entlohnen. Es ist eben teuer, eine ganze Hotelküche zu kaschern, was einer Grundreinigung gleichkommt, damit eine Woche lang ein Trupp von zwanzig Leuten dort essen kann.

Doch all diese Hindernisse sorgen dafür, dass man selten allein ist. In jedem Winkel dieser Erde, außer vielleicht in Nord-

Korea, wobei ich mir da auch nicht sicher bin, findet man jemanden, der einen unterstützt. Unter Juden kommt man schnell ins Gespräch und hilft sich weiter.

In Südamerika machen sich das die Unternehmer der Tourismusbranche mittlerweile sogar zunutze: Viele Hotels und Restaurants bieten Rabatte für Israelis. Schilder auf Hebräisch weisen darauf hin. Denn ein zufriedener Israeli wird mit hoher Wahrscheinlichkeit anderen von dem Hotel erzählen und damit neue Kunden anlocken. Und nichts macht doch glücklicher als ein persönlicher Rabatt?

Nicht jede Reise macht man zum Vergnügen. Viele Menschen sind beruflich unterwegs zu Messen, Treffen mit Kunden oder Schulungen. Auch ich war auf verschiedenen internationalen Conventions und musste mich um koscheres Essen und Gebetsmöglichkeiten kümmern. Aber auch dort bekam ich Hilfe.

Einmal war ich in Hannover auf der CeBIT. In einer Halle sah ich viele Menschen mit Kippa hinter den Ausstellertischen und fragte einen auf Hebräisch, ob es ein organisiertes Mincha, also Nachmittagsgebet, auf der Messe gibt. Er nannte mir Zeit und Ort. Da standen wir also, etwa zwanzig Leute, die auf Gebetbücher oder Smartphones mit Gebetbuch-App starrten und, vor und zurückwippend, in einem stillgelegten Halleneingang beteten. Die Menschen, die an uns vorbeigekommen sind, müssen uns für eine bizarre Tanzperformancegruppe am Rande der Messe gehalten haben. Ich aber fühlte mich mal wieder auf der Welt zu Hause.

Als ich geschäftlich in Dublin war, aß ich zu Hause bei einer Familie, die ich nie zuvor getroffen hatte, und in Kopenhagen wurde ich vom Chabad-Rabbiner gefüttert.

Da Chabad fast überall auf der Welt vertreten ist, werden sie von Reisenden gerne zu Hilfe gerufen, wenn sie koscheres Essen benötigen. Und Chabad liefert auch. Die Organisatoren der Convention in Kopenhagen haben speziell für mich zu den offiziellen

Essen ein fertiges, frisch gekochtes Menü im Chabad-Zentrum bestellt, das per Taxi angeliefert wurde.

Besonders in Thailand und Indien, wo viele Israelis ihren Urlaub verbringen, gibt es mitten in den Partyzentren Chabad-Zentren, die sich nicht nur um Essen für gestrandete Israelis kümmern, sondern auch Seelsorge betreiben, G'ttesdienste abhalten und sogar Botschaftsaufgaben übernehmen. Verunglückt ein Jude, hilft Chabad, einen Arzt zu finden, oder organisiert im schlimmsten Fall die Bergung und Überführung der Leiche.

Ein guter israelischer Freund von mir war eine Weile als Rucksacktourist in Asien und hat unterwegs Leute getroffen, mit denen er dann eine Weile zusammen weitergereist ist. Wenn sie in einer neuen Stadt eintrafen, trennten sich ihre Wege jedoch für kurze Zeit. Während seine Mitreisenden ihr schweres Gepäck durch die Stadt schleppen mussten, bis sie ein brauchbares Hostel gefunden hatten, ist mein Freund einfach ins nächste Chabadzentrum gegangen, fand dort einen hilfsbereiten Rabbi, der Hebräisch sprach, bekam etwas zu essen, konnte sich kurz frisch machen, sein Gepäck dort vorübergehend deponieren und sich dann entspannt auf die Suche nach einer Bleibe machen. Als Jude hat man Familie auf der ganzen Welt. Oft steht Chabad am Eingang des Hauses eines solchen entfernten Familienmitgliedes, aber auch ohne Chabad findet man immer einen Juden, der einem hilft. Die Familie aus Dublin etwa, die mich gefüttert hat, war kein Chabad.

Dieses Gefühl der Geborgenheit in einer Gruppe an jedem Ort dieser Erde ist eines der größten Geschenke, die das Judentum bereithält.

Musik und Filme

Im babylonischem Talmud sagt Rabbi Akuva: Die Kinder Israel sollen kein Techno hören und nicht in die Disco gehen, es ist schlecht für die Neschama (Seele).

Natürlich steht das so nicht im Talmud. Zur Zeit des Talmuds gab es weder Discos noch Technomusik. Soweit mir bekannt, gab es auch keinen Rabbi Akuva.

Rabbi Akiva (40 – ca. 137) hingegen gab es wirklich. Er ist einer der bedeutendsten Väter des rabbinischen Judentums, wie es bis heute gelebt wird. Er war übrigens Kind von Konvertiten.

Musik verändert sich und ebenso Musikgeschmack. Auch die Orte, an denen man Musik hört. Wer hätte zur Zeit des Talmuds gedacht, dass man dank eines Radios oder iPods inzwischen überall und immer Musik hören kann? Dass in jedem Café, jedem Klamottengeschäft und sogar in manchem Fahrstuhl Musik im Hintergrund dudelt?

Mit der Erfindung des Mikrofons und der Tonaufzeichnung ergaben sich ganz neue halachische Herausforderungen und Möglichkeiten. Das jüdische Gesetz musste also auch in dieser Hinsicht angepasst werden.

Rabbi Akiva hat die halachischen Fragen seiner Zeit gelöst.

In der heutigen Zeit sind es wieder große Rabbiner mit dem Rang eines Posek, also jüdische Gelehrte mit der Befähigung, halachische Entscheidungen zu neuen Technologien oder gesellschaftlichen Veränderungen zu fällen, die das Judentum weiterentwickeln.

Einer der bekanntesten ist Rav Mosche Feinstein (1895–1985) זצ״ל, der beispielsweise nicht-jüdische Milchprodukte erlaubt hat, da die weltlichen Gesetze über die Reinheit von Kuhmilch heutzutage zumindest in den meisten westlichen Ländern den jüdischen Geboten ebenbürtig sind. Er hat damit vielen Juden das Leben erleichtert.

Die Verfügbarkeit von elektrischer Energie, von fließendem Wasser, von Autos, Flugzeugen und natürlich von modernen Kommunikationsmöglichkeiten wie Mobiltelefon und Internet stellten große halachische Herausforderungen an die Poskim (Plural von Posek), die alle gelöst werden mussten und wurden.

Rabbinern wird gerne nachgesagt, dass sie das »originale« Judentum über die Jahrhunderte immer nur strenger und strenger auslegen und es damit immer schwieriger machen, ein religiöser Jude zu sein. Die Beispiele Milch und Musik zeigen, dass das so nicht stimmt. Und es gibt noch viele andere Beispiele, vor allem im Umgang mit Elektrizität. Heute ist es dank elektrischer Helfer im Haushalt so einfach wie nie, Schabbat zu halten.

Rav Ovadia Yosef (1920–2013) זצ״ל, der ehemalige sephardische israelische Oberrabiner, galt als Autorität in halachischen Fragen, und er war es, der unter anderem die Errungenschaften der modernen Tontechnik mit der Halacha vereinbart und dadurch vor allem das Musikhören erleichtert hat, wie Sie gleich sehen werden.

Musik und Judentum sind untrennbar voneinander. Viele haben ihre Liebe für Jüdisches über die Musik entdeckt. Sie vielleicht auch?

Die Fähigkeit, ein Instrument zu spielen, insbesondere die Geige, ist eines der vielen Stereotypen über Juden. Der Klezmer, die Musik der Juden aus Osteuropa, vereint Lust, Freude, Witz, Hoffnung und tiefe Trauer zu einer unverwechselbaren Musik und spiegelt so die Seele des jüdischen Volkes und seiner Geschichte wider.

Aber Juden spielen nicht nur Klezmer oder klassische Musik. Auch in der Pop- oder modernen Unterhaltungsmusik gibt es jede Menge klingende Namen.

Wenn Sie sich damit beschäftigen, werden Sie sich wundern, wer im Musikbusiness alles Jude ist oder jüdische Wurzeln hat, etwa Bob Marley, Sean Paul, Bob Dylan, Lenny Kravitz, David Guetta, Amy Winehouse, Yves Montand, die Beasty Boys und viele, viele mehr.

Auch religiöse Juden lieben Musik. Eines der meiner Meinung nach beachtenswertesten religiösen Musikalben der jüngsten Zeit ist »Nekuda tova«, wörtlich übersetzt »guter Punkt«, von Shuli Rand. Darauf sind wunderschöne Lieder mit religiösen Texten auf Hebräisch von einem Menschen, der Ihnen vielleicht näher ist, als Sie denken. Er ist zwar kein Nichtjude, der konvertiert ist, aber auch er hat den Weg von unreligiös nach religiös mit unglaublicher Konsequenz beschritten und hat es trotzdem geschafft, sich als Mensch und Künstler treu zu bleiben.

Er war vor seiner Tschuva, also seiner Umkehr und Rückkehr zum religiösen Judentum, ein berühmter Theater- und Filmschauspieler, bekannt für skandalträchtige Aufführungen von etwa Shakespeares Hamlet und wurde mehrere Male als »Theater-Schauspieler des Jahres in Israel« ausgezeichnet. Heute ist er ein Chassid, also ein ultraorthodoxer Jude, der einer Frau nicht die Hand gibt. Aber auch nach seiner Wandlung hat er seine Kunst nicht aufgegeben. Er hat einen bemerkenswerten Film gedreht, der »Ushpizin« heißt, den sollten Sie sich zum nächsten Sukkot, dem Laubhüttenfest im Herbst, ansehen.

> Joschua ist angeklagt, seinem Nachbarn die Violine gestohlen zu haben. Sein Anwalt fragt ihn: »Joschua, Du hast noch nie gestohlen. Und Du kannst nicht mal die Violine spielen!« Joschua sagt: »Ich treffe nicht einen einzigen Ton auf der Violine!« – »Aber warum hast Du sie dann gestohlen?« – »Mein Nachbar Moische macht mich meschugge jeden Abend, er trifft auch keinen einzigen Ton!«

Sie werden wahrscheinlich nicht so tiefreligiös wie Shuli Rand, aber der Kontrast zwischen Ihrem Leben jetzt, also vor der Konvertierung, und Ihrem Leben, wie es vielleicht sein wird, ist ähnlich groß. Und genau wie er müssen Sie den Spagat schaffen, Ihr Leben umzukrempeln, zu lernen, sich weiterzuentwickeln, und dabei Sie selbst zu bleiben.

Auf dem Album von Shuli Rand singt nur er, und auch in der Band spielen nur Männer.

Wenn Sie einer Frau beim Singen zuhören wollen, wird es kompliziert.

Im Schir HaSchirim, dem »Hohelied« oder auch »Lied Salomons« steht in Vers 2:14 »Lass mich hören deine Stimme! / Süß ist deine Stimme / Schön dein Angesicht!« (Übersetzung von Moses Mendelssohn, 1771). Im Original ist das Wort für »süß« das hebräische Wort »עָרֵב (arev)«, was man auch als »nackt« übersetzen kann. Daher wird die Singstimme einer Frau im orthodoxen Judentum ähnlich betrachtet wie eine nackte Frau und fällt unter die Gesetze zur Tsniut, der Sittsamkeit. Die Folge ist, dass Frauen zwar vor Frauen singen dürfen, aber nicht vor Männern. Nur der Ehemann darf seine Frau, und auch nur sie, singen hören. Allerdings haben die Rabbiner, besonders der schon genannte Rav Ovadia Yosef, diese Beschränkung stark entschärft. Einer weniger strengen orthodoxen Lesart nach, ist Männern das Hören von Frauengesang im Chor mit anderen Frauen oder Männern erlaubt, da eine einzelne Frauenstimme nicht herauszuhören ist.

Außerdem darf Mann zuhören, wenn eine Frau Smirot, also religiöse Gesänge zu einer Mahlzeit etwa am Schabbat oder Trauer- oder Kinderlieder singt, da diese Lieder sexuelle Fantasien angeblich unterdrücken, die nackte Stimme also wieder bekleiden. Bei dem oben genannten Schir HaSchirim, dem Hohelied, ist das Gegenteil der Fall. Es ist eines der schönsten, bildlichsten und erotischsten Liebeslieder aller Zeiten. Trotzdem zählt es zu den religiösen Liedern, die eine Frau einem Mann vorsingen kann.

Die dritte Ausnahme, die einem Mann den Genuss von Frauengesang ermöglicht – sei es von einer Tonaufnahme, aus dem Radio oder gar bei einem Konzert –, haben wir Rav Ovadia Yosef zu verdanken. Er begründet das folgendermaßen:

An Purim, wenn die Geschichte von Esther und Mordechai in der Synagoge vorgelesen wird, darf auf keinen Fall ein Mikrofon verwendet werden. Die Zuhörer müssen die Stimme des Vorlesers, der die Geschichte von der Rettung der Juden durch die jüdisch-persische Königin Esther vorträgt, direkt hören, da eine elektrisch verstärkte Stimme halachisch keine ist. Singt also eine Frau in ein Mikrofon, zählt nach Ansicht von Rav Ovadia Yosef halachisch auch ihre Stimme nicht als Stimme, und deshalb ist das Zuhören auch Männern erlaubt.

Das ist zwar folgerichtig, aber etwas weit hergeholt und daher auch die am wenigsten strenge Auslegung.

Die Strengsten unter den Ultraorthodoxen erlauben einer Frau überhaupt nicht, in der Nähe eines männlichen Gehörs zu singen. Weder Gebete noch Trauerlieder und auch nicht durch Mikrofone und Tonaufzeichnung. Aber solche Juden werden Sie in Deutschland kaum finden.

Mich befremdet ein solcher Umgang mit der weiblichen Stimme. Sie zu unterdrücken, unterdrückt immer auch die Frau, der die Stimme gehört. Und das kann ich mit meinem Verständnis vom Umgang der Geschlechter miteinander im Judentum nicht vereinbaren.

Es gibt keine verbotene Musikrichtung im Judentum. Sie können Klassik, Pop, Chansons, Rock und selbst Techno und mehr lieben und hören oder selber spielen. Jeder hat sein eigenes Limit, wie weit er dabei geht. Ich selbst gehe sehr entspannt damit um und höre auch Musik, wie sie im Radio gespielt wird, mit singenden Frauen und sogar anzüglichen Texten. Nur *wegen* solcher Texte würde ich Musik nicht hören. Aber wo ist Ihre Grenze?

Ist Musik mit sexuellen Texten für Sie tabu, aber christlicher Gospel okay?

Hören Sie, um ja nicht in den Verdacht zu geraten, ein Gesetz zu übertreten, lieber seichte Popsongs von Männern gesungen, über Herzschmerz, oder gar ausschließlich religiöse Musik, also Psalmen und Ähnliches, wie das Album von Shuli Rand oder Instrumentalmusik?

Es ist eine sehr persönliche Entscheidung. Bei einem Mann, der religiös behütet aufgewachsen ist, hat eine Frauenstimme, die über Liebe und Erotik singt, vielleicht eine vielfach stärkere Wirkung als bei einem, der vorher nicht religiös war. Möglicherweise ist so jemand vorsichtiger bei der Wahl der Musik, die er hört, als jemand wie ich.

Generell wird bei uns Juden viel gesungen. Sie müssen mindestens einen Freitagabend in einer Synagoge erlebt haben, in der die Gebete in den Melodien von Rabbi Schlomo Carlebach (1925–1994) זצ״ל gebetet werden. Man nennt das einen Carlebach-Minjan. Der Rabbi, Lehrer, Komponist und Sänger hat wunderschöne Melodien für die Psalmen und Gebete geschrieben. Am eindrucksvollsten habe ich das an der Westmauer in Jerusalem miterlebt. Dort singt und tanzt man zusammen, bis man nass geschwitzt ist. Jeden Freitag wäre mir das zu anstrengend. Aber ab und zu macht es einen Riesenspaß. Suchen Sie sich also einen Carlebach-Minjan, und feiern Sie Schabbat mit Tanz und Gesang!

Aber auch in normalen G'ttestdiensten wird an Schabbat viel gesungen, und am Tisch mit der Familie werden zu jeder der drei Schabbat-Mahlzeiten traditionelle Lieder angestimmt.

Als ich einmal mit einigen meiner Geschwister zusammen Schabbat gefeiert habe, sagte meine Schwester zu mir: G'tt sei Dank hast du eine schöne Stimme, sonst wäre dieses ständige Singen nicht zu ertragen!

Es gibt Zeiten im jüdischen Kalenderjahr, in denen das Hören von Musik entweder komplett verboten oder nur erlaubt ist, wenn es keine Tanzmusik ist. Das Verbot gilt für die Omer-Zeit zwischen Pessach und Schawuot, das Wochenfest, und die »Drei Wochen« zwischen dem 17. Tammus und dem 9. Av und andere Trauerzeiten im jüdischen Kalender.

Ich höre gerne Musik während der Arbeit, und wenn ich keine Musik höre, fehlt mir etwas. Aber dafür sind Trauerzeiten ja da: Man trauert um etwas oder jemanden, das oder der einem fehlt. Die fehlende Musik erinnert einen daran. An Schabbat aber soll man auch in Trauerzeiten Freude haben. Ein Carlebach-G'ttesdienst ist in diesen Zeiten der Stille eine willkommene Abwechslung.

Einschränkungen, die für Musik gelten, gelten auch für Spielfilme: Auf den Inhalt kommt es an. Nur dass hier nackte Haut auch dann nackt ist, wenn sie gefilmt wurde.

Was ein Mikrofon mit einer Stimme zu tun vermag, das kann eine Kameralinse nicht mit der Haut machen.

Es gibt trotzdem eine Menge Filme, die man sich ansehen kann, auch Hollywoodproduktionen und Fernsehserien. Ein befreundeter Rabbi hat im Rahmen seiner Jugendarbeit in der Gemeinde beispielsweise einmal den Hollywoodfilm »Matrix« gezeigt und mit dessen Hilfe die messianische Idee des Judentums verbildlicht. Es gibt auch Filme mit jüdischen Inhalten, sowohl Komödien als auch ernste Filme, etwa »Ein Rabbi im Wilden Westen« mit Harrison Ford oder der eben schon angesprochene Film »Ushpizin« von Shuli Rand über das Laubhüttenfest.

Ich selber gehe in normale Kinofilme, und wenn es zu sexuell wird, denke ich einfach an was anderes. Manchmal wird man aber auch kalt erwischt. In Filmen, von denen man es nicht erwartet hätte, wird nicht nur nackte Haut, sondern es werden auch die dazugehörigen sexuellen Handlungen gezeigt. Und man sitzt da, mitten im Kino, mit seinen Freunden und weiß nicht, wohin mit sich und seinen Gedanken. Da hilft nur noch eins: Augen zu und durch!

Musik ist Lebensfreude. Als Jude werden Sie vielleicht sogar mehr Musik in Ihrem Leben haben als je zuvor. Aber Sie müssen sich deutlich mehr Gedanken darüber machen, was Sie hören, wann Sie es hören und auch mit wem Sie es hören, etwa wenn Ihre neuen jüdischen Freunde strenger sind als Sie.

Wenn die »Pussycat Dolls« bisher Ihre Lieblingsband war oder Sie auf Gangster-Rap oder Death-Metal stehen, Sie fürs Joggen Samstagfrüh ohne iPod nicht aus dem Haus wollen und Sie es hassen, selbst zu singen, dann ist das Judentum vielleicht doch nichts für Sie.

Und Klezmer dürfen Sie auch als Nichtjude hören und mögen.

Ich erinnere mich an eine Nacht auf dem »Hamburger Berg« in Hamburg St. Pauli, wo wir zu Hava Nagila und anderen jüdischen Schlagern in einem Club abgetanzt haben. Das machte uns zwar nicht zu Juden, aber eine Menge Spaß hatten wir trotzdem.

Christentum

Wahrscheinlich sind Sie genau wie ich in einem christlichen Umfeld aufgewachsen. Ich selbst war nur nie Christ. Die Religion wurde nach meinem Empfinden nur von Menschen aktiv betrieben, die irgendwie sonderbar waren. Erzählungen von Erleuchtungen und vom Jesuskind, das uns alle fortwährend erlöst, waren in meinen Ohren unseriöser Hokuspokus. An Weihnachten fand ich die Geschenke schick, aber die Geschichte vom Esel, Ochsen und den morgenländischen Königen im besten Fall anrührend. Das Krippenspiel, das irgendwann auch in unsere Familie Einzug erhielt, war vor allem deswegen spannend, weil ich mit Kabeln und Batterien die Glühbirnen zum Leuchten bringen konnte. Meine Technikbegeisterung war schon früh ausgeprägt.

Ostern und Ostereier habe ich als ursprünglich heidnisches Fest verstanden, da mir Schokoeiersuchen in der Hitze des Orients nie in den Sinn gekommen wäre. Die dazugehörige Geschichte der bestialischen Hinrichtung und die darauf folgende Auferstehung habe ich ausgeblendet, ich wollte mir den Appetit auf die Schokoeier ja nicht mit der Vorstellung von Folter und Untoten verderben. Andere christliche Feiertage kannte ich nur vom Hörensagen.

Zugegeben, meine Meinung vom Christentum hat sich im Laufe der Jahre nur wenig gebessert, vielleicht sehe ich es heute differenzierter, auch weil ich selbst an den einen G'tt glaube, an den auch die Christen glauben. Doch die Riten und Gebräuche, Heiligsprechungen, Marienverehrungen und vor allem dieser arme jüdische Kerl mit seinen blutenden Wunden, der ans Kreuz genagelt wurde, haben für mich noch immer etwas Abschreckendes. Dass ich so lange Atheist war, hat vor allem das Christentum zu verantworten.

Schon in der Grundschule in einem pfälzischen Kaff war mir der Religionsunterricht suspekt. Ich war konfessionslos. Meine katholische Religionslehrerin wollte mich armen, g'ttlosen Jungen auf den richtigen Weg bringen. Um mich zu ködern, hat sie alle meine Hausaufgaben mit Eins benotet, egal, wie schlecht sie waren. Zu ihrem Leidwesen durchschaute ich das Spiel schnell und verlor das Interesse. Daher bat ich meine Mutter, mich vom Religionsunterricht zu befreien. Da außer mir niemand den als Ersatz vorgeschriebenen Ethikunterricht besuchen wollte, hatte ich Freistunden und stromerte über das Schulgelände, während die anderen Jesusbildchen malten und Prophetengeschichten paukten. »Frei« wurde damit das Gegenstück zu »Religion« in meinem Leben.

Wenn ein Muslim zum Judentum konvertiert, muss er Mohammed einen guten Mann sein lassen und sich damit abfinden, dass nicht Ismael, sondern Isaak von Abraham zum Opfer aufgebunden und dann von G'tt verschont wurde. Ansonsten sind die Religionen aus jüdischer Perspektive theologisch weitgehend kompatibel. Als Jude darf man in einer Moschee sogar zusammen mit Muslimen beten, da wir sie als legitime abrahamitische Religionsgemeinschaft mit dem Glauben an den einen G'tt ansehen. Muslime sind auch herzlich eingeladen, bei uns in der Synagoge zu beten.

Eine Kirche wiederum darf man als religiöser Jude nicht betreten. Manche sagen, man darf nicht einmal in ihrem Schatten stehen. Die christliche Trinität G'ttes aus Vater, Sohn und Heiligem Geist, auch Dreieinigkeit genannt, ist mit dem jüdischen Monotheismus nicht zu vereinbaren. Jesus-, Marien- und Heiligenverehrungen grenzen aus jüdischer Sicht schon an G'tteslästerung, denn sie erinnern stark an einen Götzendienst. Ein Jude darf nur

G'tt anbeten und keine Figuren, Menschen oder Orte. Ebenso wenig die Westmauer in Jerusalem, auch wenn es manchmal so aussieht.

Eigentlich wollte ich gar kein Kapitel über das Christentum schreiben, zu wenig geht es mich an. Aber ich traf im Laufe meiner Recherchen für dieses Buch auch Christen, die zum Judentum übertreten wollen. Und mir wurde bewusst, dass es für diese Menschen eine wahre Konvertierung ist, während für mich der Übertritt nur eine Entwicklung war.

Die Auswirkungen einer solchen Glaubensumkrempelung sind noch weitreichender, als von mir gedacht. Die inhaltliche Nähe der beiden Religionen macht die Sache eher schwieriger als einfacher. Wer als guter Christ das sogenannte »Alte Testament« in der in seiner Kirche üblichen Übersetzung studiert hat, der hat das Gefühl, er kenne die Torah bereits. Die Geschichten sind die gleichen, ja gar dieselben, wenn man nicht genau hinsieht. Und diese Geschichten von Joschkale, auch Jesus genannt, loszulösen, ist schwieriger als vollkommen neue Geschichten als neue Wahrheiten anzunehmen. Das »Neue Testament« aufzugeben, ist wohl, als würde man einige Kapitel aus dem eigenen Leben streichen, andere damit verbundene aber behalten, neu interpretieren und überhöhen.

Ein christlicher Konvertit muss sich also von seiner alten Glaubensgemeinschaft und auch seiner Gemeinde offen distanzieren. Das führt natürlich zu zwischenmenschlichen Komplikationen. Auch wenn man als konvertierter Jude problemlos weiter mit Christen befreundet sein kann, so ist es für einen Christen schwer, die Freundschaft zu einem vom christlichen Glauben Abgefallenen aufrecht zu halten, wenn dieser Glaube eine Grundlage der Freundschaft war.

Ich weiß von einem Fall, wo eine potenzielle Konvertitin vor einem Beit Din es auch nach wiederholtem direkten Nachfragen und über lange, quälende Minuten hinweg nicht geschafft hat, sich von Jesus als Messias zu distanzieren. Sie hat dadurch in letzter Minute ihre bereits beschlossene Konvertierung verwirkt.

In einem meiner Interviews mit Menschen, die konvertieren wollten, erfuhr ich Ähnliches. Ich war zu Besuch in der Jüdischen Gemeinde Kiel und fragte mein Gegenüber, einen Mann, der kurz zuvor aufmerksam einen Kurs über die jüdische Gebetsordnung besucht hatte, ob Jesus der Messias für ihn wäre. Er antwortete ausweichend. Der Mann war früher evangelischer Pastor in einer Freikirche und ist noch mitten im Konvertierungsprozess. Ich kann mir vorstellen, dass er noch lange an sich und seinem Plan, Jude zu werden, zu arbeiten hat.

Es gibt keine Kompromisse in der Art, dass Juden Jesus ein wenig als Messias akzeptieren und Christen weiterhin auf den Messias warten. Diese Grenzen sind fest, und kein Dialog wird sie überwinden.

Sie als angehender Konvertit müssen aber Ihre alten Überzeugungen über Bord werfen. Sie haben sich entschieden, die Religion zu wechseln. Damit nehmen Sie auch eine neue Wahrheit als die Ihre an, und in der hat weder Jesus noch Mohammed oder Buddha Platz. Da wir aber nicht missionarisch unterwegs sind, dürfen und sollen Sie Ihren alten Freunden treu bleiben und mit Menschen jeden Glaubens, sei er Christ, Muslim, Bahai, Atheist oder Öko freundschaftlich verbunden sein.

Wie Sie es schaffen, auch sich selbst treu zu bleiben, das ist eine Aufgabe, die Sie ganz alleine lösen müssen. Sein Sie ehrlich zu sich selbst. Denn wer sich selbst etwas vorspielt, auch wenn es oscarreif ist, wird auf Dauer nicht glücklich werden mit seiner Entscheidung. Und das gilt natürlich für jeden Konvertiten, egal, von oder in welche Religion er übertritt.

Auch wenn das Christentum vom Judentum abstammt, ist der Einfluss zwischen den Religionen keine Einbahnstraße. Das Christentum hatte und hat eine starke Wirkung auf das Judentum. So teilt ein christlicher Gelehrter die Torah in Kapitel und

Verse ein. Die christliche Vorstellung vom Himmel mit der Pforte und der Hölle mit Fegefeuer und Schwefeldampf hat es zwar nicht ins religiöse Judentum geschafft, aber unzählige chassidische Geschichten sowie der jüdische Humor spielen gerne mit diesem Bild. Und es gibt noch viele andere Rück- oder Querverbindungen zum Christentum.

Die Auseinandersetzung mit dem Christentum ist auch auf anderen Ebenen wichtig. Es ermahnt uns, vorsichtig im Umgang mit anderen falschen Messiassen zu sein. Da das Judentum eine Religion ist, die tagtäglich die Ankunft des Messias herbeisehnt, glauben Juden von Zeit zu Zeit fast zwangsläufig, er wäre endlich gekommen. Die jüngsten sind jene Chabad-Chassiden, die ihren verstorbenen Rabbi als Moschiach verehren. Manch einer nennt das »Christentum 2.0«.

Wer jüdische Kinder in Deutschland in die Welt setzt, was Sie hoffentlich tun werden, wird, auch wenn er selbst nie Christ war, noch viele Berührungspunkte mit dem Christentum erleben. Zur Weihnachtszeit gibt es Weihnachtsmärkte, und fast alle Städte und Dörfer in Deutschland werden festlich geschmückt. Wie erklärt man das seinem Kind? Ein lapidares »Das ist nicht unser Fest!« reicht vielleicht nicht?

Eine befreundete, zum religiösen Judentum zurückgekehrte Frau eines Rabbiners hat zu Chanukka koscheren Glühwein zubereitet und sogar Christstollen, allerdings ohne »Christ« im Namen, gebacken, da sie diese kulinarischen Erinnerungen an ihr vormals unreligiöses Leben nicht missen will. Aber ist es ratsam, für Kinder die Grenzen zum Weihnachtsfest so zu verwischen?

> Der kleine Peter Levy fragt unterm Weihnachtsbaum: »Papa, feiern die Christen eigentlich auch Weihnachten?«

In der Schule gibt es bestimmt eine übereifrige Religionslehrerin, die das arme Judenkind vom wahren Glauben überzeugen will und sich dabei besser anstellt als meine Grundschullehrerin.

Bei den Schulfreunden gibt es Schweinswürstchen und vielleicht sogar Marienbilder. Man kann und will seine Kinder nicht immer und überall kontrollieren. Sie sollen sich entfalten, und man will ihnen auch den Schmerz weitgehend ersparen, als Jude ausgegrenzt zu sein. Vielleicht in ein paar Jahren, wenn es durch die wachsende muslimische Bevölkerung normal geworden ist, dass nicht alle Kinder einer Klasse dieselbe Religion haben, wird die Toleranz für Andersgläubige durch die Christenmehrheit auch im Klassenzimmer größer. Denn auch wenn Lehrer und Eltern es oft nicht wahrhaben wollen: Jüdische Schüler werden an deutschen Schulen nicht selten gemobbt.

Wenn also in Ihrer Stadt eine jüdische Schule existiert, haben Sie und Ihre Kinder einige Probleme weniger. Aber nicht mal jede größere Stadt in Deutschland bietet so was.

Klamotten und Styling

Willkommen bei Ihrem persönlichen jüdischen Modeberater. Und gleich als Warnung vorneweg, es handelt sich um ein Thema mit großem Gefahrenpotenzial: Die Wahl Ihrer Kleidung sagt mehr über Sie aus, als Sie glauben, und es gibt sowohl halachische, also religionsgesetzliche Grenzen und Vorschriften, was Kleidung angeht, als auch Tradition und Bräuche, die sich in Stoff manifestieren. Kleider machen also nicht nur Leute, Kleider machen Juden!

Fangen wir an mit den Frauen: Halachisch gesehen, können Sie eigentlich fast alles anziehen, was Sie wollen, solange es »züchtig« und weiblich ist. Das hebräische Wort für »züchtig« ist »tsniut« und wird außer auf Kleidung auch auf Sprache und andere Ausdrucksformen angewendet. Es gibt je nach Richtung und Gruppierung im Judentum einen wiedererkennbaren Style. Die Auslegungen der Tsniut-Regeln sind mal mehr und mal weniger streng. Es geht, Sie ahnten es bereits, hauptsächlich darum, wie viel vom weiblichen Körper man bedecken muss, sobald man in der Öffentlichkeit unterwegs ist.

Die Minimalregel, die das orthodoxe Judentum vorgibt, ist: Die Beine müssen bis knapp über dem Knie, die Arme bis knapp unter der Schulter und der Rücken und das Dekolleté müssen komplett bedeckt sein. Je religiöser Sie sind, desto länger werden die Kleider, bis an den Kehlkopf, die Handwurzelknochen und den Boden.

Wenn Sie unbeschadet durch ein religiöses Wohnviertel wie Mea Shearim in Jerusalem oder Golders Green in London spazieren wollen, sollten Ihre Ärmel schon bis zu den Ellenbogen reichen, und Sie sollten einen Rock tragen, der bis über die Knie geht. Blickdichte Strumpfhosen sind auch hilfreich, wenngleich vielleicht eine Zumutung bei +30 °C.

In einer deutschen Synagoge ist die Minimalanforderung wie oben beschrieben ausreichend. Die Strumpfhosen können Sie ja anziehen, wenn es draußen mal wieder stürmt und die Temperaturen im einstelligen Bereich liegen.

Eng anliegende Klamotten, die jede Hautfalte und weibliche Rundung so zur Geltung bringen, dass Mann nicht mehr viel Fantasie benötigt, um Sie mit seinen Blicken auszuziehen, sind natürlich keine Option, ebenso wenig durchsichtige Kleider. Das heißt aber nicht, dass Sie in einem Sack herumlaufen müssen. Modisch elegant und figurbetont ist kein Problem.

Frauen ist es verboten, Männerkleidung zu tragen, genau wie umgekehrt Männern Frauenkleider verboten sind. Einzige Ausnahme: Purim. In der jüdischen Fastnacht darf man sich austoben und fast alles anziehen, wozu man Lust hat, solange es tsniut ist. Viele schließen aus dem Verbot für Männerkleidung, dass eine Frau nur Röcke tragen darf. Eine eindeutig weiblich geschnittene Hose ist nach Meinung einiger Rabbiner aber auch akzeptabel, und viele orthodoxe Frauen tragen heute Hosen. Sie dürfen nur nicht zu eng sein. Und ein Schottenrock für Männer? In Schottland vielleicht.

Unverheiratete Frauen können und sollen stolz ihr Haar zeigen, nur verheiratete bedecken die Haarpracht. Wie weit Sie damit gehen, hängt auch von den Vorstellungen Ihres Mannes ab. Klären Sie das also besser vor der Hochzeit, damit Sie sich nicht bevormundet fühlen von seinen Wünschen. Ich habe die Entscheidung meiner Frau komplett selbst überlassen, und sie hat beschlossen, draußen immer eine Mütze zu tragen.

Die Bandbreite an Kopfbedeckungen reicht von Perücke und zusätzlicher Mütze bis zum handbreiten Tuch über den offen getragenen Haaren. Manche charedischen, also ultra-orthodoxen Gruppierungen verlangen eine Perücke, sofern man sie sich leisten kann. Andere wiederum verbieten sie und verlangen eine Mütze oder ein Kopftuch, das die Haare komplett bedeckt. Die Gründe dafür liegen in den verschiedenen Traditionen und der Herkunft. Während bei aschkenasischen Juden die Perücke üblicher ist, da im Norden Europas die nichtjüdischen Frauen selten ihre Haare komplett bedeckt haben und man mit der Perücke durch optische Assimilation Antisemitismus vorzubeugen glaubte, bedecken sephardische Frauen den Kopf mit Tuch und Mütze, auch, um unter muslimischen Frauen nicht so aufzufallen.

Gänzlich unerlaubt ist die Vollverschleierung. Das Gesicht muss bis hinter die Ohren frei bleiben. Wir lernen das in der Torah, aus dem Ersten Buch Mose in der Geschichte über Jehuda und Tamar. Tamar verschleiert sich komplett, um sich als Hure zu verkleiden, und Jehuda dazu zu bringen, sie zu schwängern, was auch gelingt. Aus dieser delikaten Geschichte entsprang zehn Generationen später nicht nur König David, sondern auch die Regel über das Verbot der Vollverschleierung. Eine Burka ist also genauso »schlimm« wie ein Bikini.

Als Hurenkleidung gilt in manchen Kreisen auch rote oder aus Stoffen mit knalligen Farben hergestellte Kleidung. Daher besteht die Garderobe vieler orthodoxer Frauen vorzugsweise aus gedeckten Farben und Schwarz. In der modern-orthodoxen Welt sind farbenfrohe Klamotten aber normal.

Schmuck ist Frauen nicht nur erlaubt, besonders an Schabbat und Feiertagen ist es sogar üblich, sich mit Ringen, Ketten, Armreifen oder was Sie sonst noch in Ihrem Schmuckkästchen finden, zu behängen. Über Geschmack lässt sich bekanntlich streiten, nur nicht mit einer Frau. Und solange Sie sich kein Kreuz oder eine Figur oder ein Symbol einer anderen Religion umhängen, ist nur Ihr eigener Geschmack Ihre Grenze.

Viele jüdische Frauen tragen einen Davidstern an einer Halskette, allerdings ist das bei unreligiösen Frauen stärker verbreitet als bei religiösen. Jedenfalls ist es in keiner Weise Pflicht oder wird von Ihnen erwartet.

Die Chamsa, eine Hand mit einem Auge in der Mitte, wird vor allem von sephardischen Frauen gerne als Kettenanhänger getragen. Dieses Symbol kennen die Muslime auch, und es hat eine Art Talismanfunktion gegen den Bösen Blick, der auch in abendländischen Kulturen gefürchtet ist.

Da Aberglaube aber strikt verboten ist und damit auch Talismane und Amulette, muss man damit vorsichtig sein. Der Böse Blick ist für einen Konvertiten niemals so gefährlich wie der böse Blick eines Richters im jüdischen Gericht.

Werfen Sie mal einen guten Blick in Ihren Kleiderschrank. Wie viele Ihrer Anziehsachen passen in das Regelwerk? Welches Top oder Kleid mit Spaghettiträgern können Sie in Kombination mit einem langärmligen T-Shirt tragen? Und schauen Sie in den Spiegel. Können Sie sich mit einer Kopfbedeckung und Tsniut-Kleidung vorstellen? In dem Moment, in dem Sie sich dem Rabbi und dem Beit Din vorstellen, ist tsniut ein Muss, wenn Sie nicht gleich wieder nach Hause geschickt werden wollen. Zumindest bei einem orthodoxen Beit Din.

Anhand Ihrer Kleidung wird man versuchen, Sie zu klassifizieren und einer Gruppe zuzuordnen. Wählen Sie also Stil, Farben, Schnitte, Schmuck und Accessoires bewusst aus. Aber keine Sorge, wenn Sie am Anfang unsicher sind. Ihr neuer Stil wird sich entwickeln.

»Hach G'tt!«, rufen Sie jetzt vielleicht innerlich. Wir wohnen doch nicht mehr im Schtetl, sondern in der modernen Welt! Ich kann doch meinen Körper nicht so verstecken! Und im Sommer, wenn es heiß ist, will ich ärmellos und sorglos sein. Es stimmt: Leicht bekleidet, fallen Sie in deutschen Großstädten nicht auf. Nackte Frauenkörper räkeln sich im Sommer an heißen Tagen an Badeseen und in Stadtparks in der Sonne, und kaum ein Mensch ist auch nur irritiert. Sie aber, mit Kopfbedeckung und langen Ärmeln, fallen auf. Nur gut, dass Sie sich das freiwillig ausgesucht haben.

Und nun zu den Männern: Sie haben es leichter als die Frauen. Oder schwerer. Je nachdem, wie Sie sich entscheiden. Jüdische Männerkleidung variiert sehr, je nach der Gruppierung, der Sie angehören.

Auch männliche Kleidung muss tsniut sein. Allerdings ist ein Männerkörper nicht so erotisch problematisch wie sein weibliches Pendant. Unter der Woche sind Shorts und T-Shirt darum kein Problem. Wichtig ist nur, dass immer eine Kopfbedeckung getragen wird. Das kann ein Hut, eine Schiebermütze, ein Basecap oder die Kippa sein. Vor allem in einer Synagoge ist eine Kopfbedeckung Pflicht, deshalb liegen vor jeder deutschen Synagoge und auch vor der Westmauer in Jerusalem, die an und für sich eine riesige Open-Air-Synagoge ist, Kippas aus, die man leihweise nutzen kann.

Man kann aber auch eine andere Kopfbedeckung tragen. So hat ein muslimischer Besucher in der Synagoge Hamburg mal für leise Lacher gesorgt, als er sich auf seinen voluminösen Turban eine Kippa gesetzt hat und damit während des G'ttesdienstes in die Synagoge gekommen ist.

Wenn Sie mal einen Schabbatnachmittag in Jerusalem an der Westmauer in der Altstadt verbringen, werden Sie eine freaky Modenshow miterleben. Dort sehen Sie viele Mäntel, meist schwarz, manchmal auch weiß und gemustert und aus feinsten Stoffen, die wie eine Kreuzung aus Anzugsjackett und Bademantel aussehen, oft kombiniert mit einem Schtreimel, also einer Wagenrad-Pelzmütze, einer weißen Strumpfhose und einer Kordel anstelle eines Gürtels.

Es gibt auch Männer, die weiße Kniestrümpfe über ihre schwarze Hose ziehen. Männer in Businessanzügen mit Hüten in verschiedensten Formen sieht man sehr häufig, und die Nicht-Farben Schwarz und Weiß bestimmen das Bild. An Regentagen werden die kostbaren Hüte mit einer profanen Plastikfolie geschützt, was geradezu grotesk aussieht. Wozu ein Hut, der nicht mal vor Regen schützen kann, ja sogar selbst geschützt werden muss?

Manche Männer kommen aber auch in Shorts und Sandalen ohne Socken, dafür aber meist im weißen, gebügelten Hemd anspaziert. Die Soldaten in den grünen Tarnanzügen und die immer anwesenden Touristen bringen ein wenig Farbe ins Spiel.

Die meisten Juden an der Westmauer am Samstagmittag haben Schaufäden rechts und links aus der Hose baumeln, und wirklich alle tragen eine Kopfbedeckung, meist eine Kippa. Auch die Touris. Jetzt wird es bunt, denn die Kippa gibt es in verschiedensten Farben, Größen und aus den unterschiedlichsten Materialien, teilweise mit ausgefallenen Motiven. Das Logo eines Fußballclubs ist da schon fast normal. Als ich einen Mann sah, auf dessen Kippa das Logo der Death Metal Combo »Slayer« prangte, dachte ich nur: Äh … Ehrlich gesagt, dachte ich gar nichts, ich war einfach nur erstaunt.

Kleine Jungs haben auf ihren Kippas oft Motive der aktuellen Pop-Kultur oder Disneyfiguren, und manche tragen gehäkelte Wassermelonenstücke. Auch Erwachsene.

Die Breslev-Chassiden wiederum haben eine Kippa mit Bommel, die an eine Skimütze erinnert. Die normalen, runden Kippas reichen in der Größe von wenigen Zentimetern Durchmesser bis zu einer ausgewachsenen Mütze, die bis an die Ohren reicht. Die kleinen Kippas sind mit einer Haarklemme befestigt. Sehr kleine Kippas schmiegen sich teilweise nicht der Kopfform an und thronen wie ein Heckspoiler auf der Haartolle.

Vor allem außerhalb Israels tragen viele ihre Kippa unter einem Hut oder einer Mütze, legen die jeweilige Kopfbedeckung ab und ersetzen sie durch eine Kippa. Auch wenn halachisch Kippa und Hut dasselbe sind, so ist die Kippa doch ein wichtiges traditionelles Zeichen für uns.

Eine halachisch exakte Minimal- oder Maximalgröße oder vorgeschriebene Form gibt es nicht. Die Regel ist nur, die Kippa muss groß genug sein, damit man sie auf dem Kopf aufgesetzt von mindestens drei Seiten aus sehen kann.

Die Materialien, aus denen die Kippas hergestellt sind, sind sehr unterschiedlich. Grundsätzlich wird zwischen Häkelkippas, Samtkippas und anderen, wie etwa solchen aus Leder oder Stoff unterschieden. Die gehäkelten werden vornehmlich von den Modern-Orthodoxen und Nationalreligiösen getragen. Die Samtkippas von Chassiden und Ultra-Orthodoxen. Ist die Kippa aus Stoff- oder Lederteilen genäht, ist es je nach Gruppierung wichtig, ob sie aus vier oder sechs oder mehr Teilen besteht.

Die landläufige Meinung ist, je schwärzer, größer und samtiger eine Kippa ist, desto religiöser ist ihr Träger. Aber ganz so einfach ist es leider nicht. Manch große Rabbiner tragen weiße gehäkelte Kippas mit blauem Randmuster, und unter den Schwarzkippaträgern gibt es genügend Heuchler, die die jüdischen Gesetze für reine Empfehlungen halten.

Eigentlich können Sie es also bei der Wahl Ihrer Kippa nur verkehrt machen. Geben Sie sich daher anfangs nicht zu viel Mühe, und ziehen Sie auf, was Ihnen vom Aussehen her gefällt. Fischen Sie aber lieber bei den Häkelkippas, da Ihnen als Anfänger ohnehin niemand eine Samtkippa abnimmt.

Ihre erste Kippa wird jedenfalls nicht Ihre letzte sein.

Auch ich habe eine Weile gebraucht, bis ich »meine« Kippa gefunden hatte. Es ist eine schwarze, gehäkelte Kippa. Das Schwarz unterstreicht, dass ich es als Konvertit mit dem religiösen, orthodoxen Judentum ernst meine. Dass sie gehäkelt ist, grenzt mich von Chassiden und Haredim ab, zu denen ich einfach nicht gehöre. Außerdem trägt eine schwarze Kippa bei meiner Haarfarbe nicht so auf und zeigt nicht schon aus Kilometern Entfernung leuchtend das Herannahen eines Juden an.

Sauberkeit ist wichtig. Aber die Kippa ist meist ein wenig

schmutzig. Der Sandstaub aus der Wüste Negev färbt meine schwarze Kippa nach wenigen Wochen immer ein bisschen gelb. Das kann man ekelig finden, zugegebenermaßen. Aber eine ein wenig angeschmutzte Kippa zeigt auch, dass es sich um ein persönliches, wichtiges und täglich getragenes Stück Stoff handelt. Gehen Sie daher zu einem Termin mit dem Beit Din nicht mit einer nagelneuen Kippa. Ihr leicht abgetragenes Modell werden die Rabbiner mit Wohlwollen bemerken. Übertreiben Sie es nicht. Wie aus einer Autobahnpfütze gezogen sollte sie nicht aussehen, oder gar riechen.

Als religiöser Jude trägt man Schabbatkleidung. Den Unterschied sieht man nirgends so deutlich wie an der Westmauer. Und nicht nur die Kleidung wird schabbesdig, auch die Themen, über die man sich unterhält, die Sprache, die man nutzt, und das Essen, das man isst. Ich musste mich damals in meinen Anfängen als Synagogengänger von einem Freund, der selbst nicht mal Schabbat hält, maßregeln lassen, warum ich denn am Schabbat kein gebügeltes, weißes Hemd trüge. Das will ich Ihnen ersparen: Suchen Sie Ihre weißen Hemden zusammen, oder kaufen Sie sich welche. Finden Sie eine günstige Reinigung in der Nähe, die Hemden wäscht und bügelt, oder graben Sie Ihr Bügeleisen aus, und tragen Sie am Schabbat schabbesdige Kleidung. Im Gegensatz zur Kippa sollten die Klamotten sauber sein.

Für Frauen gilt das natürlich auch. Am Schabbat werden die schöneren Kleider getragen. Erst recht, wenn Sie einen Termin beim Beit Din haben. Werfen Sie sich jüdisch in Schale. Das bedeutet: ein langer Rock und lange Ärmel, für Männer ein dunkler Anzug und ein weißes Hemd mit Krawatte.

Männer tragen auch noch Zizit. Sie befinden sich an jedem Gebetsschal und an einem speziellen Kleidungsstück, das man ständig, also nicht nur während des Gebetes, unter dem Hemd trägt. Dieses Kleidungsstück nennt man den »Tallit katan«, den »kleinen Gebetsschal«. Die Zizit sind kunstvoll geknotete Fäden, vier Stück (acht Enden) an jeder der vier Ecken des Schals. Aber muss man den Tallit katan wirklich immer tragen? Die Antwort ist: Nein.

Die Torah schreibt vor, dass wir Männer hellblaue Schaufäden an rechteckige Kleidungsstücke befestigen sollen. Wir lesen die entsprechende Torahstelle täglich beim »Schma«-Gebet und küssen die Schaufäden dabei. Schauen Sie gerne kurz in Ihrem Gebetbuch nach!

Trägt man keine rechteckigen Kleidungsstücke, muss man keine Schaufäden anbringen, und es gibt keine Pflicht, rechteckige Kleidung, wie etwa einen Poncho, zu tragen. Das Gebot gilt außerdem nur tagsüber, also bis Sonnenuntergang.

Gleich drängen sich wieder Fragen auf: Was sollen diese Zizit? Wenn man sie nicht tragen muss, wieso machen es dann so viele? Warum sind die Schaufäden meist weiß und nicht hellblau, wie von der Torah verlangt? Und warum haben nur manche blaue Schaufäden, die mit weißen verknotet sind?

Das Wort Zizit hat nach der hebräischen Schreibweise aus der Mischna, der ersten Niederschrift und Basis des Talmuds, der aufgeschriebenen mündlichen Überlieferung, einen Zahlenwert (Gematria) von 600. Jedem Buchstaben im Wort wird ein bestimmter Zahlenwert zugeschrieben. Das Fädenbündel aus vier Fäden hat acht Enden und fünf eingewirkte Doppelknoten.

Raschi, einer der wichtigsten Kommentatoren der Torah, addiert die 600 und die Acht und die Fünf und kommt so auf 613. Das ist die Anzahl Mitzvot, die ein Jude befolgen muss. Sie erinnern sich?

Zugegeben, Zahlen sind geduldig, und mit genügend Fantasie kann man aus jeder beliebigen Gruppe von Ausgangszahlen mit ein paar Rechentricks jede beliebige Ergebniszahl berechnen.

In diesem Fall ignoriert Rashi die Schreibweise der Torah, die mit einem Yud weniger auf einen Zahlenwert von nur 590 kommt. Er halbiert die Zahl der Knoten, verdoppelt die Zahl der Fäden und lässt drei der vier Zizit komplett unter den Tisch fallen. Gematria ist also mit Vorsicht zu genießen.

Trotzdem repräsentieren diese Knoten, wie es die Torahstelle auch sagt, für uns die 613 Gebote und erinnern daran, sie einzuhalten. Bei einer Beerdigung werden die Knoten vom Gebetsschal, in den der Leichnam eingewickelt ist, entfernt. Der Tote soll im Grab nicht unnötig daran erinnert werden, dass er jetzt keine Gebote mehr erfüllen kann.

Die Mitzwa vom Tragen der Zizit ist tatsächlich optional. Beim Sport zieht man deshalb keinen Tallit-Katan an, da er nicht unnötig vollgeschwitzt werden sollte. Allerdings ist das ständige Tragen von Zizit eines von den Dingen, die man im orthodoxen Judentum quasi gezwungenermaßen freiwillig macht. Auf diese Weise zeigt man, dass man nicht nur das tut, wozu man verpflichtet ist, sondern man macht sich aus reiner Liebe zu G'tt die Mühe, ein viereckiges Kleidungsstück zu finden, das man mit Schaufäden bestücken kann.

Ganz uneigennützig ist das nicht. Man hofft, dass G'tt dann ebenso aus reiner Liebe zum Menschen ein vergebender G'tt ist, was er wiederum nicht sein muss. Für Sie heißt das, die Zizit sind etwas, was Sie nicht von Anfang an tragen müssen und sollten. Sie werden erst lernen, welche weiteren Gesetze es dazu gibt, und sollten auch erst Ihre eigene Tradition gefunden haben.

Jeckische Juden tragen die Zizit unsichtbar in der Hose, während andere sie rechts und links herausbaumeln lassen. Manche haben weiße Zizit, andere, vor allem sephardische Juden, blaue.

Warum Zizit blau sein sollten, lässt sich leicht beantworten: Es steht so in der Torah geschrieben. Allerdings wird für die Farbe Blau das hebräische Wort techelet und nicht das übliche kachol verwendet. Es ist schon darum davon auszugehen, dass es sich um ein ganz spezielles Blau handelt. Die rabbinische Überlieferung sagt, dass der Farbstoff für Zizit aus einem speziellen Schneckensekret gewonnen wird. Das Wissen, welche Schnecke das sein soll, ist verloren gegangen. Um also keinen Fehler zu machen, verzichtet man seit einigen Jahrhunderten auf die Farbe.

Mitte des 20. Jahrhunderts wurden jedoch Gebetsschals mit blauer Farbe unabhängig voneinander in zwei Ausgrabungen in Israel auf Massada und an der Mittelmeerküste entdeckt. Untersuchungen ergaben, dass in beiden Fällen die Stumpfe Stachelschnecke der Farblieferant war. Diese Schnecke hat ihr Hauptsiedlungsgebiet im Mittelmeer. Das passt auch zu den rabbinischen Überlieferungsfragmenten.

Seither haben einige Poskim, also Rabbiner mit halachischer Entscheidungsgewalt, entschieden, dass der Schneckenfarbstoff wieder genutzt werden kann und muss.

Meine Zizit sind trotzdem weiß. Mein Gebetsschal, der Tallit Gadol, hat schwarze Streifen an den Seiten. Sie erinnern daran, dass die Zizit an dem Schal eigentlich farblich sein sollten. Oft sind diese Streifen auf einem Tallit blau, und ein solcher Gebetsschal stand Modell für die israelische Flagge.

Welche Farbe Ihre Zizit haben werden, besprechen Sie, wenn es so weit ist, am besten mit Ihrem Rabbiner. Und den Tallit Gadol tragen Sie als wahrscheinlich angehender Aschkenase sowieso erst nach der Hochzeit, und auch als Sepharde erst nach der abgeschlossenen Konvertierung. Sie haben also noch Zeit.

Zusätzlich zu den sichtbaren gibt es auch unsichtbare Qualitäten, die eine Kleidung für einen Juden tragbar oder untragbar machen. Das Gesetz dazu heißt Schatnets. Es verbietet die Vermischung von Leinen und Wolle.

Bei den meisten Kleidungsstücken stellt Schatnets kein Problem dar. Eine Jeans ist aus Baumwolle hergestellt und hat kein Futter aus anderem Stoff. Ein T-Shirt besteht auch nur aus Baumwolle, und selbst ein Pullover aus Schafwolle ist unproblematisch, da hier kein Leinen zu erwarten ist. Schwierig wird es bei Anzügen und Mänteln mit Innenfutter. Man sollte beim

Kauf darauf achten, dass laut Kleiderlabel die verwendeten Stoffe entweder keine Wolle oder kein Leinen enthalten. Man kann dann zwar immer noch nicht davon ausgehen, dass die Kleidung frei von Schatnets ist, aber die Chancen stehen gut. Trotz der Ungewissheit kann man die neue Jacke anprobieren. Doch bevor man sie tatsächlich trägt, muss man sie zu einem Spezialisten bringen, der die Kleidung auf Schatnets überprüft. Findet er welches, wird er es entfernen und einen Ersatz einnähen oder, wenn das nicht möglich ist, empfehlen, die Kleidung nicht zu tragen.

Ist alles in Ordnung, näht er eine kleine Bestätigung ein, die das Kleidungsstück als Schatnets-frei zertifiziert. In Deutschland einen solchen Spezialisten zu finden ist nicht leicht. Es gibt nur wenige, deren Urteil als vertrauenswürdig anerkannt ist. Fragen Sie Ihren Rabbiner nach einem Schatnets-Spezialisten. Diese Menschen müssen auch von etwas leben, also wird die Überprüfung Geld kosten. Immerhin haben Sie jetzt einen Grund, beim Einkauf auf billige Anzüge zurückzugreifen. Die Wahrscheinlichkeit, dass ein Anzug Schatnets enthält, steigt erfahrungsgemäß mit seinem Preis. Besonders die Modelle von Hugo Boss sind fast immer Schatnets-belastet.

Das Schatnets-Gesetz gilt für Männer, Frauen und Kinder und für alle Kleidungsstücke, von der Unterwäsche bis zum Mantel. Allerdings ist es erlaubt, Kleidung aus Leinen und Wolle gleichzeitig zu tragen, sofern sie nicht miteinander verwoben sind oder aneinandergenäht wurden.

Auch wenn das Verbot eigentlich nur Kleidung betrifft, sind manche Juden besonders streng und achten auch bei Möbelstücken wie Sofa und Sessel und bei Bettbezügen darauf, dass sie von Schatnets frei sind.

Die letzte Frage, die das Beit Din mir stellte, bevor ich in die Mikve gegangen bin, war, ob ich die Gesetze zu Schatnets kenne. Sie hatten Sorge, dass ich, kaum dem Band entstiegen, schon das erste Torahgesetz übertreten würde. Der Dayan war erleichtert, als ich ihm versicherte, dass ich auf Schatnets achte. Schatnets ist nämlich kein rabbinisches Gesetz, das später hinzugekommen ist, es stammt direkt aus der Torah.

Jude zu werden bedeutet also auch, sich anders zu kleiden. Das wiederum bedeutet: Ihre Umwelt bekommt mit, was mit Ihnen vor sich geht, ob Sie es wollen oder nicht. Die Reaktionen können variieren. Als ich anfing, meine erste Kippa zu tragen, war ich noch nicht religiös, hielt kein Schabbat, war selten bis nie zu Gast in der Synagoge, und die Feiertage haben mich nur interessiert, wenn sie in Israel auch oder nur eine nichtreligiöse Bedeutung hatten, wie Yom Kippur oder der Unabhängigkeitstag.

Die Kippa habe ich also mehr aus Liebe zum Land Israel als zur Religion getragen. Ganz so mutig, sie draußen zu tragen, war ich auch damals nicht und versteckte sie unter einem Hut. Das mache ich heute noch, wenn ich in Deutschland bin.

Da fällt mir eine Anekdote ein: Einmal war ich an einem Wochenende mit Freunden auf der Hamburger Reeperbahn feiern. Eine junge Frau hat mir aus Jux den Hut vom Kopf gezogen. Vielleicht wollte sie meine Aufmerksamkeit erregen? Als jedoch die Kippa zum Vorschein kam und auf die Reeperbahn fiel, verstummte ihr Lachen. Sie hob sie auf, gab sie mir, entschuldigte sich und verschwand.

Andere sind neugierig auf alles Jüdische und verwickeln einen in Gespräche, die meisten ignorieren es aber. Man erwischt sich dabei zu prüfen, wie die Menschen um einen herum reagieren. Schauen sie beschämt weg? Übersehen sie es komplett? Drehen sie sich nach einem um?

Es gibt auch Begegnungen der unangenehmen Art. Einmal fuhr ich mit Kippa auf dem Kopf in meinem Auto durch Hamburg. Neben mir an der Ampel kam ein Kleinwagen zum Stehen. Darin saßen fünf junge Männer, die man von der äußerlichen Erscheinung als »Biodeutsche« bezeichnen würde, also ohne arabischen oder türkischen Migrationshintergrund. Sie kurbelten die Scheiben herunter, winkten und riefen zu mir rüber. Ich öffnete meine Seitenscheibe und wollte fragen, was los ist.

Da grölten sie los und sangen wie Fußballfans: »Ich kann den Stern an deiner Jacke nicht sehen.«

Ich war so geschockt, dass ich erst nach langen Sekunden begriff, was diese fünf Ärsche gerade gesungen hatten. Da sprang die Ampel auf Grün, und sie waren weg. Die Typen waren unauffällig gekleidet und nicht als Links- oder Rechtsfaschisten zu erkennen. Da sie mich sehr schnell als vermeintlichen Juden identifiziert haben mussten, ist es umso erschreckender, wie sicher und aufeinander abgestimmt sie den Gesang draufhatten.

Bei Muslimen geht man ja schon irgendwie davon aus, dass sie antisemitische Einstellungen haben könnten und wird des Öfteren bestätigt, noch häufiger aber positiv überrascht.

Nazis und Linksradikalen geht man aus dem Weg, denn die haben meist eine von Weitem erkennbare Kleidung.

Angriffe aus der Mitte der Gesellschaft treffen einen unvorbereitet. Mit jüdischer Kleidung malen Sie sich eine Zielscheibe für solche Hassausbrüche auf die Stirn.

Jetzt verstehen Sie vielleicht, warum ich in Deutschland niemals ohne Hut auf die Straße gehe. Offen die Kippa zu zeigen, kann lebensgefährlich sein, wie für den Rabbiner, der 2012 in Berlin auf offener Straße von fünf muslimischen Halbstarken vor den Augen seiner Tochter zusammengeschlagen wurde.

Meine Zizit baumeln jedoch auch auf deutschen Straßen schamlos aus der Hose. Denn wer sie von Weitem als jüdische Kleidung erkennt und nicht einfach als lose Fäden, der ist normalerweise gebildet genug, um nicht als Schläger durch die Welt zu laufen.

Frauen haben dieses Problem weniger. Erstens gibt es keine auf den ersten Blick eindeutig als jüdisch zu klassifizierenden Kleidungsstücke wie die Kippa, abgesehen vom Davidstern an einer Halskette als Schmuckstück. Und zweitens werden Frauen, zumindest in der deutschen Öffentlichkeit, seltener körperlich angegriffen. Die nicht-körperlichen Angriffe tun zwar auch weh, aber die versucht man zu ignorieren.

Kleider machen tatsächlich Juden. Aber lassen Sie sich davon nicht abschrecken. Dies ist noch eine der geringsten Herausforderung, die Ihnen bevorsteht. Und eignet sich mehr als alle anderen, nach und nach angenommen zu werden. Ihr Kleiderschrank konvertiert einfach langsam mit Ihnen mit. Zum Schluss bekommen nicht nur Sie einen Stempel, der besagt, dass Sie jüdisch sind, sondern auch Ihre Mäntel und Jacken, allerdings in jedem Fall vor Ihnen und von einem Schatnets-Spezialisten.

Feminismus

Ich bin mit starken Frauen aufgewachsen. Die erste davon war natürlich meine Mutter. In der Schule waren meine Klassenlehrerinnen meine Bezugspersonen, und ich hatte ausnahmslos Klassenlehrerinnen. Meine erste enge Freundschaft war mit einem Mädchen. Mein Gymnasium hatte zwar einen Direktor, aber der hatte ohne Unterstützung durch seine Sekretärin keinerlei Autorität. In der Schulkantine, in der ich manchmal ausgeholfen habe, hatte auch eine Frau das Sagen und entschied über mein Mittagessen. Als Teenager war ich manchmal mit meinem besten Freund bei einer Schulfreundin aus der Nachbarschaft, und nur, wenn sie so gnädig war, durften wir in ihr Zimmer. Männer waren für mich daher nicht automatisch das starke Geschlecht, im Gegenteil, wir waren allerhöchstens körperlich stärker. Und in meinem Fall stimmte nicht einmal das, immerhin war ich ziemlich schmächtig. In der Oberstufe hatte ich zwar schon meine heutige Körpergröße von 189 Zentimeter erreicht, wog aber gerade mal 70 Kilogramm.

Zudem hatte ich das ungeschriebene Gesetz verinnerlicht, dass Jungs zwar andere Jungs und Mädchen Jungs schlagen dürfen, Jungs aber auf keinen Fall Mädchen. Letzteres hat mich nie gestört, aber was mich störte, war, dass überhaupt geschlagen werden und ich mich gegen schlagende Mädchen nicht wehren durfte. Ungerecht!

Wir waren also bei dieser Freundin in ihrem Mädchenzimmer, und am Schrank klebte ein Aufkleber mit dem Spruch: »Lieber Gleichberechtigung als später!« Ich weiß nicht mehr, was mich mehr verstörte: Der unterirdische Sprachwitz oder der

Fakt, dass ausgerechnet Frauen Gleichberechtigung verlangen. Die wurden immer nur bevorzugt, solange ich denken konnte, und der Aufkleber, natürlich besser formuliert, gehörte in mein Zimmer und nicht in ihres!

Später hat sich meine Wahrnehmung natürlich verändert. Das lag nicht nur an meinem neuen Körpergewicht. Dass Frauen Männern meist körperlich unterlegen sind, wird viel zu oft von Männern brutal ausgenutzt. Dass Frauen Kinder bekommen, wirkt sich negativ auf Beruf und Karriere aus. Frauen sind also eher von Männern wirtschaftlich abhängig als umgekehrt. Der Fakt, dass Männer weglaufen, wenn sie eine Frau schwängern, und Frauen oft damit leben müssen, verschiebt das Machtverhältnis ebenfalls sehr in Richtung Männer.

Mir wurde außerdem klar, dass starke Frauen erst in der jüngeren Geschichte in der Gesellschaft allgemein akzeptiert und geachtet sind, bis auf wenige Ausnahmen wie etwa Katharina die Große oder Marie Curie. Und auch heute funktionieren die Seilschaften der Männer weiter: Der unfähige Direktor in meiner Schule wäre als Frau wohl nicht sehr weit gekommen.

Andere Selbstverständlichkeiten wie etwa das aktive und passive Wahlrecht für Frauen, die volle Geschäftsfähigkeit, ohne Erlaubnis des Ehemannes zu arbeiten, und vieles mehr, waren und sind blutjunge und unverzichtbare Errungenschaften. Dass Frauen in der Bundesrepublik Deutschland ohne Zustimmung ihres Mannes ein Konto eröffnen dürfen, gilt erst seit 1962. Da war meine Mutter schon geboren. Das entsprechende Gesetz im BGB wurde erst 1977 endgültig geändert. Da war ich schon auf der Welt.

Ich wurde also nachträglich vom Frauenfreund zum männlichen Feministen. Und ich habe mit Genugtuung gesehen, wie die Befreiung der Frau aus der Herrschaft der Männer immer weiter fortschritt, auch dank moderner Haushaltsgeräte, die ironischerweise häufig von Männern erfunden wurden, wie zum Beispiel die Waschmaschine, der Kühlschrank, der Staubsauger und mehr.

Weniger Haushalt bedeutet mehr Freiheit, und einen modernen Haushalt kann ein Mann sogar alleine führen, wenn er wirklich will.

Die wichtigsten Erfindungen für die Emanzipation der Frau aber sind die Pille und die medizinischen Fortschritte bei Abtreibungen. Frauen können selbst entscheiden, wann und ob sie schwanger werden wollen. Während eine ungewollte Schwangerschaft die Zukunftspläne einer Frau früher häufig zunichtemachte, hat sie heute die Wahl, kann studieren, einen Beruf ausüben, eine Karriere aufbauen – mit oder ohne Kind.

Was hat das alles mit Judentum zu tun? Eine Menge. Ich bin orthodoxer Jude, und im orthodoxen Judentum sind Frauen und Männer nicht gleichberechtigt, wie Sie wahrscheinlich schon geahnt haben.

Wenn Sie in die Synagoge gehen, werden Sie verschiedene Bereiche für Männer und Frauen vorfinden. Der Bereich für die Männer ist größer und enthält alle Möbel, die eine Synagoge ausmachen, wie den Torahschrank und das Lesepult, während der Bereich für Frauen entweder auf einer Empore angesiedelt oder durch einen Sichtschutz, die Mechitza, vom Männerbereich abgetrennt ist.

Frauen dürfen während des Gebetes und speziell während aus der Torah gelesen wird, den Männerbereich nicht betreten. Frauen können auch keine Rabbiner werden, sie werden nicht zu einem Minjan, also zum Quorum von zehn Männern gezählt, dürfen nicht zur Torah gerufen werden oder sie in der Synagoge laut vorlesen. Es gibt noch viele andere Dinge, die sie nicht dürfen. Beim täglichen Morgengebet sagen Männer: »Gelobt seist Du Ewiger, unser G'tt, König der Welt, der mich nicht als Frau erschaffen hat.« Skandalös! Und dann noch dieser Männerfokus: G'tt ist männlich, und der G'tt von Abraham, Jitzchak und Jakob. Und Moses. Alles Männer! Was ist mit den Frauen?

Als Frau und dann noch als angehende Konvertitin werden

Sie aus vielen Bereichen des religiösen Lebens doppelt ausgeschlossen und bleiben in einer orthodoxen Synagoge lange Zaungast, oder soll ich sagen: Mechitzagast?

Als orthodoxer Jude musste ich meine Sicht auf die Rechte von Mann und Frau überdenken und mit mir selbst und meinem Feminismus Kompromisse eingehen. Das werden Sie auch tun müssen. Infolge dieser Kompromisse habe ich meinen Feminismus weitgehend abgelegt.

Geblieben ist mir von meinem Feminismus die strikte Ablehnung von Unterdrückung, im Besonderen der Frau. Der Aufkleber aus dem Zimmer meiner Schulfreundin verlangt jedoch Gleichberechtigung für Frauen und Männer und nicht nur die Unterlassung von Unterdrückung.

Aber kann es Gleichberechtigung jemals geben? Nicht mal zwei Männer oder zwei Frauen sind gleichberechtigt. Ihre Rechte sind abhängig von Geburtsort und -datum, den Eltern, dem Umfeld, den biologischen und intellektuellen Voraussetzungen, Ausbildung und mehr. Nicht mal eineiige Zwillinge sind zu 100% gleichberechtigt. Wie soll es also jemals eine echte Gleichberechtigung zwischen Frauen und Männern geben?

Körperkraft, Entwicklung, Geschlechtsteile, das allein sind schon Unterschiede, die eigene Möglichkeiten, Rechte und auch Pflichten nach sich ziehen. Sie werden mir vielleicht widersprechen und sagen, es geht um die Gleichberechtigung vor dem Gesetz und um gleiche Voraussetzungen. Aber was nützt ein Gesetz, das niemals realisiert werden kann, und wie soll man jemals gleiche Voraussetzungen schaffen?

Ich glaube, die Gleichberechtigung ist nur ein Schritt hin zu einem wichtigeren Ziel: Gleichwertigkeit. Und um Gleichwertigkeit zu erreichen, ist Gleichberechtigung keine zwingende Voraussetzung. So wie ich das Judentum erlebe und lebe, sind Frauen und Männer gleichwertig. Das manifestiert sich unter anderem darin, dass wir weibliche Propheten haben, deren Prophetie teilweise höher geachtet wird als die ihrer männlichen Kollegen. So gilt Sarah als die größere Prophetin als ihr Mann Abraham.

G'tt ändert übrigens in der Torah die Namen der beiden. Aus Abrahm wurde Abraham und aus Sarai Sarah. Bei Abraham wurde damit seine Rolle als Vorvater von vielen Völkern und Stämmen manifestiert, da Abraham übersetzt »Vater von vielen« heißt. Sarah bedeutet »Prinzessin« oder »Dame«. Das »i« am Ende macht sie zu »meiner Prinzessin«. Man könnte erwarten, dass die Namensänderung umgekehrt hätte sein müssen: Vor der Ehe mit Abraham war sie Sarah, und dann wurde sie zu seiner Prinzessin und zu Sarai. Aber nein, Sarah ist als Urmutter der Juden ein eigenständiger Mensch und niemandes Besitz. So wurde aus Sarai Sarah. Und dass das keine rein grammatikalische Spielerei ist, zeigt diese Geschichte: Als Sarah von Abraham verlangt, er soll Hagar, seine Zweitfrau, fortschicken und Abraham damit nicht einverstanden ist, da sagt G'tt zu ihm: »Hör auf Deine Frau!«

Wer hatte also das Sagen im Hause Abraham und Sarah?

G'tt selbst ist nicht männlich, er ist körper- und geschlechtslos. Die hebräische Bibel wechselt ständig zwischen »lach« und »lecha«, also zwischen weiblicher und männlicher Endung bei Possessivpronomen im Zusammenhang mit G'tt.

Erst die Übersetzungen und Interpretationen haben G'tt ein eindeutiges Geschlecht gegeben.

Die Ehe im Christentum wird auf ewig geschlossen. »Bis dass der Tod Euch scheidet!«, sagt der Priester bei der Hochzeitszeremonie vor dem Altar und meint das auch so.

Bis heute werden geschiedene und wiederverheiratete Menschen in der katholischen Kirche vom Abendmahl ausgeschlossen. Versuche von manchen Kirchenverbänden, das zu ändern, scheitern am Widerstand der anderen. Im Islam wiederum ist der Mann in der Lage, die Ehe zu scheiden und seine Frau einfach wegzuschicken. Beides beschneidet die Frau in ihren Rechten.

Das Judentum kennt von Anfang an die einvernehmliche Scheidung und das Recht auf Unterhalt für die Frau. Eine jüdische Frau kann die Scheidung einreichen, ebenso wie ein Mann. Geschieden ist man, sobald der Mann der Frau den Get, also den Scheidebrief überreicht und sie ihn annimmt. Der Unterhalt für die Frau wird in der Ketuba, dem religiösen und rechtlich bindenden Ehevertrag, schon vor der Hochzeit geregelt. Verweigert er seiner Frau den Get, oder verweigert sie die Annahme, ist die Ehe nicht geschieden. Verweigert einer von beiden dauerhaft die Überreichung des Get, kommt das Paar vor ein Beit Din. Das kann, zumindest in Israel, eine Gefängnisstrafe verhängen, die bis zu dem Tag verbüßt wird, an dem der Get ausgehändigt oder angenommen wird.

In der Praxis sind es meist Männer, die den Get verweigern. Daran sieht man, das Prozedere ist nicht zu 100% gerecht. In Israel sitzt ein Mann deswegen bereits seit über zehn Jahren im Gefängnis. Wenn er irgendwann den Get geben sollte und freikommt, kann er zumindest biologisch noch eine neue Familie gründen, seine Ex-Frau wohl nicht mehr.

Trotz allem: Eine Jüdin kann sich scheiden lassen und neu heiraten und muss sich nicht alles von ihrem Mann gefallen lassen. Sie kann ein neues Leben ohne ihn und mit jemand anderem beginnen.

In Europa ist die Akzeptanz in der Bevölkerung für das Recht einer Frau auf Scheidung noch keine 100 Jahre alt, im Judentum schon einige tausend. Trotzdem entblöden sich viele Europäer nicht, dem Judentum Rückständigkeit vorzuwerfen. Sie hatten viel aufzuholen, und nun, wo sie sich moderner und gerechter in manchen Belangen fühlen, schauen sie verächtlich herab auf jüdische Errungenschaften, die angeblich nicht mit der Zeit gehen.

Orthodoxe Frauen fühlen sich in der Regel nicht unterdrückt, benachteiligt und von religiösen Belangen ausgeschlossen. Sie sind als Frauen befreit von fast allen zeitlich gebundenen Mitzwot, wie etwa dem täglichen Gebet, und empfinden das auch als Freiheit. Und wozu ständig beten? Frauen sind generell spiritueller als Männer. Die Pflicht zum regelmäßigen Beten ist also eine notwendige Krücke für die Männer, um den Frauen spirituell nicht zu weit hinterherzuhinken.

Und wenn Frauen doch unterdrückt werden, dann ist das mehr ein gesellschaftliches als ein religiöses Problem. Frauen werden in allen Bevölkerungsschichten unterdrückt, in fast jeder Religion. Das Judentum ächtet diese Unterdrückung im Allgemeinen, nur leider wird in manchen haredischen oder ultraorthodoxen Kreisen die Unterdrückung von Frauen toleriert. Frauen, die sich von einem gewalttätigen Mann trennen, werden von ihren Familien und Freunden als Ehebrecherinnen exkommuniziert. In manchen solchen Familien sind Frauen die Geburtsmaschinen, Geldverdiener, Haushaltsführer und Kindererzieher und arbeiten zwanzig Stunden am Tag, während die Männer sich den Hintern beim Torahlernen breitsitzen.

Verstehen Sie mich nicht falsch, ich bin dafür, dass Männer Torah lernen, aber erst, nachdem sie gearbeitet, die Kinder mitversorgt und dafür gesorgt haben, dass auch ihre Frau Zeit hat, in die Midrascha, also die Lernstube für Frauen, zu gehen, wenn sie es denn will. Oder, noch besser, in die Uni, damit sie neben der Familie eine Karriere aufbauen kann.

In vielen ultraorthodoxen Familien wird das gelebt, und das Horrorszenario ist öfter Klischee als Wirklichkeit. G'tt sei Dank.

Sie können also als Mann jüdisch orthodox sein, ohne Ihre oder irgendeine andere Frau zu unterdrücken. Und Sie können als jüdisch-orthodoxe Frau frei und emanzipiert leben, wenn Sie damit klarkommen, dass der Rabbi Ihrer Gemeinde immer ein Mann ist und Sie getrennt vom Hauptgeschehen in der Synagoge sitzen. Nach dem G'ttesdienst dreht sich der Spieß jedoch meist um, und die Frauen übernehmen das Ruder bei Veranstaltungen aller Art.

Meinen Feminismus musste ich also doch nicht ganz ablegen. Und viele feministische Ziele teile ich weiterhin. Etwa, dass Frauen und Männer im selben Beruf auch dasselbe verdienen sollten und Frauen bei der Jobsuche nicht diskriminiert werden dürfen, nur weil sie vielleicht irgendwann ein Kind kriegen könnten. Es kann auch nicht sein, dass Frauen zum Kinderkriegen und zur Haushaltsführung gedrängt werden, wie es der deutsche Staat mit Betreuungsgeld und Herdprämie anstelle von Kita-Plätzen versucht.

Das weibliche Selbstbestimmungsrecht über ihren Körper spiegelt sich übrigens eindeutig in der jüdischen Tradition wider. Das Gebot »Seid fruchtbar und mehret Euch« gilt ausschließlich für Männer. Klar, sie brauchen dafür eine Frau, aber die religiöse Pflicht zur Fortpflanzung hat nur der Mann. So ist es auch nicht verwunderlich, dass die Pille, die Frauenbefreiung in kleinen Kügelchen, im orthodoxen Judentum ein legitimes Mittel für die Familienplanung ist. Selbst Abtreibungen, die in manchen christlichen Kreisen nicht mal vergewaltigten Mädchen erlaubt werden, sind im Judentum nicht tabu. Das Wohl der Mutter steht über dem Wohl des ungeborenen Kindes.

Wenn Sie meinen, der liebe Herr Eliyah redet sich hier etwas schön, was man sich nicht schönreden kann, und Gleichwertigkeit manifestiert sich eben doch daran, dass Frauen und Männern Gleiches zugestanden wird, sie gleiche Rechte haben müssen, zumindest auf dem Papier und auch in der Synagoge, dann ist das orthodoxe Judentum wohl nichts für Sie.

Es gibt in Jerusalem zwar einen »orthodoxen« egalitären Minjan, habe ich gehört, aber in Deutschland gibt es egalitär nur zusammen mit liberal. Dort zu konvertieren, macht Sie eben nicht aus jedermanns Sicht zum Juden.

Sexualleben

Eine Konvertierung berührt natürlich wie fast jede Religion auch das Sexualleben. Sollten Sie in diesem Bereich ein Neuling sein, dürfte Sie interessieren, dass Sex im Judentum etwas durchweg Positives ist. Die körperliche Liebe ist kein reines Mittel zum Zweck der Fortpflanzung, sondern dient vor allem dem Lustgewinn beider Partner. Sie sind also auf dem richtigen Weg.

Für diejenigen, die bereits ein Sexualleben haben, ist es natürlich eine große Erleichterung zu wissen, dass Sie auch in Zukunft nicht zu kurz kommen werden. Familienplanung ist erlaubt, solange kein Kondom dafür verwendet wird.

Keiner kann Ihnen in Ihr Schlafzimmer schauen, außer G'tt vielleicht, und der wird Sie beim Beit Din nicht verpetzen.

Trotzdem ist Sex während der Konvertierung tabu, denn man erwartet einen jüdischen Lebenswandel von Ihnen, und der erlaubt nun mal nur Sex mit dem angetrauten Partner. Heiraten können Sie aber erst nach der Konvertierung, und dann natürlich nur einen Juden. Daher ist Abstinenz angesagt. Das ist vor allem schwer, wenn Sie für Ihren jüdischen Partner konvertieren. Treten Sie zusammen mit Ihrem Ehepartner über, dann mag das anders sein, fragen Sie Ihren Rabbiner.

Was?? Ich soll meinen Rabbiner fragen, ob ich Sex haben darf? Ich soll mit ihm über Sex diskutieren?

Es wird Sie vielleicht überraschen: Rabbiner wissen mehr über das Sexualleben ihrer Gemeinde als jeder andere Mensch auf der Welt, und das liegt auch an den Familienreinheitsgesetzen. Ihr Umgang mit dem Thema ist darum erfrischend entspannt.

Als ich meinen Termin beim Beit Din hatte, der der vorletzte vor dem Übertritt sein sollte, kam danach Rabbiner Aba Dunner זצ"ל zu mir und umarmte mich. Er war begeistert von der Sitzung und sagte mir im Vertrauen: »Sie müssen noch die Familienreinheitsgesetze lernen! Sie wissen ja, etwa zwei Wochen im Monat dürfen wir nicht, und danach ist das wie einmal im Monat Honeymoon!«

Ich war erst mal baff. Ein gestandener, ehrwürdiger älterer Herr, ein hoch angesehener Rabbiner, der mir kurz vorher noch seine Frau vorgestellt hatte, redet offen über die Freuden des Sex. In dem kurzen Satz hat er eigentlich alle wichtigen Halachot (Gesetze) zur Reinheit der Familie zusammengefasst: Während der Menstruation und sieben Tage danach ist Sex tabu. Danach ist es eine Mizva und eine Freude.

Die Tabu-Zeit nennt man nida, was unglücklich mit »unrein« übersetzt wird. Wortspiele wie »Meine Frau ist nida, wenn ich sie brauche« sind nicht erlaubt.

Die Frau wartet also das Ende der Periode ab und prüft den Blutfluss mit einem speziellen Teststreifen aus Stoff. Je nach Farbe, Größe und Form eventueller Blutstropfen kann sie beurteilen, ob sie anfangen kann, die verbleibenden sieben Tage zu zählen, oder ob sie noch warten muss. Wenn sie sich unsicher ist, bringt sie den Streifen eben ganz selbstverständlich zum Rabbiner.

Nur keine Sorge, das lernen Sie, wenn Sie eine Frau sind, nach der Konvertierung und vor der Hochzeit im Detail von Ihrer Hochzeitslehrerin. Auch der Mann genießt diesen Unterricht und wird spätestens dann im Detail über den Fortpflanzungsmechanismus des Menschen aufgeklärt.

Mein Unterricht war sehr interessant. Zusammenfassend habe ich gelernt: Es ist so ziemlich alles erlaubt, sofern die Frau nicht nida, das Licht indirekt ist, es nicht auf dem Fußboden stattfindet, der Mann sich nicht das Zentralorgan seiner Partnerin dabei ansieht und kein Samen danebengeht, das Finale also am »richtigen« Ort passiert. Wichtig ist: Es muss vor allem der Frau gefallen. Und glauben Sie mir, es war ein besonderes Erlebnis, mit einem mir relativ fremden Rabbi über Details meines zukünftigen Sexlebens zu sprechen.

Für Schüler ganz ohne Vorkenntnisse muss das ein noch beschämenderes Erlebnis sein.

Dass der Samen nicht danebengehen darf, haben wir Onan, dem Sohn des Judah aus dem Ersten Buch Mose zu verdanken. Er weigerte sich, seine Schwagerpflichten an der Frau seines verstorbenen Bruders Er zu vollziehen, da er sich um sein zukünftiges Erbe gebracht sah. Seinen Namen lieh Onan einer Praxis, der er selbst gar nicht bezichtigt wurde. Was er Schlimmes tat, wird heute Coitus Interruptus genannt. Das daraus abgeleitete Verbot erschließt sich aber auf alle Praktiken, bei denen Samen verschüttet wird, es betrifft also eigentlich nur Männer.

Liebe Frauen, auch das wird Ihnen gefallen: Recht auf Sex gibt es in der jüdischen Ehe nur für die Frau. Wie viel Recht darauf eine Frau hat, hängt vom Beruf des Mannes ab. Die Bandbreite reicht von sieben Mal in der Woche bei einem arbeitslosen Mann bis zu zwei Mal im Jahr bei einem Seefahrer. Der Mann hat überhaupt kein Recht auf Sex.

Sexuelle Gewalt in der Ehe ist trotz dieser entspannten Regelung auch bei Juden leider nicht unbekannt, aber zumindest in religiösen Familien hat die Frau eine starke Waffe zur Hand: Sie darf nida, also Blutungen vorgeben, um den Mann von ihr fernzuhalten. Traurigerweise haben manche Männer ein größeres Problem damit, ihre Ehefrau zu berühren, während sie nida ist, als sie zu vergewaltigen.

Ist die nida-Zeit vorbei, geht die Frau in die Mikve. Da im Judentum die Tage immer abends beginnen, wird dieses Bad auch abends genommen. Vor dem Eingang der Mikve sind Männer unerwünscht. Es geht sie nichts an, welchen nida-Status Frauen anderer Männer haben. Da üblicherweise nach dem Mikvebesuch das Paar zu Hause nach langer Abstinenz intim wird, kann einem Mann beim Anblick einer schönen Frau, die gerade das Bad verlässt, schon mal die Fantasie durchgehen.

Es gibt also jeden Monat ein festes Datum, an dem der Sex wieder erlaubt ist, und die Vorfreude darauf ist das, was Rabbi Aba Dunner זצ״ל wohl mit »Honeymoon« umschrieben hat.

Noch etwas nicht ganz Unwesentliches gilt es zu bedenken: die, zumindest in Deutschland, stark eingeschränkte Partnerwahl und bei Männern die Beschneidung.

Ich habe Leute reden hören, der Unterschied beim Geschlechtsverkehr für einen Mann zwischen unbeschnitten und beschnitten ist wie der zwischen Farb- und Schwarz-Weiß-Fernsehen. Es ist nicht verwunderlich, dass solche »Argumente« von Beschneidungsgegnern vorgebracht werden. Ich kann Ihnen aus eigener Erfahrung verraten: Das ist absoluter Quatsch. Quatsch ist übrigens auch das Gerücht, orthodoxe Juden würden Sex durch ein Laken mit Loch in der Mitte haben. Sie können Ihren Partner also auch in Zukunft mit allen Sinnen erfahren.

»Aber David, lass doch die Finger von der Sandra, die ist doch keine von uns!«
»Ich weiß doch, Moische, aber sie ist so schön und hat einen unglaublichen Schicksappeal!«
(Auf Jiddisch ist eine »Schickse« ein nichtjüdisches Mädchen.)

Ob das eine Motivation sein kann für einen Übertritt? Wohl kaum.

Eine Demotivation kann es sein, wenn Sie homosexuell sind. Denn das ist auch im Judentum verboten. Oder wenn Monogamie nicht so ganz Ihr Ding ist, denn Treue zu G'tt geht nicht ohne Treue zum Partner.

Dating

Warum gibt es ein eigenes Kapitel über Dating? Hätte das nicht gut zum Thema Sexualität gepasst? In Deutschland bedeutet Dating oft, dass man sich entweder zufällig oder auch durch Freunde vermittelt auf neutralem Boden, etwa in einer Bar, trifft und man dann irgendwann im Laufe des Abends die Frage »Zu mir oder zu dir?« klärt. Manchmal stellt sich die Frage auch erst beim zweiten oder dritten Date, aber sie kommt in der Regel irgendwann, wenn man nicht vorher das Interesse aneinander verloren hat.

Danach überlegt man, ob der Sex gut genug war, um ihn zu wiederholen, und wenn ja, ob man vielleicht erst mal zusammen sein soll, so als fester Freund und Freundin. Wenn nicht, freut man sich über die Nacht oder die Nächte, die man zusammen verbracht hat. Über Kinder und Heiraten spricht man frühestens nach einem Jahr, und oft erst dann, wenn man schon zusammenwohnt.

Ob ein Date erfolgreich war oder nicht, weiß man meist schon am Abend selbst, denn Sex allein gilt schon als ein Erfolg. So gesehen: Ja, das Thema Dating würde perfekt in das Kapitel Sexualität passen. Natürlich zeichne ich ein überspitztes Bild. Es gibt auch in Deutschland einen neuen Trend hin zum frühen Heiraten und eine Rückbesinnung auf konservative Werte in der Beziehung zwischen Mann und Frau. In meiner Jugend galt Heiraten noch als rückständig, auch wenn der 68er-Spruch »Wer zwei Mal mit derselben pennt, gehört schon zum Establishment«, den meisten doch deutlich zu weit ging. Treue war wichtig, immerhin.

Ich selbst wollte als Teenager nie heiraten, zu viele schlechte Beispiele an gescheiterten Ehen gab es in meinem Umfeld.

Jüdisches Dating geht anders. Selbst bei säkularen Juden hat Dating meist einen anderen Zweck als bei Nichtjuden. Ich will nicht ausschließen, dass es nicht auch Juden gibt, die nach obigem Prinzip auf die Pirsch gehen. Tel Aviv ist dafür berühmt und berüchtigt, dass es zahlreiche wechselnde sexuelle Kontakte zwischen Einwohnern und auch Besuchern der Stadt gibt. Aber: Es gibt dennoch kulturelle Unterschiede.

Ich selbst habe in der Zeit vor meiner Religiosität auch gerne geflirtet und hatte eine Menge Dates. Aber die waren nach obiger Definition erstaunlich selten erfolgreich. Rückblickend lag das wohl daran, dass ich jede Frau, die ich wirklich spannend fand, schon beim ersten Date gefragt habe, wie viele Kinder sie mal haben will. Unkomplizierter Sex war danach nicht mehr möglich. Habe ich das mal nicht gefragt, dann ergab sich meist mehr. Offenbar war mein Weg zur Religion damals schon vorgezeichnet. Diese Frage ist bei einem klassischen jüdischen ersten Date nämlich völlig normal. Und das ist meistens arrangiert.

Verkuppeln ist jüdischer Volkssport. Eine Verkupplung heißt auf Jiddisch und Hebräisch Schidduch. Es gibt Schidduch-Parties, wo nur jüdische Singles eingeladen werden. Wer einen erfolgreichen Schidduch vermittelt, also ein Schadchan ist, hat eine große Mitzwa, also eine große religiöse Pflicht erfüllt.

> Schadchan: »Moischele, wenn ein Mädchen reich, schön, aus guter Familie ist und gut kochen kann, dann muss sie ja meschugge sein, wenn sie sich in dich verliebt!«
> Moische: »Ein bisschen meschugge soll sie ruhig sein.«

Früher waren professionelle Schadchanim, also Kuppler oder Ehestifter, üblicher als heute.

In diesen Markt drängen heute Websites für jüdische Singles wie etwa jdate.com und andere. Aber es gibt sie noch. Und sie prüfen nicht nur, ob die Partner zusammenpassen würden, sondern auch, ob deren Familien kompatibel sind.

Manche sagen, man wird in die höchsten Zirkel des Himmels aufgenommen, wenn man drei erfolgreiche Schidduchim eingefädelt hat. Auf jeden Fall hat man dazu beigetragen, dass die aus der Beziehung entstehenden Kinder geboren werden, und das ist an sich schon für einen Juden Belohnung genug.

Kein Wunder also, dass Juden große Kuppler sind, egal ob religiös oder nicht. Bei den Haredim, den Ultraorthodoxen, sind es meist die Eltern, die für ihre Kinder Schidduchim arrangieren oder einen professionellen Schadchan engagieren. Ansonsten sind es Freunde, Bekannte und auch mal die Kassiererin im Supermarkt, die zwei ihrer Kunden verkuppelt. Teilweise wird sich darüber ausgetauscht, ob man jemanden kennt, der jemanden kennt, um ihn an jemanden zu vermitteln, den jemand kennt, den man kennt. Als ich meine Konvertierung abgeschlossen hatte, dauerte es nur wenige Stunden, bis mir der erste Schidduch angeboten wurde.

Im Januar 2010 bin ich im Rahmen des Rückkehrgesetzes nach Israel eingewandert. Man nennt das »Aliyah machen«, also einen Aufstieg in die Heimat. Die Jewish Agency zahlte mir wie jedem Neueinwanderer ein Flugticket inklusive Übergepäck. Am Flughafen empfing mich noch vor der Passkontrolle einer ihrer Mitarbeiter, überreichte mir mein erstes israelisches Ausweisdokument und etwas Bargeld und stellte mir ein Taxi zur Verfügung, das mich zu einem Ziel meiner Wahl in Israel brachte.

Meine Schwester begleitete mich auf diesem Weg in mein neues Leben, verbrachte ein paar Tage in Israel und flog dann wieder zurück. Sie war, genau wie ich, beeindruckt von dem ganzen Prozedere, auch wenn es viel Zeit kostete und wir erschöpft waren von der langen Reise. Enden sollte sie in Jerusalem. Ich hatte von Deutschland aus ein Zimmer in einer WG gemietet, und meine neuen Mitbewohner erwarteten mich schon. Der Taxifahrer, der uns dorthin brachte, ahnte, dass ich Single war, da ich ja meine Schwester dabeihatte.

Mein Hebräisch war damals schon gut genug, um mit ihm zu plaudern. Er fragte mich also, was ich so mache, und beschloss nach einer viel zu kurzen Weile, eine ihm über zwei Ecken bekannte Studentin an der Hebräischen Universität in Jerusalem würde perfekt zu mir passen. Er fragte mich, ob ich ihre Telefonnummer haben wolle. Ich kam gerade in meiner neuen Heimat an und hatte eigentlich anderes im Sinn und lehnte dankend ab.

Meine Schwester spricht kein Hebräisch, und aus dem ganzen Gespräch verstand sie nur das Wort Telefon. Also fragte sie mich, in Jerusalem angekommen, ob der Fahrer mir ein Mobiltelefon verkaufen wollte. Ich sagte: »Nein, eine Frau.«

Ich hatte dann doch noch ein arrangiertes Date mit einer zugegebenermaßen wunderschönen Frau. Es wurde noch in Deutschland eingefädelt durch eine Frau in der Hamburger Gemeinde. Ich fuhr also aus Pflichtgefühl und auch von Neugierde getrieben mit dem Bus in ein Einkaufszentrum in Beit Schemesch, eine Stadt auf halbem Weg von Jerusalem nach Tel Aviv. Wir waren in einem kleinen, hässlichen Café verabredet.

Das Gespräch verlief etwa so: Wie religiös bist du? Welchen Beruf hast du? Wie viele Kinder willst du? Wo willst du leben? Aus was für einer Familie stammst du? Wollen wir uns wiedersehen?

Ihr haben meine Fragen und Antworten gefallen, und sie wollte mich noch mal treffen und kam mich sogar in Jerusalem besuchen. Ich habe aber damals schon meine jetzige Frau gedatet, und so habe ich der anderen abgesagt.

Danach habe ich nie wieder von ihr gehört. Ich hoffe, sie hat einen guten Mann gefunden.

> »Mama, der scheine Moischele, den ich gestern kennengelernt habe, will mich wiedersehen! Er will mich heute Mittag beim alten Lindenbaum am Marktplatz treffen. Mein Herz klopft!« »Aber warum, Bubale Sarah? Wenn ihr euch schon kennt, warum soll sich der alte Schadchan Herr Lindenbaum einmischen und Provision verlangen?«

Paralleles Daten ist durchaus normal. Was nach den ersten Dates passiert, hängt sehr von der Religiosität beider ab. Die Bandbreite reicht von einer direkten Vereinbarung einer Hochzeit, was sehr selten der Fall ist, über ein paar Monate zwangloses Daten, also häufiges Treffen und Reden über Zukunftspläne und persönliche Vorlieben und Schrulligkeiten, bis hin zu einem sogenannten Tfillin-Date. Letzteres passiert in religiösen Kreisen eher selten, und wenn, lässt es jedem Rabbi die Haare zu Berge stehen.

Es ist ein Date, zu dem der Mann seine Tfillin, also seine Gebetsriemen mitbringt, damit er sie zum Morgengebet anlegen kann. Oder die Frau bleibt beim Mann, bis er seine Tfillin morgens anlegt. Sie verstehen bestimmt, was ich meine. Falls nicht, denken Sie an Tel Aviv.

Ein Freund von mir in Jerusalem hat einen erfolgreichen Schidduch arrangiert. Als die beiden Kandidaten schon ein paar Wochen gedatet hatten, beide waren Anfang zwanzig, trafen wir sie zufällig auf der Straße. Nachdem wir uns von ihnen verabschiedet hatten, sagte mein Freund: »Sieht gut aus, oder? Hoffentlich heiraten die beiden!«

Der Freund ist religiös, ja, aber er war vor seiner Hochzeit eher ein Kandidat für Tfillin-Dates. Daher war ich ein wenig überrascht über seine Hoffnung, dass die beiden demnächst heiraten. Obwohl, wenn ich länger darüber nachdenke, war ich wohl eher überrascht, weil es unter Deutschen nicht üblich ist, einem jungen Paar zu wünschen, dass es die Liebe ihres Lebens gefunden hat. Man hofft, dass sie eine schöne Zeit miteinander haben und sich nicht gegenseitig wehtun.

Ehe oder nicht, das ist doch nebensächlich, oder? Und so jung heiraten ist doch dumm! Im deutschen Grundgesetz heißt es zwar »Ehe und Familie stehen unter besonderem Schutze der staatlichen Ordnung«, in der deutschen Wirklichkeit werden sie jedoch oft als altbacken und rückständig empfunden. Und hier und jetzt auf den Straßen Jerusalems war Ehe und Familie auf einmal so überraschend selbstverständlich. Die beiden haben übrigens kurz darauf geheiratet. Masel tov!

Im Judentum hat die Beziehung zwischen Mann und Frau das konkrete Ziel, zu heiraten, eine Familie zu gründen und Kinder zu bekommen. Diesen Kindern wird ganz selbstverständlich von Anfang an der Segen mitgegeben, zu Torah und Ehe aufzuwachsen, etwa bei der Beschneidung, bei der Bar und Bat Mitzva oder bei anderen geeigneten Anlässen. Wenn Sie konvertieren, um danach als jüdischer Single das Gemeindeleben in Ihrer Heimatstadt zu bereichern, haben Sie den Sinn des Lebens nach jüdischem Verständnis noch nicht begriffen.

Haben Sie jedoch den Wunsch, eine Familie zu gründen, sind aber eher schüchtern und haben Schwierigkeiten, einen Vertreter des anderen Geschlechtes anzusprechen, dann kann Jude zu werden sehr hilfreich für Sie sein. Bei einem Schidduch wird einem diese erste Hürde genommen.

Die Kehrseite der Medaille ist, dass diese ständigen Versuche Ihrer Umwelt, Sie zu verkuppeln, ziemlich nervig sein können. Ihre einzige Fluchtmöglichkeit: so bald wie möglich heiraten.

Meine Frau und ich haben uns ganz ohne Schidduch kennengelernt. Aber auch wir haben nur relativ kurz gedatet und dann schnell geheiratet und nach gut einem Jahr unseren ersten Sohn bekommen. Ich könnte nicht glücklicher sein.

Und ich werde nicht mehr ständig gefragt, ob ich einen Schidduch brauche. G'tt sei Dank!

Die jüdische Woche und Schabbat

Die jüdische Woche beginnt am Sonntag und endet am Samstag. In Israel ist der Sonntag daher ein normaler Arbeitstag, und das Wochenende beginnt bereits am Donnerstagabend.

Nicht nur die Arbeitstage liegen also anders, als Sie es gewohnt sind, auch die Stunden ändern sich. Ein Tag beginnt nicht wie sonst üblich um Mitternacht, sondern mit Sonnenuntergang. Wir lernen das aus der Torah im ersten Kapitel. Da steht im fünften Satz: »Und es war Abend, und es war Morgen, der Erste Tag.« Schabbat beginnt daher schon Freitagabend und endet Samstagabend.

Auch in der deutschen Tradition spiegelt sich das wider. Samstag ist nur ein halber Arbeitstag, der Abend gehört schon zum Sonntag. Dass Geschäfte in den meisten Städten Deutschlands auch samstags bis in den späten Abend geöffnet haben dürfen, ist eine relativ neue Entwicklung. Eine, über die wir Juden wirklich nicht unglücklich sind, kann doch die meiste Zeit des Jahres nach Schabbat am Samstagabend noch schnell eingekauft werden. Nur im Sommer schließen die Läden schon vor Sonnenuntergang.

Im Hebräischen haben die Wochentage keine Eigennamen. Sie heißen wörtlich übersetzt einfach »erster Tag«, »zweiter Tag« und so weiter bis zum »sechsten Tag«. Nur der siebte Tag, der Samstag, hat einen Namen: Schabbat. Ähnlich wie im Deutschen, wo man zu Samstag auch Sonnabend sagt, nennt man den »sechsten Tag« auch »Erev Schabbat«, also Schabbatabend. Man wünscht sich daher ab Donnerstagabend gegenseitig einen

»Schabbat Schalom«, was so viel heißt wie »Schönes Wochenende«. Samstagabend und sonntags wünscht man sich jedoch eine »gut' Woch'«.

Wenn man das zu sehr verinnerlicht hat, reagiert man irgendwann irritiert auf das »Schöne Wochenende« der Kassiererin im Supermarkt am Samstagabend beim Shoppen nach Schabbatende.

Die Woche gibt uns also eine Struktur, und sie dauert sieben Tage. Warum nicht zehn? Oder zwölf? Oder fünf? Alles Zahlen, mit denen einfacher zu rechnen ist. Warum nur nutzen wir für die Tage der Woche ausgerechnet eine Primzahl?

Monate im jüdischen Kalender dauern eine Mondphase, Jahre eine Sonnenumrundung und Tage eine Erddrehung, nur die Woche hat eine scheinbar willkürliche Länge.

Die Torah im Ersten Buch Mose ist die erste überlieferte Quelle für die Sieben-Tage-Woche. Sie hat mit dem Konzept der Arbeitswoche Menschen auf allen Kontinenten dieser Erde einen Ruhetag geschenkt. Für viele ist das bereits ein G'ttesbeweis. Denn hätte ein Mensch sich die Woche ausgedacht, hätte er eher jedem Finger seiner Hand einen Tag gewidmet. Auf die Zahl Sieben kommt nur jemand mit einem anderen Horizont als ein Mensch.

Also: Unter der Woche sollst du arbeiten, und am Schabbat sollst du ruhen, sagt die Torah. Wer unter der Woche als jüdischer Dandy durch die Welt spaziert und nichts Produktives tut, verdient sich seinen Schabbat nicht redlich. Doch dieser Verdienst ist für einen Anfänger zuallererst eine große Belastung und Einschränkung. Werde ich nach Schabbat und seinen Regeln gefragt, ist die erste Frage immer danach, was ich alles nicht darf. Ein wenig Mitleid, Unverständnis und Reiz am Fremdschämen stecken hinter der Frage. Die Vorstellung, dass man am Schabbat nicht nur kein Auto fahren darf, sondern auch nicht telefonieren, mit Freunden ins Kino oder Theater gehen kann, es zwar nicht unmöglich, aber doch sehr schwierig ist, eine Bar oder ein Café zu besuchen, und man nicht mal Klopapier reißen soll, ist für Menschen, die Schabbat noch nicht erlebt haben, im besten Fall belustigend.

Unfreiwillig lustig war ein Schabbat auch mal mit meinen Hamburger Nachbarn. Ich kam an einem Freitagabend nach der Schabbatmahlzeit bei Freunden nach Hause und hatte meinen Schlüssel nicht dabei, weil ich ihn jemandem gegeben hatte, der bei mir übernachtete und der wider Erwarten nicht zu Hause war. Anrufen ging nicht. Ich kam also nicht in meine Wohnung.

Direkt nebenan war ein türkisches Restaurant. Es hieß »Mangal«, was sowohl auf Türkisch als auch auf Hebräisch »Grill« heißt.

Mit der Betreiberfamilie verstand ich mich sehr gut, und der Nachbarschaftsstammtisch war eine kleine, eingeschworene Gemeinde, der auch ich angehörte. Diese Menschen haben meine Konvertierung miterlebt und auch erlitten. An diesem Abend kamen sie endlich voll auf ihre Kosten. Ich setzte mich also nach erfolglosem Klopfen an die Scheibe meiner Erdgeschosswohnung – Klingeln funktioniert elektrisch und ist daher verboten – zu ihnen ins Restaurant, wurde mangels der Möglichkeit, am Schabbat Geld zu benutzen oder anzuschreiben, zum Bier eingeladen und musste meine missliche Lage erklären.

Man darf an Schabbat auch nicht jemanden darum bitten, etwas für einen zu tun, was man selbst nicht darf.

Hilfe und auch ein Bier darf man aber unter Umständen schon annehmen. Daher veranstalteten meine Nachbarn ein Ratespiel: Wo mein Schlüssel ist, wen sie anrufen sollen, welche Nummer er hat und so weiter. Mit jedem Bier wurde das Spiel lustiger. Irgendwann hatten sie die Nummer raus, als die Person aber nicht ans Telefon ging, fingen sie an, meine Tür mit Schraubendrehern zu bearbeiten. Die arme Tür ging davon nicht auf. Im letzten Moment wurde sie vor einer unwiderruflichen Beschädigung erlöst, denn mein Besuch tauchte doch noch auf. Sein Handy hatte er versehentlich auf lautlos gestellt.

Diese Geschichte erzählen meine Nachbarn sich bis heute, und sie haben an dem einen Abend mehr über den jüdischen Schabbat gelernt als viele, die schlaue Bücher darüber lesen. Schabbat ist etwas, das man erleben muss, um es kennenzulernen. In der Theorie klingen die ganzen Regeln und Verbote nach der ultimativen Spaßbremse, gelebt ist es das größte Geschenk. Und das ist nicht trotz der Verbote so, sondern genau ihretwegen.

Wer nicht telefonieren darf, der muss das eben auch nicht und ist für Chef, Kollegen und Schwiegereltern einfach nicht erreichbar. Wer seinen Computer nicht anschalten darf, der muss auch das nicht tun, und keiner erwartet, dass E-Mails beantwortet werden.

Wer nicht kochen darf, der bereitet das Essen am Vortag zu, alle essen gemeinsam, und keiner steht allein in der Küche.

Und Tscholent, der jüdische Fleischeintopf, der traditionell am Samstagmittag gegessen wird, schmeckt nur dann richtig gut, wenn er lange auf der Warmhalteplatte gezogen hat.

Wer kein Fernsehen schauen darf, der wird sich einen anderen Zeitvertreib suchen, seine Freunde, Familie und Mitmenschen neu entdecken und sich mit ihnen unterhalten, statt sich von einer Glotze unterhalten zu lassen.

Wer nicht über Arbeit und Geschäft reden darf, der findet Themen, die für alle spannend sind.

Wer kein Auto fahren darf, der wird feststellen, wie viel man in seiner Heimatstadt zu Fuß erreichen und wie schön ein Spaziergang an einem Samstagnachmittag sein kann.

Ich bin in Hamburg oft am Schabbat mit Freunden oder Gästen bis auf die andere Seite der Elbe gewandert. Der Alte Elbtunnel ist auch ohne Fahrstuhl und zu Fuß zu durchqueren und daher Schabbat-tauglich.

Wenn Sie sich jetzt fragen, was ein Fahrstuhl in einem Tunnel zu suchen hat, dann verbringen Sie mal einen Schabbat in Hamburg, und spazieren Sie zum Alten Elbtunnel, es lohnt sich.

Diese Eliyah-Elbtunnel-Spaziergänge waren schon fast eine Institution in Hamburg, und mein Lehrer und Rabbi hat mich gerne und oft damit aufgezogen, aber er ist nie mitgekommen. Er weiß also nicht, was er verpasst hat.

Am Schabbat sollst du ruhen. Was »ruhen« bedeutet, beschreibt die Torah im Wochenabschnitt Schmot im Buch Exodus, dem Zweiten Buch Mose. Es ist nämlich mitnichten so, dass man am Schabbat keiner Arbeit nachgehen darf. Der Rabbi, der am Schabbat eine Predigt hält, macht das im Rahmen seiner Arbeit als Gemeinderabbiner. Ein jüdisches, koscheres Catering-Unternehmen darf an Schabbat Essen servieren und wieder abtragen, ein professioneller Kantor darf für Geld vorbeten und vieles mehr. Dazu kommen noch Berufe, die für die Sicherheit der Menschen wichtig sind, wie Arzt, Feuerwehr und Polizei, die man am Schabbat ausüben darf und sogar muss.

Verboten sind nur Arbeiten, die im Torah-Abschnitt Wajakhel im Buch Exodus genannt werden oder die sich davon direkt ableiten lassen. Dort werden alle Arbeiten beschrieben, die zum Bau des Stiftszelts, des transportablen Heiligtums in der Wüste nötig waren. Insgesamt sind das neununddreißig verschiedene Dinge wie Kochen, Abmessen, Sortieren, Sieben, Geschäfte machen, Feuer zünden und Feuer löschen. Eine Tätigkeit, die sich nicht von diesen neununddreißig ableiten lässt, ist erlaubt. Außerdem ist eben wie gesagt alles erlaubt und sogar zwingend, was Menschenleben rettet, sowohl direkt als auch vorbeugend.

Das Konzept dahinter heißt »Pikuach Nefesch«, zu Deutsch »Seelenbewachung«.

Ein Arzt, der am Schabbat Bereitschaftsdienst hat, hat sein Handy dabei. Wenn es in der Synagoge klingelt, nimmt er das Gespräch an und geht raus. Jeder andere hätte schon allein durch das Mitführen des Telefons Schabbat gebrochen, der Arzt nicht.

Auch dann nicht, wenn sich herausstellt, dass es ein falscher Alarm war.

Auch Sie dürfen am Schabbat zum Telefon greifen, zum Beispiel, wenn Sie einen Arzt rufen müssen. Mein Sohn war noch ein Baby, als er an einem Schabbat gehustet und geweint und geschrien hat wie sonst nie. Natürlich habe ich einen Arzt angerufen, meine Kreditkartennummer angegeben, den Einsatz bezahlt und bin ans Telefon gegangen, als die Notärztin den Eingang nicht sofort gefunden hat. Es war ein komisches Gefühl, alle diese Dinge zu tun. Doch hätte ich sie nicht getan, hätte ich vielleicht meinen Sohn in Gefahr gebracht und somit Schabbat gebrochen.

Menschenleben gehen im Judentum immer vor. Jedes Gebot ist nichtig, wenn es Menschenleben gefährdet. Bevor man verhungert, isst man Schweinefleisch, und bevor man am Schabbat stirbt, ruft man einen Krankenwagen.

Die Notärztin war ein wenig genervt, denn es war nichts Ernstes. Mein Sohn hatte nur eine Hustenattacke, und ein kurzes Gespräch am Telefon hätte wohl gereicht, um die Situation zu klären. Beim ersten Kind ist man eben besonders vorsichtig. Und auch das erlaubt einem Pikuach Nefesch.

Wir haben an fast jedem Schabbat Gäste bei uns, oder wir sind eingeladen. Wir reden viel, lachen, essen und trinken und halten am Nachmittag oft einen ausgedehnten Schabbesschluff. Samstagabend verabschiedet man den Schabbat mit der Hawdalah. Zu diesem schönen Ritual gehören Wein, eine geflochtene Kerze und wohlriechende Gewürze, und traditionell gibt die Frau des Hauses zum Abschluss einen persönlichen Segen für die Woche. Sie wünscht gutes Gelingen für alles, was die Woche bringt, und man bereitet sich so emotional auf die Arbeit, das Studium oder was auch immer ansteht, vor.

Wenn das Wochenende vorbei ist, bin ich ausgeruht und dank dieses Segens voller Tatendrang. Früher brauchte ich nach dem Wochenende zwei Tage, um mich von Partys, Wochenendtrips mit Stunden im Stau auf der Autobahn und anderen Freizeitaktivitäten zu erholen, und der Montagmorgen war meistens ein verlorener Morgen.

Zugegeben, für einen Anfänger ist Schabbat zu halten hauptsächlich Stress und wirklich schwer. Ich brauchte eine ganze Weile, bis ich Schabbat genießen konnte und hatte lange furchtbare Albträume, in denen ich Lichtschalter drücke, Auto fahre, Geldstücke in der Hosentasche finde, Handys benutze und andere noch grässlichere Verbrechen begehe.

Das Schöne an dieser Lernerfahrung aber ist, seine eigenen Gewohnheiten zu erkennen. Sogar den Lichtschalter vom Bad zu betätigen oder eben nicht wird plötzlich zum Erlebnis. Mit solchen Einschränkungen zu leben eröffnet neue Sichtweisen auf den Alltag: Dunkle Treppenhäuser werden zum Abenteuer, Fußgängerampeln mit Knopf zur Geduldsprobe, versehentlich gedrückte Schalter zur Herausforderung.

Ich hörte eine Geschichte: Jemand hat sich Freitagabend am Schabbattisch zu weit zurückgelehnt, ist gegen die unglücklich platzierte Stereoanlage gekommen und hat sie versehentlich auf volle Lautstärke eingeschaltet. Wieder ausschalten ging nicht, da man an Schabbat keine elektrischen Schalter betätigen darf. Die Musik lief über zwanzig Stunden lang, und es gab gehörig Stress mit den Nachbarn. An Schlaf war an diesem Schabbat nicht zu denken.

Dieser wöchentliche Bruch mit allen eingeschliffenen Gewohnheiten hält frisch und sorgt für immer neue Überraschungen. Wenn es Ihnen also am Anfang schwerfällt, halten Sie durch, es lohnt sich.

Schabbat ist ein Familienfest. Auch viele nichtreligiöse Juden verbringen Schabbat sooft es geht mit ihren Familien. Einer Ehe tut das besonders gut: Wenn Mann und Frau jede Woche Zeit füreinander haben, dann erübrigen sich die meisten Paartherapien. Allerdings kann der Freitag vor Schabbat auch sehr viel Paarstress bedeuten. Selbst nach Jahren der Übung wird es bei uns am Freitag irgendwie immer knapp, egal wie früh oder spät der Schabbat nun beginnt. Wer war noch nicht unter der Dusche? Yalla!! Wir haben noch fünf Minuten bis zum Kerzenzünden, jetzt aber tschick tschack!!

Der Tag

Der Stand der Sonne bestimmt den jüdischen Tag. Drei Mal am Tag spricht man ein Gebet, das erste davon ist das Abendgebet Maariv, was in vielen Gemeinden mit kurzer Pause im Anschluss an das dritte und letzte Gebet des Vortages Mincha, das Nachmittagsgebet, gesagt wird.

> Levi und Cohn sind zu zweit in der Synagoge und wollen das Abendgebet beten. Zum Minjan fehlen aber noch acht Beter. Sagt Levi: »Du und ich sind zwei. Ich und Du sind noch mal zwei. Ich für mich und du für dich sind wieder zwei. Macht zusammen schon sechs. Wenn Du die Rechnung noch mal machst, sind wir zwölf und haben sogar zwei zu viel!« Cohn: »Wenn das so ist, können wir beide ja wieder gehen.«

Das zweite ist Schacharit und wird morgens zwischen Sonnenaufgang und Sonnenhöchststand gesprochen. Während Maariv und Mincha jeweils gut zehn Minuten in Anspruch nehmen, ist das Morgengebet ungleich länger. Alleine zu Hause, wenn man sich beeilt, braucht man mindestens fünfundzwanzig Minuten, und in der Synagoge muss man etwa vierzig Minuten oder mehr einplanen. Das liegt auch daran, dass man sich die Gebetsriemen anlegen muss.

Das sind zwei Lederriemen, einer für den schwächeren Arm, bei Rechtshändern ist das der linke, und einer für den Kopf. An den Riemen ist je ein ledernes Kästchen angebracht, in denen sich Pergamentrollen mit dem handgeschriebenen Schma-Gebet aus der Torah befindet. In dem Gebet wird uns das Anlegen von Tfillin und Zizit aufgetragen. Das Kästchen am Arm zeigt zum Herzen, und zusammen mit dem am Kopf erinnern uns die Tfillin daran, mit Herz und Verstand zu beten. Nach dem Gebet müssen sie wieder eingerollt und verpackt werden. Das alles kostet Zeit.

Montags und donnerstags dauert es noch mal bis zu zehn

Minuten länger, da an diesen Tagen die Torah aus dem Schrein geholt und der Anfang des kommenden Wochenabschnitts vorgelesen wird als eine Art Teaser für den nächsten Schabbat.

Aber mit drei Mal beten alleine ist es nicht getan. Es werden noch viele kleine Gebete und Segenssprüche gesagt, etwa vor und nach dem Essen, nach der Toilette und bei vielen anderen Dingen, die einem passieren. Es gibt sogar einen Segensspruch für die Begegnung mit einem besonders schönen Menschen. Den könnte man, laut genug gemurmelt, schon fast als Anmach-Spruch verwenden. Nur den für besonders hässliche Geschöpfe, den es auch gibt, flüstert man wohl lieber in sich hinein.

Nicht nur der Tag ist geprägt von Gebeten und Segenssprüchen, schon das morgendliche Aufstehen ist jüdisch. Man freut sich darüber, wieder aufgewacht zu sein, und bedankt sich dafür noch im Bett mit dem Gebet »Mode Ani«. Danach wäscht man sich die Hände. Wer besonders streng ist, stellt sich eine Waschschüssel und ein Wassergefäß neben das Bett. Wenn das nächste Waschbecken nur etwa drei Schritte vom Bettrand entfernt ist, reicht auch das. Anschließend erleichtert man sich auf der Toilette und wäscht sich erneut die Hände. Beim Anziehen achtet man darauf, dass man immer mit rechts beginnt, also erst das rechte Bein und dann das linke in die Hose steckt und ebenso die Arme ins Hemd. Bei den Schuhen ist es noch komplizierter: Man zieht erst den rechten Schuh an, dann den linken. Dann bindet man den linken und danach erst den rechten. Ausziehen geht in genau umgekehrter Reihenfolge. Der Talmud lehrt uns, dass wir immer mit rechts beginnen sollen, wenn es keinen triftigen Grund dafür gibt, mit links anzufangen. Dass wir den linken Schuh zuerst binden, erinnert uns daran, dass wir links auch die Tfillin, die Gebetsriemen, an den Arm binden.

Wer gerne sein Frühstück im Bett isst, den muss ich enttäuschen. Bevor man irgendeine Nahrung außer Wasser und ungesüßtem Tee zu sich nehmen darf, muss man wenigstens die

Morgenbrachot, also die Segenssprüche am Morgen sagen. Manche rabbinische Autoritäten meinen, die Morgenbrachot sind nicht ausreichend, und man muss erst das gesamte Morgengebet sprechen, bevor irgend etwas gegessen oder getrunken werden darf. Für eine Mahlzeit mit Brot muss man auf jeden Fall vorher gebetet haben. Da man das Gebet im Idealfall in der Synagoge spricht, geht man hungrig aus dem Haus und frühstückt auf dem Weg zur Arbeit.

Ich selbst sage daher manchmal noch zu Hause die Morgenbrachot, frühstücke mit meiner Familie und gehe dann erst in die Synagoge. Moment!, sagen Sie jetzt vielleicht. Was ist mit Ihrer Frau? Geht die auch morgens hungrig in die Synagoge? Die Antwort ist: Nein.

Wenn Sie eine Frau sind, dürfen Sie sich mal wieder freuen. Sie sind von allen zeitgebundenen Geboten weitestgehend befreit und können sich morgens sogar von Ihrem hungrigen Mann ein Frühstück ans Bett bringen lassen. Genauso müssen Jungs unter dreizehn Jahren nicht erst beten, bevor sie essen. Kinder morgens vor der Schule mit einem guten Frühstück zu versorgen wird also nicht durch die Weigerung des Juniors, sein Morgengebet zu sprechen, torpediert.

Es ist passiert, Sie haben verschlafen. Um acht Uhr morgens müssen Sie im Betrieb sein, und jetzt ist es schon sieben Uhr. Sie fallen vor Schreck aus dem Bett, genau in die Waschschüssel, und stehen da wie ein begossener Pudel. Der Weg zur Arbeit dauert vierzig Minuten. Anziehen und die Morgenhygiene sind auch nicht in unter zehn Minuten zu machen. In den übrigen zehn Minuten schaffen Sie kein Morgengebet mehr. Direkt um Viertel nach acht beginnt ein Meetingmarathon, bei dem Sie auf keinen Fall fehlen dürfen. Was machen Sie? Zuallererst nehmen Sie sich fest vor, morgen nicht wieder zu verschlafen, aber das hilft Ihnen heute nicht weiter. Dann sagen Sie die Morgenbrachot, dafür reicht die Zeit noch. So können Sie wenigstens unterwegs was Kleines frühstücken.

Jetzt haben Sie bis zum ungefähren Sonnenhöchststand, auch Chazois genannt, Zeit, das gesamte Morgengebet zu sprechen. Idealerweise sagt man es früher, aber idealerweise steht man auch rechtzeitig auf.

Da Sie während des Gebets Ihre Gebetsriemen und, wenn Sie Sepharde oder verheiratet sind, auch Ihren Gebetsschal tragen, sehen Sie für Ihre Umwelt äußerst komisch aus. In Fehlfarben-Superman-Umhang, mit braunen Kästchen auf dem Kopf und mit Lederriemen umwickeltem linken Oberarm langsam vor und zurück wippend, müssen Sie befürchten, eingewiesen zu werden.

In Amerika ist mal ein Flugzeug notgelandet, weil ein junger Fluggast in dieser Montur sein Gebet gesprochen hat und die Crew ihn darum für einen verrückten Terroristen hielt.

Eine Bruchlandung in der Personalabteilung wollen Sie aber nicht hinlegen, also opfern Sie Ihre Mittagspause für das Gebet und suchen sich einen stillen Raum in der Firma. Klären Sie Ihre Kollegen vorher sicherheitshalber auf, dass die Figur, die im Konferenzraum 3 offenbar eine Verkleidungsparty feiert und dabei mangels Gesellschaft Selbstgespräche führt, nicht vom Sicherheitsdienst hinausbegleitet werden muss.

Im Winter stellt sich ein noch ganz anderes Problem. Sie können so früh aufstehen, wie Sie wollen – bevor die Sonne nicht am Horizont als heller Streif zu sehen ist, dürfen Sie kein Morgengebet sprechen.

Im Norden müssen Sie da vielleicht schon längst auf der Arbeit oder zumindest auf dem Weg dorthin sein. Da sich der Sonnenhöchststand in allen Jahreszeiten von der Uhrzeit her nur durch die Umstellung auf Sommerzeit verändert, verkleinert sich durch den späten Sonnenaufgang das Fenster für das Morgengebet ungemein. Sie müssen also eine Lösung finden.

Das gilt auch für das Nachmittagsgebet Mincha: Es wird in der Zeit von etwa eine Stunde nach Chazois bis kurz vor Sonnenuntergang, hebräisch Schkia, gesprochen. Im Winter sind auch das nur wenige Stunden.

Immerhin brauchen Sie dafür keine Verkleidung, und es dauert, wenn man alleine betet und geübt ist, weniger als zehn Minuten.

Ich habe es schon oft in irgendwelchen Unterständen, während einer S-Bahn-Fahrt oder in der Firma irgendwo im Flur gesprochen. Im Sommer wiederum können Sie mit Mincha bis kurz vor dem Schlafengehen warten und haben eher das Problem, dass das Abendgebet erst nach Sonnenuntergang gesprochen werden darf.

Wer morgens um vier oder fünf schon auf der Matte stehen muss, schläft vor Sonnenuntergang vielleicht bereits tief und fest. Mir ist das G'tt sei Dank noch nie passiert. Sollte Ihnen das widerfahren, fragen Sie Ihren Rabbiner, was Sie tun können.

Generell darf man ein versäumtes Gebet nachholen, in dem man vom nächsten Gebet die Amida, also das zentrale Element des Gebets, wiederholt. Das ist jedoch nur erlaubt, wenn man aus Versehen und nicht fahrlässig ein Gebet verpasst. Planen darf man das nicht.

Ob ein auf Grund Ihrer Arbeitszeiten und der damit verbundenen Notwendigkeit, früh schlafen zu gehen, versäumtes Gebet als Versehen gilt, muss Ihr Rabbiner entscheiden.

Wenn man abends Klamotten und Schuhe wie bereits beschrieben wieder ausgezogen, das Wasser in die Waschschüssel nachgefüllt hat und gleich ins Bett fällt, sagt man noch das Schma-Gebet. Das sollten Sie auswendig lernen, da Gebetsbücher in Schlafzimmern nichts zu suchen haben.

Die moderne Technik hilft: Ein Smartphone mit elektronischem Gebetsbuch als App ist auch unter der Bettdecke benutzbar. Sollte Ihr Telefon auch Ihr Wecker sein, können Sie morgens beim Abschalten des Alarms gleich das Mode Ani daraus ablesen. Das verringert die Gefahr, nach dem Weckerklingeln wieder einzuschlafen und das Morgengebet zu verpassen.

Nur an Schabbat müssen Sie sich eine andere Lösung ausdenken, Smartphones sind dann tabu. Und liebe Frauen: Auch Sie sagen Mode Ani und Schma jeden Morgen und Abend. Falls Sie kein Smartphone besitzen, gibt es auch gedruckte Versionen der Gebete fürs Schlafzimmer ohne den ausgeschriebenen Namen G'ttes, den auch ich es aus Ehrfurcht vor Seinem Namen nicht ausschreibe, damit Sie dieses Buch im Bett lesen können.

Wenn Ihnen gerade der Schweiß kalt den Rücken runterläuft, kann ich Sie beruhigen: Während des Konvertierungsprozesses tragen Sie keine Gebetsriemen und keinen Gebetsschal. Sie dürfen unverkleidet beten. Man wird von Ihnen auch nicht vom ersten Tag an erwarten, täglich tatsächlich drei Mal zu beten. Vor meiner Konvertierung habe ich bis fast zum Schluss ab und an das Morgengebet ausfallen lassen, wenn morgens die Zeit knapp war. Seit ich Jude bin, habe ich es mir nie erlaubt und wirklich jeden Tag drei Mal gebetet. Bis spätestens dahin müssen Sie also einen Tagesablauf entwickelt haben, der zu jeder Jahreszeit die drei Gebete möglich macht.

Meine Arbeitsstelle hat mir eine ruhige Abstellkammer mit einem Stuhl und Tisch ausgestattet. Dort konnte mich kein Kunde überraschen, und ich störte niemanden mit meinem hebräischen Gemurmel. Zum Ärger einer Kollegin stand die Tür dieses Raumes regelmäßig offen. Sie hatte mich im Verdacht und klebte an die Tür ein per Übersetzungssoftware geschriebenes Schild, auf dem auf Hebräisch stand: »Bitte Tür schließen«. Es dauerte eine Weile, bis ich das Schild verstanden habe, da die Übersetzungssoftware mit viel Kreativität gearbeitet hatte.

Dieses ständige Beten klingt nach furchtbarem Stress. Ich muss zugeben, ab und zu streift mein entsetzter Blick den Horizont und sieht die Sonne untergehen. Dann suche ich krampfhaft nach einem ruhigen Ort, an dem ich noch rechtzeitig das Mincha-Gebet sprechen kann. Ich habe für eben solche Notfälle ein scheckkartengroßes Gebetbuch im Portemonnaie, das Mincha und Maariv enthält.

In Israel sieht man kurz vor Sonnenuntergang regelmäßig Menschen neben ihren am Straßenrand abgestellten Autos beten.

Stellt man abends vor dem Schlafengehen mit müden Augen fest, dass man das Abendgebet noch nicht gesprochen hat, kostet es manchmal echt Überwindung, den Siddur, das Gebetbuch, noch mal hervorzuholen. Der Vorteil dieser Gängelung jedoch ist der Zwang, sich selbst eine Struktur für den Tag zu geben. Auch im Urlaub vertut man nicht seine Tage und behält einen gesunden Rhythmus bei. Mir persönlich fehlte diese Struktur, und jetzt, wo ich sie habe, fällt mir meine Arbeit im Home-Office viel leichter. Die dafür nötige Selbstdisziplin gewöhnt man sich durch das tägliche Gebet an. Sollten Sie diese Disziplin schon haben, wird Ihnen das tägliche Gebet besonders leichtfallen.

Der nächste Vorteil ist die seelische Pause, die man sich drei Mal täglich gönnt. Drei Mal denkt man nicht an Arbeit, Stress, Termine oder Streit, sondern vertieft sich in sein Buch und Ritual. Seelisches Powernapping.

Sie sehen, der Alltag und die Woche werden von der Religion geprägt. Jude ist man nicht nebenbei. Und wenn Sie in dieser Umstellung nur eine Last und keinen Gewinn erkennen können, suchen Sie sich ein anderes Hobby. Jude ist man nicht nur mit Leib und Seele, sondern auch in allen Stunden und Minuten des Tages. Der feste Rahmen, den dieser jüdische Tag einem setzt, gibt Halt und Sicherheit. Und der Konvertierungsprozess erlaubt Ihnen, sich langsam und mit Freude in diesen Rahmen hineinzufinden.

Das jüdische Jahr

Die Erde beschreibt eine volle Umrundung um die Sonne, das nennen wir ein Jahr. Der Mond umkreist die Erde ein Mal, das ist ein Monat. Die Erde dreht sich ein Mal um ihre Achse, das ist ein Tag. Ein Tag hat 24 Stunden, eine Stunde 60 Minuten und eine Minute 60 Sekunden. Alles sehr einfach. Nur leider hat es der Schöpfer dieser wunderbaren Umdrehungen versäumt, diese Zeiteinheiten so zu gestalten, dass man sie zueinander ohne Rest in Beziehung setzen kann.

Ein Monat lässt sich nicht ohne Rest in Tage, ein Jahr nicht ohne Rest in Monate, nicht in Tage, ja nicht mal in Sekunden teilen. Der Mond-Monat hat 29,53 Tage, das Sonnenjahr 12,369 Monate oder 365,256 Tage. Im Jahr 2000 waren das 365 Tage, 5 Stunden, 48 Minuten und 45,19 Sekunden.

Die Erde nimmt sich aktuell jedes Jahr etwas mehr Zeit für eine Umrundung und lässt selbst dabei an Zuverlässigkeit vermissen. Und weil das nicht schon kompliziert genug ist, hat der Schöpfer uns noch eine Sieben-Tage-Woche geschenkt.

Der allgemein gültige Gregorianische Kalender, nach dem wir leben, löst diese Unstimmigkeiten radikal. Mondphasen werden komplett ignoriert, das Jahr wird willkürlich in zwölf unterschiedlich lange Monate unterteilt und der Jahresanfang auf den ersten Januar festgelegt. Den Februar hat diese Willkür am schwersten getroffen. Nicht nur ist er kürzer als alle anderen Monate, er muss alle vier Jahre einen Schalttag verkraften, damit das durchschnittliche Kalenderjahr sich dem Sonnenjahr angleicht.

Das durchschnittliche Gregorianische Jahr kommt auf 365 Tage, 5 Stunden, 49 Minuten und 12 Sekunden. Dank dieser Genauigkeit mit einer Abweichung von aktuell etwa nur 27 Sekunden, verdient sich der Gregorianische Kalender redlich die Einstufung als Sonnenkalender.

Nach so einem zu leben, ist vor allem für Bauern und Investmentbanker sinnvoll, passt also wunderbar in unsere Zeit.

Nomadisch lebende Völker, Jäger und Viehzüchter haben allerdings Probleme mit den willkürlichen Monaten im Sonnenkalender. Denn während Pflanzen und Aktienkurse sich nach dem Sonnenjahr entwickeln, orientieren sich Tiere an Mondphasen. Und auch für die Menschen sind die Monde wichtig, wie jede Frau an ihrem Zyklus ablesen kann. Daher gibt es auch Mondkalender. Diese richten sich allein nach den Mondphasen, und ein Jahr entspricht genau zwölf davon. Ein Beispiel dafür ist der islamische Kalender. Daher ist das islamische Jahr mit seinen 354 Tagen etwa elf Tage kürzer als das Sonnenjahr, und die islamischen Feiertage wandern durch das Gregorianische Kalenderjahr.

Der Fastenmonat Ramadan kann aufgrund dieser Verschiebungen in allen Jahreszeiten vorkommen.

Der jüdische Kalender ist ein kombinierter Sonnen-Mond-Kalender, Lunisolarkalender genannt. Wenn Ihnen schon der Kopf raucht ob der vielen Zahlen, machen Sie kurz Pause, denn jetzt wird es kompliziert.

Das jüdische Jahr hat genau wie der islamische Kalender zwölf Monate, die genau eine Mondphase lang sind: Nissan, Iyar, Siwan, Tamus, Av, Elul, Tischrei, Marcheschwan, Kislew, Tewet, Schwat und Adar. Es ist daher auch elf Tage kürzer als ein Sonnenjahr.

Jüdische Feiertage haben feste Daten im Kalender und sind an Jahreszeiten gebunden. Pessach zum Beispiel ist immer im Frühling. Diese beiden sich widersprechenden Konzepte unter einen Hut zu bringen hat der hebräische Kalender hinbekommen. In seiner jetzigen Form besteht er seit etwa 1000 Jahren und war zu seiner Zeit der exakteste Sonnenkalender der damals bekannten Welt.

Ein durchschnittliches Jahr dauert im hebräischen Kalender 365 Tage, 5 Stunden, 55 Minuten und 25,44 Sekunden.

Entschuldigen Sie die vielen Zahlen, aber das Spannende ist, dass dieser Kalender, der lange vor Galileo und der kopernikanischen Wende, die die Erde nicht als Mittelpunkt des Universums begreift, entwickelt wurde, weniger als sieben Minuten vom Sonnenjahr abweicht.

Wie macht er das? Um Monde und Sonnenjahre unter einen Hut zu bringen, kann man keine Schalttage einbauen, wie der Gregorianische Kalender es macht. Die Monatsanfänge werden durch den Neumond am Himmel definiert. Daher arbeitet der hebräische Kalender mit Schaltmonaten. In einem Zyklus von 19 Jahren, der sich mit nur einem sehr kleinen Rest in 235 Monate teilen lässt, müssen sieben Schaltjahre mit jeweils einem zusätzlichen Monat untergebracht werden. Daraus folgt, dass etwa jedes dritte Jahr einen 13. Monat hat. Dieser Monat wird im Frühling vor dem Monat Adar eingefügt, ungefähr dann, wenn der Gregorianische Monat Februar im Kalender steht. Immer wieder Februar, was hat er nur getan, um alle Astronomen gegen sich aufzubringen?

Dieser Schaltmonat bekommt keinen eigenen Namen, er wird einfach als der erste Adar bezeichnet. Der zweite Adar ist dann der eigentliche Monat Adar, in dem auch alle Feiertage gefeiert werden, die in den Adar fallen.

Wer im Adar geboren wurde, für den hält der Kalender durch diese Eigenheit einige Überraschungen bereit. Wer in einem normalen Jahr geboren wurde, hat ungefähr alle drei Jahre zwei Geburtstage zu feiern: einen Vorgeburtstag und einen richtigen Geburtstag. Wenn zwei Jungs in einem Schaltjahr geboren wurden, der eine beispielsweise am 25. Adar I und der andere zehn Tage später am 5. Adar II, dann feiert der Nachgeborene zwanzig Tage vor dem Zuerstgeborenen seinen 13. Geburtstag und damit seine Bar Mitzwa. Er wird also früher in den Bund der religiös Erwachsenen aufgenommen. Es sei denn, nach 13 Jahren ist wieder ein Schaltjahr, dann bleibt die Reihenfolge der Geburt gewahrt.

Da der Adar I immer 30 Tage und der Adar II immer 29 Tage hat – auch im Mondkalender lässt sich eine Mondphase nicht ohne Rest in Tage teilen –, feiert ein am 30. Adar I Geborener nur während der Schaltjahre Geburtstag. Das kennen Sie aber schon vom 29. Februar im Gregorianischen Kalender.

Warum einfach, wenn es auch kompliziert geht, sagen Sie sich jetzt vielleicht. Und nach diesem Motto legen wir auch den Jahresanfang fest. Es gibt davon nämlich drei:

Das erste Neujahr ist Rosch Haschanah am 1. und 2. Tischrei, dauert also zwei Tage. Im Monat Tischrei, der meist im September beginnt, wechselt das jüdische Jahr seinen Zähler. Wir zählen nicht wie andere Kalender ab Geburt eines Propheten, also nicht seit Moses oder Abraham, sondern ab Erschaffung der Welt.

Berechnet man die Lebenszeiten der biblischen Figuren bis Adam und Eva zurück, wurden die beiden 3761 Jahre vor unserer Zeitrechnung erschaffen. Das Buch in Ihren Händen erschien nach hebräischem Kalender erstmals im Jahre 5774.

Das zweite Neujahr ist der Monat Nissan, der zwei Mal in der Torah als »der erste der Monate« bezeichnet wird. Die Aufzählung der Monate fängt daher auch mit Nissan an. Da am Vollmond zu Nissan das Pessach-Fest gefeiert wird und ohne den Exodus aus Ägypten wir die Torah 50 Tage später nicht bekommen hätten, bedeutet dieser Monat auch aus dieser Sicht einen Beginn.

Der dritte Jahresbeginn, das Neujahr der Bäume am 15. Schwat zwischen Januar und Februar, auch Tu BiSchwat genannt, ist zwar mitten im Monat, also bei Vollmond, aber es ist ja nur als Neujahr für die Bäume gedacht.

Erst mit der Torah haben wir Rosch Haschanah als Feiertag bekommen und auch die Aufgabe, einen Kalender zu entwickeln. Der Kalender ist also eine menschliche Eigenentwicklung, und damit haben Menschen auch festgelegt, wann wir welche Feiertage feiern. Besonders deutlich wird das bei der Festlegung der Schaltjahre durch Gelehrte, also Rabbiner.

Nur einen Feiertag hat G'tt allein für uns entschieden: den Schabbat. Der wird seit Entstehung der Welt als jeder siebte Tag gezählt, egal, welcher Monat, welches Jahr, ob Schaltjahr oder nicht. Jetzt versteht man vielleicht noch besser, warum der Schabbat so wichtig für uns ist. Und darum ist es aus jüdischer Sicht so unglaublich erstaunlich, dass die Christen den Ruhetag mal so eben auf den Sonntag verschoben haben. Außer in Israel. Hier feiern die meisten christlichen Gemeinden ihren Ruhetag wie die Juden am Samstag. Sie wissen jetzt eine Menge über den jüdischen Kalender, nach dem wir unsere Feiertage, Fasttage, Geburtstage und Trauertage begehen. Vor allem wissen Sie, dass Sie ohne eine Tabelle nicht so einfach herausfinden können, wann welcher Feiertag begangen wird. Und wenn Sie jemand fragt: Wann feiert ihr eigentlich Neujahr?, haben Sie drei mögliche Termine als Antwort, die Sie alle drei ohne Tabelle nicht genau mit Datum benennen können. Diese vermeintlich einfache Frage nicht aus dem Stegreif beantworten zu können lässt Sie vielleicht unseriös erscheinen: Was ist das denn für ein Möchtegernjude, der nicht mal weiß, wann sein Neujahr ist?

Alternativ quälen Sie den Fragenden einfach mit den Zahlen, durch die Sie sich eben selbst durcharbeiten mussten. Jetzt wirken Sie ultraseriös und laufen so bald nicht wieder Gefahr, dass man Sie überhaupt noch etwas fragt. Ich hoffe allerdings, Ihre Aufmerksamkeitsspanne nicht überstrapaziert zu haben, denn zum jüdischen Jahr gibt es noch vieles mehr zu lernen. Nur eine Sache bleibt Ihnen erspart: die hebräischen Wörter für die gregorianischen Monate.

Der jüdische Kalender wird in Israel vornehmlich für religiöse Dinge genutzt, aber das Geschäftsleben richtet sich nach dem Gregorianischen Kalender. Im Hebräischen werden die deutschen Namen benutzt. Einzig der März heißt Merz.

Es gibt drei Pilgerfeste im Jahr: Pessach, Schawuot und Sukkot. Das sind Feiertage, die aus der Torah stammen und mit einer Reise zum Tempel in Jerusalem begangen wurden, als er noch stand. Pessach, das Überschreitungsfest im Frühling, erinnert uns an die Plagen in Ägypten und an den daraus resultierenden Exodus. Es wird eine Woche lang gefeiert und am ersten und zweiten Abend eine besondere Mahlzeit, der Seder, gehalten.

Zum Seder gehören auch vier volle Gläser Wein, die man trinken muss. Wir essen in dieser Woche nur ungesäuertes Brot, die Mazze, und sonst keine Mehlprodukte.

An Schawuot, dem Wochenfest, feiern wir, dass die Torah uns am Berg Sinai übergeben wurde, und essen milchige Speisen. Das vegetarische Essen ist ein Hinweis darauf, dass wir die Gesetze für koscheres Schlachten erst mit der Torah bekommen haben. Es ist das einzige Pilgerfest, das keine Woche dauert, auch wenn es Wochenfest heißt. In Israel wird ein Tag, ansonsten zwei Tage gefeiert.

Sukkot, das Laubhüttenfest im Herbst, erinnert auch wieder an den Auszug aus Ägypten und die 40jährige Wanderschaft durch die Wüste, und wir leben eine ganze Woche in notdürftig gedeckten Hütten, in die es reinregnet, vor allem, wenn man das Fest in Deutschland feiert.

Auch aus der Torah sind die Feiertage Rosch Haschanah, das Neujahr, Yom Kippur, der Versöhnungstag, und Simchat Torah, der Torahfreudentag, an dem wir das jährliche Studium der Torah abschließen und neu beginnen. Diese Tage werden ähnlich wie Schabbat gehalten, man darf also beispielsweise kein Auto fahren.

Der Kalender bietet noch mehr Feiertage: Purim, unsere Fastnacht mit Verkleidung und Alkoholmissbrauch, oder Channukkah, das Lichterfest im Winter mit Kerzenleuchter und Schmalzgebäck. Diese Feiertage sind nach der Niederschrift der Torah entstanden, und daher darf man auch Auto fahren.

Als jüngste Feiertage kamen der Israelische Unabhängigkeitstag und der Erinnerungstag an Gefallene in den Kriegen und Terroropfer am 5. und 4. Iyar hinzu. Nicht alle Religiöse feiern diese Tage, vor allem jene Juden nicht, die den Staat Israel ablehnen.

Der israelische Comedian Yair Nitzani verglich die jüdischen Feiertage mal mit den christlichen und kam zu einem vernichtenden Urteil: »Ihr [Christen] feiert fröhliche Ereignisse, wie: Geburten, Liebe, tote Heilige. Und wir? Wir feiern an Pessach das Ertrinken der Ägypter im Roten Meer und das Töten aller Erstgeborenen, an Purim das Aufhängen von Persern an Bäumen, an Channukkah das Töten von Griechen auf Elefanten, zusammenfassend, wir mögen Katastrophen, Verfolgungen und Massaker.«

All diese Feiertage zelebrieren wir, weil wir zu verschiedenen Anlässen in der Geschichte der Verfolgung oder gar Vernichtung durch Ägypter, Perser und Griechen entgangen sind. Und auch wenn alle diese Feiern fröhlich sind, so bleiben es wahrlich traurige Anlässe. Außer diesen Festen gibt es noch manche kleinere Fast- und Erinnerungstage im jüdischen Kalender.

Auch an unserem allerwichtigsten Feiertag im Jahr kommt der Spaß zu kurz, und wir fasten 25 Stunden lang radikal. Kein Essen, kein Trinken, nur stundenlang Beten in der Synagoge. Der Feiertag ist Yom Kippur und findet neun Tage nach dem ersten Neujahrstag statt. An ihm werden uns, wenn wir ehrlich darum bitten und Besserung geloben, alle unsere Sünden vor G'tt vergeben. Daher ist es auch ein Feiertag und kein Trauertag, auch wenn es für Außenstehende ein wenig so aussieht.

Meine Deutschlehrerin aus der Grundschule wird jetzt die Hände über dem Kopf zusammenschlagen, falls sie das hier liest. Hat sie mir und meinen Mitschülern doch lang und breit erklärt, dass man einen Superlativ nicht verallersuperlativieren kann. Es heißt »wichtigster« Feiertag und nicht »allerwichtigster«. Dabei ist dieses »aller« unglaublich praktisch auf dem Grundschulhof. Sagt ein Schüler: »Mein Papa ist der stärkste Papa der Welt!«, kann man ohne zu verneinen erwidern: »Ja, aber mein Papa ist der allerstärkste!« Und der erste Papa wird darauf zum allerallerstärksten, der zweite zum allerallerallerstärksten, und das geht so weiter, bis endlich die Pausenglocke läutet. Niemand verhaut sich, da man sich auf die vielen Allers konzentrieren muss, und nebenbei trainiert man das Mitzählen, was sich positiv auf die Beherrschung der Grundrechenarten auswirkt. Hat meine Deutschlehrerin so weit gedacht?

Aber zurück zu Yom Kippur. Unser wichtigster Feiertag ist der Schabbat. Alle sieben Tage feiern wir ihn. Er verdrängt alle Fasttage, und wenn ein Feiertag auf Schabbat fällt, muss sich der Feiertag die Gebetsordnung mit der des Schabbat teilen. Wie eben schon ausgeführt, ist Schabbat auch der einzige Feiertag, den G'tt unabhängig vom Kalender festgelegt hat, und er wird in den Zehn Geboten erwähnt. Was kann also wichtiger sein? Nichts. Außer Yom Kippur. Wenn der auf Schabbat fällt, dann wird gefastet, denn Yom Kippur ist der Schabbat der Schabbatte und damit der allerwichtigste Feiertag im jüdischen Kalender. Und wie auf dem Schulhof dem stärksten Papa müssen wir dem Schabbat seinen Status als wichtigsten Feiertag nicht absprechen.

Um alle Feiertage wirklich kennenzulernen und auch in der Lage zu sein, sie notfalls alleine zu begehen, muss man üben. Drei Jahre zu konvertieren bedeutet, dass man jeden Feiertag drei Mal üben kann, bevor es ernst wird. Schon alleine deshalb sollten Sie es langsam angehen. Denn gut vorbereitet, machen die Feiertage doppelt Spaß. Und wenn man die Hintergründe der Feiertage kennenlernt, sind sie eine spirituelle Bereicherung für das Jahr. Und lecker Essen gibt es auch.

Israel

Unser himmlischer Vater, Fels Israels und sein Erlöser, segne den Staat Israel, den ersten Spross unserer Erlösung. Schütze ihn mit Deiner Güte, und breite über ihn das schützende Zelt Deines Friedens aus. Schicke Dein Licht und Deine Wahrheit seinen Führern, Ministern und Weisen, und leite sie vor Dir mit gutem Rat. Stärke die Hände der Beschützer unseres Heiligen Landes. Du, unser G'tt, erlöse sie und schmücke sie mit der Krone des Sieges. Gib dem Land Frieden und immerwährende Freude all seinen Bewohnern.

Awinu schebaschamajim, zur Israel w'goalo, barech et Medinat Israel, reschit zmichat ge'ulatenu. HaGen aleah be'ewrat chassdecha, ufross aleah ßukat schelomecha, uschlach orecha wa'amitecha leroscheha, ßareah wejoazeha, wetaknen be'eza towa milfanecha. Chasek et jedey meginey erez kodschenu, wehanchilem elokeynu jeschua wa'ateret nizachon te'atrem, wenatata schalom ba'arez weßimchat olam lejoschweha.

So beginnt das Gebet für den Staat Israel, das in jeder Synagoge, in der ich bisher Schabbat verbracht habe, am Samstagvormittag nach der Torahlesung vom Vorbeter laut verlesen wird. Die Gemeinde steht andächtig. Manche Vorbeter singen die Worte mit wunderschöner Melodie und ansteigender Lautstärke, und der Zuhörer bekommt eine Gänsehaut. Zumindest ich. Ich kann nicht anders, ich bin eben Jude, Zionist und Israeli. Und alles drei auch noch aus Überzeugung und freiwillig.

Sie sehen, ganz ohne Politik geht es nicht. Wer sich mit dem Judentum beschäftigt, landet irgendwann beim Staat Israel.

Mein erster Besuch in Israel dauerte acht Monate. Ich war Volontär im Kibbutz Shefayim an der Mittelmeerküste. Es war im Jahr 1995, und die »Erste Intifada« war keine zwei Jahre vorbei. Es gab noch immer Anschläge, auch in Tel Aviv, mit vielen zivilen Opfern, von Waffenstillstand oder gar Frieden konnte also keine Rede sein.

Ich verbrachte meine Zeit abgeschieden in meinem Kibbutz und bekam von all dem nicht viel mit. Ich genoss die Sonne, das Meer, das Leben, die Partys und mein erstes Jahr nach der Schule ohne Lehrer, Noten und Schulstress.

Israel war für mich zwar das Land meiner Vorväter, darunter konnte ich mir aber nur vage etwas vorstellen. Zugegeben, ich bin sehr blauäugig gewesen. Man könnte es auch dumm oder ungebildet nennen. Ich wusste damals wirklich nichts von dem Nahostkonflikt, ich wusste nicht mal, dass es Palästinenser gab. Und auch nachdem ich davon gehört hatte, interessierte es mich herzlich wenig. Das Kibbutzleben war aufregend genug.

Meine Sicht änderte sich jedoch schlagartig mit der Ermordung von Yitzchak Rabin ה״ד. Er wurde von einem jüdischen, rechtsextremen Israeli am Ende einer Friedensdemo am 4. November 1995 in Tel Aviv erschossen. Es war schon spätabends, und ich war bereits im Bett. Vierzig Minuten nach dem Anschlag erlag Rabin im Krankenhaus seinen Verletzungen, und ganz Israel saß bis spät in die Nacht vor den Fernsehern und hoffte und bangte. Nur ich schlief tief und fest.

Gut ausgeruht und gut gelaunt wachte ich am Morgen des 5. November auf und ging zu meiner Arbeitsstelle im Speisesaal des Kibbutz. Überall brannten Kerzen, alle Kollegen sahen übermüdet und traurig aus, und ich dachte mir: Hab' ich was verpasst? Ist heute schon wieder so ein jüdischer Feiertag? Habe ich frei?

Ich fragte also einen israelischen Kollegen, und der fragte erstaunt zurück: »Weißt du es noch nicht? Rabin wurde erschossen!«

Ich fragte zurück: »Wer ist Rabin?« Stille.

Ich hatte Glück, dass der Kollege mich mochte. Er hat mir meine Ignoranz verziehen und mir geduldig alles über Rabin erzählt. Über sein Leben, seinen Werdegang beim Militär und in der Politik und seinen Tod in der Nacht. Ich war geschockt.

Eine Woche darauf wurde Rabin in Jerusalem auf dem Herzelberg beerdigt. Der Kibbutz hat Busse gechartert, damit jeder, der wollte, der Beerdigung beiwohnen konnte. Wir Volontäre waren auch eingeladen mitzukommen. Aber keiner hatte Lust. Nur ein junger Amerikaner wurde von seinem Vater per Fax ins Kibbutzhotel dazu genötigt mitzufahren.

Ein Telefon auf den Zimmern oder gar Handys hatten wir Volontäre nicht, Internet gab es auch noch nicht so wie heute, und im Hotel stand das einzige verfügbare Faxgerät im Kibbutz.

Ich aber spürte ganz ohne Mahnung auf Thermopapier, dass das ein sehr besonderer Moment in der Geschichte dieses Landes sein würde, und fuhr mit. Ich hatte ja schon den ersten Akt des Schauspiels verschlafen, da konnte ich den zweiten nicht einfach so verpassen. Sehr viele Israelis hatten dieselbe Idee wie unser Kibbutz, und die Stadt Jerusalem war komplett überfüllt. Es war utopisch, dass alle zum Grab kommen würden, und auch ich habe es nicht geschafft. Daher haben die Menschen auf den Straßen gesungen, Kerzen angezündet und Blumen niedergelegt. Alles, was laufen konnte, war dort. Von kleinen Kindern bis zu Greisen mit eintätowierten Auschwitznummern. Und sie alle weinten, lagen sich in den Armen und sangen traurige Lieder.

Sie weinten um den Mann, der die Golanhöhen zurückgeben wollte, um Frieden mit Syrien zu schließen, und der das vielleicht sogar trotz massiven innenpolitischen und außenpolitischen Gegendrucks geschafft hätte.

Sie weinten um einen Premierminister, der Frieden mit den Palästinensern schließen wollte und schlussendlich Frieden mit allen Nachbarstaaten.

Sie weinten um einen Mann, seinen Weg und seine Vision. Wie wir heute wissen, wurde aus dem Frieden nichts.

Heute zweifle ich zwar daran, dass er hätte Frieden schaffen können, auch wenn er lange genug gelebt hätte, aber wenn es einer geschafft hätte, dann er.

Ich war komplett perplex. Erst eine Woche zuvor hatte ich von diesem Mann zum ersten Mal gehört, und nun stand ich inmitten von Millionen von Menschen, die ihn beweinten. Einen Politiker! Das wäre in Deutschland undenkbar.

Das hier haute mich um. Ich stand mitten in dem unendlichen Tränenmeer. Ein Erlebnis und ein Gefühl, das mich nie mehr loslässt. Jetzt, wo ich diese Zeilen schreibe, habe ich wieder Tränen in den Augen.

Am Tag nach der Beerdigung begann ich, Hebräisch zu lernen, über die Geschichte des Landes zu lesen und Menschen um mich herum auszufragen. Rückblickend war das der Augenblick, in dem Israel anfing, meine Heimat zu werden. Sowohl das Land als auch das Volk.

Diese Geschichte über Rabin erzählte ich mal einer ungefähr gleichaltrigen Israelin, die in Deutschland zu Besuch war. Sie lachte und sagte: »Das ist wirklich eine schöne Geschichte. Es ist nur so: Bei der Aufnahme in die israelische Armee wurde ich gefragt, was für mich der prägendste Moment in meinem Leben als Israeli war. Ich sagte: ›Rabins Ermordung‹. Es war jedermanns Verlegenheitsantwort, wenn man keine bessere wusste.«

Heute gibt es bestimmt andere Antworten, denn wer heute in die Armee geht, wurde damals gerade erst geboren. Trotzdem kommen jährlich Tausende zu den Gedenkfeiern an seinem Todestag, auch sehr viele junge Menschen. Und es freut mein Herz. Denn es bestätigt mich in meinem Glauben, dass Frieden das ist, was Israel wirklich aus tiefstem Herzen will. Das Land, der Staat und das Volk.

Was hat das alles mit einer Konvertierung zum Judentum zu tun? Für mich persönlich sehr viel. Das war der Moment, in dem mich zum ersten Mal das Geschick des lebendigen Volkes Israel persönlich berührt hat. Etwas im Hier und Jetzt und nicht die Geschichten über meinen ermordeten Großvater und seine Familie. Und damit war auch der Grundstein für meine Volkszugehörigkeit gelegt. Interessanterweise war es nicht der Glaube oder die Religion, die mich angezogen haben, sondern die Menschen und das Land. So wollte ich auch ursprünglich Israeli werden, und später erst entwickelte sich der Wunsch, Jude zu sein.

Dank meines jüdischen Großvaters hatte ich zwar ein Anrecht auf den israelischen Pass, aber von der Gesellschaft als vollwertiger Israeli akzeptiert ist man damit noch lange nicht. Ich habe Deutsche getroffen, die gerne Israelis wären. Leider fehlen ihnen die jüdischen Vorfahren, und sie können nicht so einfach einen israelischen Pass bekommen, um in Israel ihren Weg zu machen.

Sie haben den Umweg über die Religion gewählt oder denken darüber nach. Denn nach einer Konvertierung, zumindest wenn sie konservativ oder besser orthodox ist, kann man nach einem Jahr Mitgliedschaft in einer entsprechenden Gemeinde das Aliyah-Visum und damit auch den israelischen Pass beantragen. Als Jude, auch als Konvertit, ist man in Israel als Neueinwanderer sofort akzeptiert.

Ich selbst bin direkt nach der abgeschlossenen Konvertierung mit meinem Geburtsrecht nach Israel eingewandert und habe nicht noch ein Jahr gewartet. Ich wollte endlich in meine Heimat. Auch wenn die Konvertierung drei Jahre gedauert hat und ich ohne sie viel früher aus Deutschland hätte auswandern können, war das Judentum für mich kein Umweg zu meinem Ziel. Ich war auf Grund vieler Umzüge so oft in meinem Leben Zugezogener und Fremder oder gar Ausländer, das wollte ich mir in meiner neuen Heimat nicht wieder erlauben.

Als Jude im jüdischen Staat bin ich als Zugereister kein Gast, der nur dummerweise zu lange geblieben ist und deswegen jetzt hier wohnt. Ich war auch schon zu alt, den zweiten Weg zum voll akzeptierten Israeli zu gehen, der ohne viel Judentum auskommt:

die Armee. Wer da seinen Wehrdienst geleistet hat, egal ob Druse, Moslem, Christ oder Atheist, ist danach Israeli.

Sie haben es bereits gemerkt, mein Judentum und meine Wahlheimat Israel sind eng miteinander verbunden. Ich bin Israeli und Jude, und das aus voller Überzeugung.

Israel. Ein Wort mit vielen Bedeutungen und langer Geschichte. Die wörtliche Übersetzung ist »Der mit G'tt gerungen hat«, und genau so ist unser Vorvater Jakob an diesen Namen gekommen: Er kämpfte eine ganze Nacht lang mit einem Engel. Zwar hat er sich dabei die Hüfte ausgerenkt und humpelte fortan, aber er hat den Engel besiegt. Deswegen sind seine Kinder und Kindeskinder, also auch wir, »Kinder Israels«.

Israel ist also der zweite Vorname Jakobs geworden, und es gab früher und es gibt heute viele Menschen, die ihn trugen und tragen.

Im »Dritten Reich« wurde männlichen Juden der Vorname Israel zwangsweise als zweiter Name in die Ausweise geschrieben. So hieß mein Großvater in seinen Papieren »Dagobert Israel«.

Wenn in Gebeten und in der Liturgie von »Israel« oder »Yisroel« gesprochen wird, ist das jüdische Volk als Ganzes gemeint. Israel ist also auch der Name des Volkes. Das Wort »Juden« kann man zwar bedeutungsgleich mit »Volk Israel« verwenden, ist aber eine Ableitung vom Namen und Stamm Juda.

Die anderen der insgesamt zwölf Stämme sind ebenfalls Teil des Volkes Israel. Nur ein Stamm ist exponiert: Der Stamm Levi, aus dem sich auch die Kohanim, Plural von »Kohen«, rekrutieren.

Ist man neu in einer Synagoge, wird man irgendwann vom Gabbai, dem Synagogendiener, gefragt: Bist Du Kohen, Levi oder Israel? Als Konvertit ist man immer Letzteres, da man als Kohen oder Levi nur geboren werden kann. Hier gilt nicht die mütterliche, sondern die väterliche Abstammungslinie.

»Kohen« heißt übersetzt »Priester«. Aaron, der Bruder von

Moses war der erste Kohen und aus dem Stamm Levi. Alle heute lebenden Kohanim sind seine direkten Nachkommen. Den Kohanim war die religiöse Arbeit im Tempel in Jerusalem, wie das Darbringen von Opfern vorbehalten. Die übrigen Levi haben den Kohanim dabei geholfen und stellten die Musiker im Tempel. Wenn Sie einen Juden mit dem Nachnamen »Kohn«, »Katz«, »Kahn«, »Kogan«, »Kagan«, »Cohn« oder eben »Cohen« treffen, dann ist er höchstwahrscheinlich ein Kohen.

»Gestatten, Kuhn mein Name«
»Sehr erfreut, Kahnmann«
»Chaplan, freut mich sehr«
»Kahane, zu Diensten«
»Jachmann, aus Berlin«
»Ebenfalls: Cohen«.

Auch heute stehen den Levi und Kohanim in der Liturgie besondere Aufgaben zu, daher fragt der Synagogendiener jeden Neuankömmling nach seinem Status.

Im Gebet für den Staat am Anfang des Kapitels ist vom »Fels Israels und Sein[em] Erlöser«, also vom Volk die Rede. Um den Staat geht es erst im nächsten Satz. Er heißt »Medinat Israel«, also »Staat Israel«. Das und die daraus folgende Ableitung »Israeli« für seine jüdischen wie nichtjüdischen Bewohner, sind die jüngsten Bedeutungen des Wortes, denn der moderne Staat Israel ist noch keine 70 Jahre alt. Das Land, auf dem dieser Staat gegründet wurde, heißt »Eretz Israel«. Das biblische Eretz Israel war zeitweise deutlich größer als das moderne Eretz Israel, selbst wenn man die palästinensischen Autonomiegebiete mitrechnet.

Für Eretz Israel gelten in vielen Bereichen der Religion andere Regeln als außerhalb, etwa Schmitta, was wir beim Thema koscheres Essen schon gehört haben. Die Liturgie des G'ttesdienstes unterscheidet sich auch, je nachdem, ob man sich in Eretz Israel befindet oder irgendwo anders auf der Welt. Für religiöse Fragen dieser Art gilt das ganze Land zwischen Jordan und Mittelmeer als Eretz Israel, also auch Judäa und Samaria, heute als »Westbank« bekannt. Die Ländereien östlich des Jordans nicht.

Sechs mögliche Bedeutungen des Wortes haben Sie nun kennengelernt, und dennoch denken heute die meisten zuallererst an den Staat am Mittelmeer, wenn man von Israel spricht. Seine Hauptstadt ist Jerusalem und nicht etwa Tel Aviv, wie manche meinen. Die Sehnsucht nach der Rückkehr nach Jerusalem manifestiert sich im täglichen Gebet, am stärksten zu den Hohen Feiertagen und zu Pessach. Die letzten Worte der Liturgie sind: »Le'schanah haba BeJeruschalaim Habnuia!« »Im nächsten Jahr im wiedererbauten Jerusalem!«

Seit Jahrhunderten träumen Juden von Jerusalem, und wenn wir zu G'tt beten, richten wir uns in Richtung unserer heiligen Stadt, gen Osten. Jede Synagoge in Deutschland ist daher so gebaut, dass sich der Torahschrein, wenn möglich, an der Ostwand befindet.

Als die ersten Mobiltelefone mit Kompass auf den Markt kamen, wurde diese Funktion von religiösen Juden mit Begeisterung aufgenommen. Es gibt Apps für Smartphones, die einem die exakte Richtung nach Jerusalem anzeigen. Endlich kann man sicher sein, immer die richtige Himmelsrichtung für sein Hoffen und Beten zu finden.

Aber warum noch um die Rückkehr nach Jerusalem beten? Der Weg zum Reisebüro ist heutzutage nur noch der Weg zum Computer mit Internetanschluss in den eigenen vier Wänden. Ein Ticket ins Heilige Land ist schnell gebucht und auch gar nicht so teuer. Der Flug aus Europa dauert knapp vier Stunden und die Fahrt vom Flughafen nach Jerusalem keine Stunde. Bus oder Taxi quälen sich zwar ein wenig beim Aufstieg aus der Dan-Ebene auf den Berg Zion, und der Verkehr in der bergigen Metropole hält für jeden Besucher einen eigenen Verkehrsstau zur Begrüßung bereit, doch dann läuft man schnell die letzten Schritte durch den von Touristen verstopften arabischen Basar in der Altstadt und erreicht die Kotel Hama'arav, die Westwand. Das geläufigere Wort ist Klagemauer, ein Spottwort, weil die Juden beim Beten wie Klagende immerfort vor- und zurückwippen. In Wirklichkeit jedoch klagen sie dabei selten.

Was wir als Volk Israel allerdings bis heute beklagen, ist die Zerstörung des Zweiten Tempels im Jahre 70. Seine Westwand ist die einzige Mauer, die von ihm geblieben ist. Von ihr ragt nur ein kleiner Teil aus der Erde, sie ist also deutlich größer als das, was man von ihr sieht. Wenn wir im Gebet vom »wiedererbauten Jerusalem« sprechen, meinen wir die Hoffnung auf den Wiederaufbau des Dritten Tempels, denn die Stadt selbst steht ja und wächst sogar. Dieser Wunsch birgt politische Brisanz. Denn östlich der Westmauer, wo unser Tempel hingehört, an die Stelle, an der nach biblischer Überlieferung Abraham seinen Sohn Jitzchak zum Opfer auf einen Felsen gebunden hat, steht heute der Felsendom mit der imposanten goldenen Kuppel, und daneben die Al-Aksa-Moschee. Voraussetzung für den Bau unseres Tempels wäre der Abriss dieser beiden für Muslime so bedeutenden Bauwerke. Nicht nur in der muslimischen Welt wäre der Aufschrei groß und auch verständlich.

Doch so weit wird es nicht kommen. Die Israelis sind die Ersten, die allen Religionsgemeinschaften in Jerusalem Schutz bieten, die freie Ausübung der Religion und den Zutritt zu ihren heiligen Stätten garantieren und finanzielle Mittel für die Erhaltung dieser Stätten bereitstellen. Die Grabeskirche etwa wird mit Mitteln aus der israelischen Denkmalpflege instand gehalten. Will sagen: Sofern es die untereinander verfeindeten christlichen Konfessionen zulassen, die die Grabeskirche kontrollieren und sich über Bauarbeiten zur Instandhaltung oft nicht einig werden.

Nicht selten musste die Armee sogar Schlägereien zwischen Priestern und Mönchen verschiedener Konfessionen auf dem Kirchvorplatz schlichten.

Die wichtigste, prächtigste und größte Synagoge in der Altstadt im Jüdischen Viertel ist die Churvah-Synagoge. Diese Synagoge heißt vollständig »Churvat Rabbi Jehuda HeChassid«, weil dieser Rabbi und seine Gefolgschaft im Jahre 1700 mit dem Bau des Gebetshauses begonnen haben. Fertiggestellt wurde der imposante Kuppelbau erst 1856, und die Geschichte dazu ist ein eigenes Buch wert. Churvah bedeutet Ruine, und die längste Zeit war die Synagoge eine teilweise mutwillig zerstörte Bauruine. Der Name Churvah wurde auch nach der Fertigstellung wieder aktuell: Diese Synagoge wurde durch die jordanischen Soldaten während des Unabhängigkeitskrieges 1948, als fünf arabische Armeen das blutjunge Israel überfielen, um die Juden ins Mittelmeer zu treiben, gesprengt. Allein im alten jüdischen Zentrum von Jerusalem wurden 56 Synagogen durch Araber zerstört. Der jordanische Kommandeur Major Abdullah el Tell kommentierte den Akt der Zerstörung mit folgenden Worten: »Zum ersten Mal seit 1000 Jahren verbleibt kein einziger Jude im Jüdischen Viertel. Kein einziges Gebäude verbleibt intakt. Das macht eine Rückkehr der Juden unmöglich.«

Die Synagoge wurde wieder aufgebaut und im Jahre 2010 neu eingeweiht. Dank des unsäglichen jordanischen Majors ist sie heute auch für nicht-religiöse jüdische Israelis ein wichtiges Symbol: Wir Juden sind ins Jüdische Viertel zurückgekehrt, und wir werden hier bleiben!

Aber was ist mit dem Tempel? Werden wir den auch wieder aufbauen? Ich werde es wohl nicht mehr erleben, doch muss ich trotzdem darauf hoffen und mir insgeheim wünschen, den muslimischen Felsendom zu beseitigen?

Wir Juden glauben, dass der Dritte Tempel wieder entstehen wird, wenn Moschiach, also der Erlöser, kommt. Da er bisher noch nicht aufgetaucht ist, brauchen wir noch keinen neuen Tempel.

Nach jüdischer Auffassung wird die Zeit des Moschiach eine Zeit des Friedens sein. Alle Völker werden nur die eine Wahrheit akzeptieren. Und wenn es soweit ist, wird auch niemand den Felsendom aus religiösen Gründen vermissen. Ein wunderschönes Stück Architektur wäre allerdings verloren.

Es ist also durchaus möglich, auf den Dritten Tempel zu hoffen und heute trotzdem den Felsendom zu erhalten. Wir sind keine Abdullah el Tells.

Doch wenn uns jemand sagt, die Altstadt und mit ihr die Westmauer, das Jüdische Viertel und die Churvah-Synagoge gehörten nicht zu Israel, weil sie außerhalb der sogenannten grünen Linie liegen, zitieren wir gerne Abdullah el Tell als Kronzeuge: »Zum ersten Mal seit 1000 Jahren verbleibt kein einziger Jude im Jüdischen Viertel.« Es waren sogar mehr als 1000 Jahre. Jerusalem war, ist und bleibt unsere Stadt.

Natürlich, man kann auch Jude werden, ohne den Staat Israel zu unterstützen oder gar eingefleischter Zionist zu sein. Die Satmar-Chassiden sind lebender Beweis dafür. Sie lehnen den heutigen Staat Israel ab, da ihrer Meinung nach nur der Moschiach den Staat wieder gründen darf und in dem Zusammenhang auch den Dritten Tempel erbaut. Selbst in Israel leben religiöse Juden, die solche Meinungen vertreten. In Deutschland werden Sie aber nur sehr schwer eine Gemeinde finden, die sich offen gegen den Staat Israel positioniert.

Für die meisten Juden ist der Staat Israel ein Garant für Schutz vor Verfolgung, ein Faustpfand für die eigene Sicherheit, auch dann, wenn man selbst nicht dort lebt. Gibt es Judenverfolgungen in einem Land, interveniert der Staat Israel diplomatisch und im Extremfall auch militärisch. Ein Beispiel: Ende Mai 1991 hat die israelische Armee unter Einsatz von 34 Flugzeugen fast 15000 Juden aus Äthiopien vor dem sicheren Tod gerettet und nach Israel ausgeflogen. Einer der Flüge schaffte es ins *Guinness Buch der Rekorde*: Eine zivile Boeing 747–200, aus der alle Sitze entfernt wurden, transportierte 1137 Menschen. Zwei davon sind während des Fluges geboren worden. So viele Menschen an Bord eines fliegenden Flugzeuges gab es noch nie und seitdem nie wieder.

Das Gebet am Anfang des Kapitels bezeichnet Israel daher als »ersten Spross unserer Erlösung«. Jetzt verstehen Sie vielleicht, warum es uns so wichtig ist, dass Israel in seiner Selbstdefinition ein *Jüdischer* Staat ist.

Die Kehrseite der Medaille: Juden und auch Sie als angehender Jude werden von Ihrem Umfeld für alles verantwortlich gemacht, was die israelische Regierung und die israelische Verteidigungsarmee anstellt. Sie können sich distanzieren von Israel und auf den Unterschied zwischen Juden und Israelis pochen. Sie können versuchen, zu vermitteln und Kompromisse vorschlagen und so nebenbei den Nahostkonflikt lösen, ein in Deutschland weit verbreitetes Hobby übrigens, oder Sie lassen das einfach an sich abprallen. Israel ist zu wichtig für uns, als dass wir es uns von irgend jemandem schlechtreden lassen. Außerdem: Wer sich über zivilen Wohnungsbau in Jerusalem echauffiert und zu Massakern nur 100 Kilometer weiter in Syrien schweigt, ist doch kein ernst zu nehmender Gesprächspartner für eine politische Diskussion über den Nahostkonflikt, oder?

Ihre Beziehung und Meinung zu Israel wird Ihren Weg zum Judesein mitbestimmen. Sie werden sich dabei erwischen, wie Sie unabhängig von Ihrer jetzigen politischen Meinung Positionen verteidigen werden, die selbst in Israel als weit rechts gelten. Wenn Sie unter Israelis sind, können Sie gerne wieder »links« argumentieren, denn auch linke Israelis diskutieren das Existenzrecht Israels nicht.

In Deutschland lassen sich Spitzenpolitiker dazu hinreißen, das Existenzrecht Israels als »unverhandelbar« zu bezeichnen. Das klingt zwar im ersten Moment gut und begrüßenswert, aber wäre Ihnen nicht auch mulmig, wenn jemand in einer Diskussion ihr Lebensrecht als »unverhandelbar« bezeichnet? Ich würde um mein Leben fürchten. Daher kann man in Deutschland als Jude und Israeli eigentlich gar nicht anders, als Israel ohne Wenn und Aber zu verteidigen, ohne Rücksicht auf Verluste, genau wie sein eigenes Leben.

Widersprechen Sie mir ruhig. Aber tun Sie sich einen Gefallen: Bleiben Sie flexibel, was Ihre Meinung zu Israel angeht. Sie wird sich ändern, je länger Sie sich mit Israel beschäftigen: Mit der Übersetzung des Wortes, mit dem Vornamen Jakobs, mit dem Volk, mit der Zugehörigkeit zu Levi und Kohen, mit dem Land und mit dem Staat.

Name

Nomen est omen. Diesen lateinischen Spruch kennen Sie bestimmt. Mein lateinischer Name, Felix, war mir immer ein gutes Omen. Zu Deutsch »der Glückliche«, hat er mich stets daran erinnert, an mein Glück zu glauben. In aussichtslos scheinenden Situationen, in die ich mich vor allem als Teenager immer wieder gerne durch Leichtsinn manövrierte, habe ich an mein Glück geglaubt und wurde nie enttäuscht.

Ich war die meiste Zeit meines Lebens ein Atheist. Zumindest glaubte ich das. Denn wie kann man als waschechter Atheist an das Glück glauben? An eine Art gutes Schicksal? An eine Glücksmacht, die ihre schützende Hand über einen hält? Sie sehen, eigentlich war ich auch als überzeugter Atheist ein gläubiger Mensch.

Heute glaube ich zwar nicht mehr an das Glück, aber an G'tt, was im Grunde kein großer Unterschied ist.

Felix ist in Deutschland schon seit einigen Jahren in der Top-10-Liste der beliebtesten Jungennamen vertreten. Als ich in der Grundschule war, war ich aber der einzige Felix weit und breit. Dafür gab es viele Mischas und Sandras, und ich wurde für meinen exotischen Namen gehänselt.

Als ein paar Jahre später die Dichte an Felixen in den unteren Klassen zunahm, da die Eltern diesen Namen für ihre Kinder wiederentdeckten, hörten die Hänseleien auf, und ich fand meinen Frieden mit meinem Namen. Mehr noch, ich mochte ihn geradezu, da er als mein Talisman immer bei mir war und mir das Glück garantierte, das ich viel zu oft auch dringend benötigte.

Meinen Namen hat mir meine Mutter gegeben. Ohne es zu

wissen, folgte sie damit einer guten jüdischen Tradition, denn die endgültige Entscheidung über den Namen eines Kindes hat bei den Juden die Mutter.

Auch für meinen Sohn durfte ich nur Vorschläge machen, entschieden hat meine Frau. Diese Tradition findet man schon in der Torah. Alle Namen für die Söhne unserer Vorväter Abraham, Yitzchak und Jakov wurden von ihren jeweiligen Müttern ausgesucht.

Abrahams Sohn Yitzchak wurde von Sarah so genannt, da sie lachen musste, als sie die Prophezeiung hörte, dass sie in ihrem hohen Alter noch einen Sohn gebären solle. Yitzchak leitet sich direkt vom hebräischen Wort »lachen« ab.

Yitzchak wäre auch ein guter jüdischer Name für mich gewesen. Konvertiten wählen oft Namen, die eine ähnliche Bedeutung haben wie ihr ursprünglicher Name. Und Glück und Lachen sind doch enge Verwandte.

Den jüdischen Namen von der Bedeutung des alten Namens abzuleiten ist aber nur eine von vielen Möglichkeiten und bei Namen wie »Christian« auch kaum möglich. Nach welchen Kriterien ein Konvertit seinen jüdischen Namen wählt, ist sehr individuell. Einer fühlt sich durch eine biblische Figur inspiriert oder erkennt sich in ihr wieder.

Ein anderer wird einfach von der Umgebung so oder so genannt und übernimmt diesen Namen. Wiederum andere fanden einen Namen schon immer toll und nutzen als Konvertit die Chance, ihn anzunehmen.

Da ich mit der Wahl meiner Mutter für meinen ersten Namen sehr zufrieden war und sie auch bei meinen Geschwistern ein gutes Händchen bewiesen hat, habe ich mir damals überlegt, ihr diese Entscheidung ein zweites Mal zu überlassen. Sie entschied sich für Eliyah. Warum? Das kann sie selbst nicht genau sagen, sie mag einfach den Klang des Namens.

Er hat auch tatsächlich eine Ähnlichkeit mit Felix: die Lautfolge »eli«.

Jüdische Namen sind in Deutschland sehr beliebt. Es gibt viele Benjamins, Sarahs, Miriams und Davids. Falls Sie so heißen, lehnen Sie sich jetzt wahrscheinlich entspannt zurück. Sie müssen sich keinen jüdischen Namen aussuchen, Sie haben ja schon einen!

Leider, leider muss ich Sie enttäuschen. Ein jüdischer Name aus religiöser Sicht ist nicht einer, den man in der Torah findet, sondern einer, der einem während einer jüdischen Zeremonie gegeben wird.

Bei jüdischen Mädchen geschieht das in der Regel in der Synagoge am ersten Schabbat nach der Geburt, und bei Jungs während der Beschneidung. Das kann durchaus ein moderner oder nichtjüdischer Name sein. In Israel ist es aktuell in Mode, Kinder nach Worten aus der Natur zu benennen. Es laufen Menschen mit Namen herum, die übersetzt »Blume«, »Lilie«, »Sonne«, »Natur« und »Himmel« heißen. Beliebt sind auch »Mein Herz«, »Meine Schöne« oder »Meine Blume«, da man das »meine« grammatikalisch einfach und phonetisch angenehm als »i« an das Wort anhängt. Außerdem gibt es Leute mit Namen wie Hagar, Nimrod und Nadav, allesamt tragische Figuren aus der Torah, die ein religiöser Mensch wohl kaum seinem Kind antun würde.

Auch mein Name hat eine Bedeutung: »Eliyah« besteht, man mag es bei einem so kurzen Namen kaum glauben, aus drei Bestandteilen: »El« steht für G'tt und ist die Kurzform von Elokim. Das »i« in der Mitte steht für »mein«, wie schon gesagt. Das »yah« ist wieder ein anderer Name für G'tt, also bedeutet mein Name: Mein G'tt ist G'tt. Meine Mutter ahnte nicht, dass sie mir einen so religiösen Namen gab.

Genauso kann man beispielsweise auch den Namen Daniel auseinandernehmen: »Dan« ist Hebräisch für »Richter«, das »i« und das »el« kennen wir bereits, also ist die Bedeutung: Mein Richter ist G'tt.

Bei Konvertiten sind die modernen hebräischen Namen seltener. Hoch im Kurs stehen dagegen Propheten, Stammesmütter und -väter, biblische Helden und berühmte Rabbis und deren Frauen. Auch viele Juden, die aus einer nichtreligiösen Familie stammen und religiös geworden sind, wählen sich im Nachhinein oft einen religiösen jüdischen Namen und werden zu Yehoschuas, Yecheskels, Mosches, Yaels, Miriams, Akivas und Mordechais.

Sie dürfen zusätzlich zu Ihrem jüdischen Ihren alten Namen gerne weiterbenutzen. Es gibt sogar Rabbis, die sich nicht mit ihrem jüdischen Namen, sondern mit dem, nennen wir ihn weltlichen Namen ansprechen lassen. Nur bei rituellen Dingen, wie etwa der Torahlesung am Schabbat, werden Sie in jedem Fall mit Ihrem jüdischen Namen aufgerufen, und auch in der Heiratsurkunde steht der jüdische Name.

Ich stelle mich inzwischen als Eliyah vor, der Name steht auch auf dem Cover dieses Buches, und ich werde auch so genannt. Aber meine Familie und meine alten Freunde nennen mich weiter Felix. Auch wenn ich heute weiß, dass G'tt mein G'tt ist, so freue ich mich trotzdem weiterhin über das Glück, das er mir beschert.

Der deutsche Staat sieht das nicht so locker, und Namenskontinuität ist ihm wichtiger als die persönlichen Befindlichkeiten der Bürger. Wer in Deutschland seinen Namen ändern lassen will, dem stellt der Staat bürokratische Hürden in den Weg, die teils unüberwindbar sind. Wirklich einfach ist es nur bei Hochzeit und Scheidung und bei der Einbürgerung. Aber auch die Religion wird als Grund meistens akzeptiert. Es ist grundsätzlich einfacher, einen Vornamen hinzuzunehmen, als einen zu ändern oder zu streichen. Teuer ist der Spaß auch noch. Nicht nur kostet alleine der Antrag auf Namensänderung fast 200,– Euro und das unabhängig davon, ob er angenommen wird oder nicht, danach müssen Pass, Personalausweis, Führerschein, Bankkarte und vieles mehr angepasst werden, und jedes Dokument kostet Geld und Lauferei.

Als Konvertit können Sie also Ihren neuen jüdischen Namen in Ihre Ausweisdokumente aufnehmen lassen, wenn es Ihnen das Geld wert ist. Ein Brief des Rabbis und eine Aufnahmebestätigung der Jüdischen Gemeinde mit dem neuen Namen sollten als Begründung fürs Amt ausreichen.

Ich habe meinen neuen Namen nicht eintragen lassen. Niemand kann mir verbieten, mich Eliyah zu nennen, und wenn der Staat geradezu darum bettelt, über diese Änderung in meinem Leben nicht informiert zu werden, dann soll das so sein. Außerdem, nicht auf staatlichen Listen mit Klarnamen zu stehen hat vor nicht mal einem Jahrhundert einem Juden unter Umständen das Leben gerettet.

Wenn Sie schon immer mit Ihrem Namen unzufrieden waren und lieber David oder Sarah heißen würden, ist eine Konvertierung vielleicht eine gute Möglichkeit für Sie. Aber auch ohne Religion kann man einen neuen Namen annehmen, der Staat muss es ja nicht unbedingt wissen. Ihr Umfeld muss den Namen nur annehmen. Und darauf haben der Staat und die Religion wenig Einfluss. Ich denke, meine Geschwister würden mich niemals Eliyah nennen, egal, was in meinem Pass steht.

Körper und Körperlichkeit

Der menschliche Körper ist heilig. Sonst ist im Judentum nicht viel Körperliches heilig. Eine Torahrolle etwa transportiert einen heiligen Text. Deswegen muss man sie mit Respekt behandeln, und wenn sie unbrauchbar geworden ist, würdevoll beerdigen und nicht einfach wegwerfen oder gar verbrennen.

Aber heilig ist das Pergament selbst dadurch nicht. Heilig ist die Rolle nur durch den Text, weil er das Wort G'ttes ist, wie Moses es aufgeschrieben hat.

Der Torahschrein in der Synagoge, in dem die Torahrollen aufbewahrt werden, heißt, wie Sie sich vielleicht aus dem Kapitel Synagoge erinnern, Aron Hakodesch, übersetzt, der »heilige Schrank«. Diese Heiligkeit erbt er aber von den Torahrollen, denen sie wiederum von der auf ihnen befindlichen Schrift vererbt wird. Eine eigene Heiligkeit hat der Schrank nicht.

Auch die Synagoge, in der er steht, ist kein heiliges Gemäuer. Dort werden aber regelmäßig Gebete gesprochen, die an den einen G'tt gerichtet sind. Diese Gebete sind heilig und machen das Haus zu einem Ort des Gebets, den man ebenso mit Respekt behandelt wie eine Torahrolle. Daher setzt man als Mann eine Kippa auf, bevor man eine Synagoge betritt. Aber haben Juden aufgehört, darin zu beten, bleibt es einfach nur ein Gebäude mit besonderer Geschichte.

In Hamburg wurden zahllose ehemalige Synagogen, die nicht zerstört wurden, in Wohnhäuser, Büros für Werbeagenturen und eine sogar in einen Sendesaal des NDR umgewandelt. An manchen Häusern erinnern Gedenktafeln an die ehemalige Nutzung der Immobilie als jüdisches G'tteshaus. Oft aber fehlt selbst eine

Gedenktafel, und nicht mal die heutigen Bewohner wissen wahrscheinlich, dass sie vielleicht ihren Fernseher an dem Ort aufgestellt haben, wo früher der Torahschrein stand.

Die Stadt Jerusalem ist heilig, insbesondere die Westmauer und der Tempelberg. Das ist eine der wenigen Ausnahmen von Heiligkeit an einem Ort oder Gebäude, und es gibt auch Meinungen, dass selbst diese Heiligkeit nur durch die Gebete der Juden dort entsteht. Zu heiligen Orten gehören auch Begräbnisstätten, aber deren Heiligkeit leitet sich direkt aus der Heiligkeit der dort begrabenen Körper ab.

Daran sieht man, dass der Körper auch nach dem Tod heilig ist.

Aber was bedeutet »heilig« eigentlich? Nach landläufigem Verständnis ist etwas, das heilig ist, wichtig, sehr wichtig. Gegenstände, Worte, Rituale, Andenken oder auch Gedanken, die mir heilig sind, mache ich mir zu eigen, um mir so das moralische Recht zu geben, sie zu schützen, notfalls mit Gewalt. Das heißt, ich ergreife von ihnen Besitz. Bei manchen Dingen teile ich diesen Besitz mit einer Gruppe von Menschen, andere Dinge behalte ich ganz für mich. Wenn etwas aus jüdisch-religiöser Sicht heilig ist, dann gehört es nicht uns, sondern G'tt, und wir als Juden bekommen es von G'tt geliehen.

Unseren Körper und auch die Stadt Jerusalem besitzen wir daher nur leihweise. Das hebräische Wort für »heilig« ist »kodesch« und bedeutet auch »separieren/abheben«. Etwas Heiliges ist also von dieser Welt und der allgemeinen Moral abgehoben. Dass abgehoben automatisch besser ist, bedeutet es aber nicht. Derselbe Wortstamm wie der von kodesch wird auch für die Beschreibung von Prostituierten benutzt, die sich von der Gesellschaft und den dort herrschenden sexuellen Normen abheben.

Die Heiligkeit des Körpers hat im Judentum viele Auswirkungen. Ist er noch lebendig, muss er geschützt, gesund gehalten und weitestgehend unversehrt bleiben. Ohrlöcher und auch Nasenringe werden in der Torah erwähnt, und daher kann man davon ausgehen, dass sie erlaubt sind. Beispielsweise legt Eliéser der Rebekka, der zukünftigen Frau Isaacs, in Genesis 24:47 einen Nasenring aus Gold an. Vor allem für Frauen sind daher Nasen- und Ohrlöcher unproblematisch. Aber was ist mit Piercings an anderen Stellen, vor allem an solchen, die man auch als intim bezeichnen kann?

Da das jüdische Verständnis von Züchtigkeit, die Zniut, den Blick auf die Intimstellen eines Körpers verbietet, vor allem, wenn sie einer Frau gehören, und das selbst ihrem eigenen Mann, ist ein dort angebrachter Schmuck kontraproduktiv. Wer soll ihn sehen? Wessen Blicke soll er anziehen?

Auch andere Körperstellen sind zwar für Piercings halachisch, also religionsgesetzlich schwer zu verbieten, aber so richtig erlaubt sind sie nicht. Man verletzt seinen Körper, der einem nur geliehen wurde und den man pflegen und schützen soll.

Tattoos, Brandings und Cuttings und andere Selbstverstümmelungen, die manche Leute als schön empfinden, sind komplett tabu. Im Dritten Buch Mose 19:28 steht: »Du sollst Dir keinen Schnitt ins Fleisch machen für einen Toten, und ein Tattoo sollst Du Dir nicht machen; Ich bin G'tt.« Man bricht also ein Gesetz aus der Torah, wenn man sich tätowiert, und nicht »nur« eines aus der rabbinischen Überlieferung.

Wer allerdings bereits ein Tattoo hat, muss es nicht wegmachen lassen. Nicht nur Konvertiten sind oft mit dieser Fragestellung konfrontiert. Auch Juden, die nicht religiös waren und zur Religion zurückgefunden haben, sind teilweise tätowiert und gepierct.

Mein Rabbi erzählte mir von einer chassidischen Mikve in New York, in der ein Mann sich täglich untertaucht, der am ganzen Körper bis zu den Handwurzeln und zum Kragen tätowiert und in seiner Blöße in dem Bad ein echtes Unikum ist. Die bestenfalls neugierigen Blicke der anderen farblosen Badbesucher erträgt er mit Stolz. Denn eines der 613 Mizvot ist es, Tschuva zu machen, also umzukehren und sich zu bessern. Dass er dieses

Gebot radikal befolgt hat, erzählen die Bilder auf seiner Haut eindrucksvoll. Und darauf kann er tatsächlich stolz sein. Verlässt er das Bad, sieht er mit Hut, Bart und schwarzer Kluft nicht anders aus als die anderen Chassiden um ihn herum.

Beinahe hätte ich mir auch ein Tattoo stechen lassen. Nachdem ich 1996 von meinem ersten Israelaufenthalt zurückgekommen bin, zog ich von einem Kaff im französischen Elsass ins große Berlin. Tattoos fand ich unglaublich cool und erst recht Menschen, die welche hatten. Und als Neuberliner musste ich als Landei in Sachen Coolness einiges nachholen, dachte ich zumindest.

Außerdem war meine Liebe für Israel noch ganz frisch. Ich hatte also die originelle Idee, mir einen schönen Davidstern auf die Schulter tätowieren zu lassen. Ich fertigte eine Zeichnung an, wie ich ihn haben wollte: Die beiden Dreiecke sollten verschränkt und mit einem dünnen Rahmen umgeben sein. Meine Zeichenhand war und ist nicht die ruhigste, und das Ergebnis war ein etwas schief geratenes Etwas. Ich dachte mir aber, der Profi mit der Nadel wird davon schon ein geometrisch korrektes Bild ableiten.

Ich saß bereits mit entblößtem Oberkörper auf dem Stuhl, die Schulter war desinfiziert und die Tinte schon in der Nadel, da merkte ich, dass der Stümper von Tätowierer mir meinen ebenso stümperhaften Entwurf genauso verewigen wollte. Da habe ich mich wieder angezogen und den Laden ohne Tattoo verlassen. Danach brachte ich nie wieder den Mut auf, einen neuen Versuch zu starten, und schon bald war ich auch wirklich froh, dass ich mich nicht habe stechen lassen.

Nicht alle Tattoos sind selbst zugefügt. Die Nazis haben Juden in den Lagern eine Nummer auf den Unterarm tätowiert. In meiner Synagoge hier in Israel sitzt ein alter Mann mit diesem Mal auf dem Körper eine Reihe vor mir. Manche Überlebende haben sich die Nummern entfernen lassen oder lassen es heute machen, wo es bessere, schmerzarme Methoden gibt. Was mich aber persönlich erschaudern lässt, ist der aktuelle Trend mancher offensichtlich nicht-religiöser Israelis und Enkel eines Holocaust-Überlebenden, sich freiwillig die Auschwitz-Nummer des inzwischen Verstorbenen auf den Unterarm tätowieren zu lassen. Das verstößt nicht nur in mehrfacher Hinsicht gegen die Religion, denn man sticht sich durch kleine Schnitte in die Haut ein Tattoo für einen Toten, was daher doppelt verboten ist, wie das erwähnte Torahzitat zeigt. Es ist nach meinem Gefühl auch einfach geschmacklos.

Aber jeder geht mit der Erinnerung und dem Andenken anders um, daher sollte ich mir eigentlich kein Urteil erlauben.

Freiwillig sind meistens auch Schönheits-OPs. Hier die Stirn gestrafft, da die Nase korrigiert, dort die Oberweite erweitert. Gesund sind diese Eingriffe selten, und wenn sie es sind, sind sie auch aus jüdischer Sicht kein Problem. Wer sich etwa nach einem Unfall oder einer Krankheit mit Hilfe der plastischen Chirurgie wieder ein menschliches Antlitz modellieren lässt, dem wird sich kein Rabbiner in den Weg stellen. Wer aber aus reiner Eitelkeit seine sprichwörtlich jüdische Nase von ihrem sanften Höcker befreien will, weil das Nasenschönheitsideal das so vorschreibt, der tut sich Gewalt an, die nicht sein muss.

Ironischerweise hat die moderne Nasenkorrektur der jüdische Arzt Jacques Joseph aus Berlin erfunden. Er operierte die erste Nase im Jahre 1896 und danach viele mehr. Er erarbeitete sich so schnell den Spitznamen »Nasenjoseph«. Von ihm entwickelte Methoden und Werkzeuge werden bis heute in der plastischen Chirurgie genutzt. Seine Korrekturen berechnete er abhängig vom Einkommen und Vermögen des Patienten und operierte viele seiner Glaubensgenossen mit besonders großem Riechorgan kostenlos, damit sie nicht schon aus der Ferne als Juden erkannt werden konnten und um sie so vor Verfolgung zu retten.

Solange Sie noch kein Jude sind, können Sie theoretisch mit Ihrem Körper machen, was Sie wollen, ohne G'ttes Zorn auf sich zu ziehen. Falls Sie also Ihre Brüste vergrößern, Ihre Nase verkleinern oder Ihren Po aufpolstern lassen wollen, dann machen Sie das am besten noch vor der Konvertierung. Für ein Tattoo mit dem Namen der Mama auf dem Unterarm ist vor dem ersten Gespräch mit dem Rabbi auch noch Zeit. Ob Sie aber ein geeigneter Kandidat für einen Übertritt und ein religiöses Leben sind, wenn Sie nach dem Entschluss, zu konvertieren, noch schnell an sich rumschnibbeln lassen, solange es noch erlaubt ist, darf man getrost bezweifeln.

Auf der anderen Seite, wenn Sie gerade unter der Nadel oder dem Messer liegen oder sich von den Wunden der OP erholen, ist das fast eine wunderbare Vorbereitung auf Ihre eigene Beschneidung, oder nicht?

Die ist nämlich heiliger als der Körper. Die religiöse Beschneidung heißt auf Hebräisch »Brit Mila«, was wörtlich übersetzt »Bund der Beschneidung« heißt und oft mit »Brit« oder aschkenasisch »Bris« abgekürzt wird. Das Gebot der Beschneidung am achten Tag nach der Geburt bekommt Abraham von G'tt im Ersten Buch Mose, Genesis 17,10–14 offenbart. Da steht unter anderem: »Alles Männliche unter Euch muss beschnitten werden.« Und: »Im Alter von acht Tagen muss alles Männliche unter Euch beschnitten werden.«

Die Wiederholung und Präzisierung macht es deutlich: Dieses Gebot aus der Torah ist ernst gemeint. Sogar so ernst, dass es den Schabbat außer Kraft setzt. Ein Junge, der am Samstagmorgen geboren wurde, wird auch am Samstagmorgen eine Woche später beschnitten.

Der Beschneider, Mohel genannt, bricht dafür den Schabbat und operiert den kleinen Jungen, obwohl keine Lebensgefahr besteht. Wer versteht, wie wichtig einem religiösen Juden Schabbat ist, kann vielleicht erahnen, wie viel wichtiger die Beschneidung der Männer für uns ist. Auch alle nicht-religiösen Juden, bis auf einen sehr kleinen Prozentsatz, beschneiden heute ihre Söhne.

Die Beschneidungsdebatte, wie sie besonders intensiv im Jahre 2012 in Deutschland geführt wurde, hat die Juden daher sehr in die Ecke gedrängt, denn dieses Ritual ist für uns nicht verhandelbar. Wir werden uns nicht verbieten lassen, diesen auch aus medizinischer Sicht sinnvollen Eingriff an unseren Söhnen vorzunehmen. Darum sind wir in dieser Debatte, wenn wir uns ihr stellen, grundsätzlich in der Defensive. Wir können nur verteidigen, was wir tun, denn die Aufgabe der Beschneidung von Jungs im Alter von acht Tagen ist ausgeschlossen.

Der achte Tag ist nach Meinung vieler Mediziner auch der beste dafür. Das Kind hat noch kein konkretes Körpergefühl, Schmerzen werden nur diffus wahrgenommen, und die Heilung ist meist unkompliziert und dauert nur wenige Tage. Ein von manchen Kinderpsychologen herbeifabuliertes Trauma ist bei im Säuglingsalter Beschnittenen nicht nachweisbar.

> Kommt er zu seiner Familie zurück zu Besuch. »Aber mein Sohn, wo ist dein Bart geblieben?« »Mutter, in Amerika trägt niemand einen Bart.« »Aber den Schabbat hältst du doch noch?« »In Amerika wird auch an Schabbat gearbeitet, und Geschäft ist Geschäft.« »Und koscher? Isst du noch koscher?« »In Amerika ist es schwer, koscheres Essen zu finden.« Völlig entsetzt nimmt die Mutter allen Mut zusammen und fragt: »Aber beschnitten bist du noch, oder?«

Meinen Sohn habe ich natürlich auch beschneiden lassen. Sein Mohel war wirklich fantastisch. Er wird von anderen Beschneidern in Israel ehrfürchtig als »König von Jerusalem« bezeichnet. Er ist ein witziger, kleiner, schwarzhaariger Mann, der auf einem Motorroller durch Jerusalem von Familie zu Familie fährt, sich Säuglinge ansieht und beschneidet. Ein paar Tage vor der Beschneidung muss er feststellen, ob der Junge nicht zu krank oder schwach für eine Beschneidung ist, unter anderem durch gelbe Hautfärbung angezeigt, und kurz danach prüft er, ob alles ordentlich verheilt ist. Außerdem berät er die Eltern über die Pflege des Penis im Speziellen und des Kindes im Allgemeinen.

Die Beschneidung selbst findet entweder in einer Synagoge oder im familiären Rahmen zu Hause statt. Abgesehen vom

Beschneider und dem Kind, sind noch andere Personen an der Zeremonie beteiligt. Das sind zuallererst natürlich die Eltern. Hinzu kommen die Grevattersleute, die das Kind zum Ort des Geschehens tragen, und, ganz wichtig, der Patenonkel, Sandak genannt, auf dessen Schoß die Operation stattfindet. Diese hohe Ehre kommt meist dem Großvater des Kindes zuteil. Daher ist die Übersetzung »Patenonkel« für Sandak etwas irreführend. Ich hatte diese Ehre bereits zwei Mal. Das zweite Mal eine Woche vor der Beschneidung meines eigenen Sohnes. Jedes Mal wurde ich bepinkelt.

Jedes Mal dachte ich an meine eigene Beschneidung zurück. Ich hatte nicht das Glück, schon als Kind aus medizinischen Gründen beschnitten worden zu sein, und daher musste die Vorhaut im Zuge der Konvertierung entfernt werden.

Einen Erwachsenen-Mohel, also jüdischen Beschneider, in Deutschland zu finden ist gar nicht so einfach. Das liegt an der Gesetzeslage, die einem Beschneider keine Straffreiheit garantiert.

In Deutschland liegt eine Beschneidung ohne medizinische Indikation in einer rechtlichen Grauzone, und eine Krankenkasse wird sie garantiert nicht bezahlen. Rein rechtlich ist sie Körperverletzung, wie übrigens Haareschneiden auch. Der Ermessensspielraum eines Richters kann eine Beschneidung als Elternrecht erlauben oder als Körperverletzung verbieten. Dass jedes Uhrengeschäft ohne besondere Qualifizierung straffrei Ohrringe durch Ohren schießen darf, was nicht selten mit Komplikationen endet, aber ein gut ausgebildeter Mohel kein kleines Stück Haut entfernen dürfen soll, ist meiner Meinung nach unverhältnismäßig.

Eine Beschneidung durch einen regulären Arzt wird nicht akzeptiert.

Einzig, wer schon beschnitten ist, hat es ein wenig einfacher, denn bei demjenigen wird bei der Brit Mila durch einen Nadelstich dem Penis ein Tropfen Blut entnommen, und das war's.

Mich selbst betrifft das G'tt sei Dank nicht mehr, denn ich bin inzwischen beschnitten, und hier in Israel, wo mein Sohn zur Welt gekommen ist, ist Beschneidung natürlich erlaubt. Bei einer Bevölkerung, deren Männer fast zu 100 % beschnitten sind, denn Muslime beschneiden ihre Söhne auch, wäre alles andere auch unsinnig. Sollte ich also noch mehr Söhne bekommen, dann werde ich kein Problem haben, einen Mohel zu finden.

Aber für in Deutschland lebende Juden besteht die Problematik, und ein Beschneidungstourismus, wie er bei Muslimen schon üblich ist, ist für einen Juden keine Option. Wer steigt schon mit einem weniger als acht Tage alten Baby in den Flieger? Und nicht nur für das Kind wäre das eine Tortur, auch die Mutter hat sich meist bis dahin noch nicht von der Geburt erholt.

Aber zurück zu Ihrer Beschneidung. Bei der zweiten oder dritten Sitzung, manchmal auch später, wird Ihnen das Beit Din die Frage stellen, ob Sie schon beschnitten sind. Wenn nicht, wird das Gericht Ihnen die Erlaubnis in Form eines Papierdokuments geben, einen Mohel aufzusuchen. Das Papier ist, streng genommen, keine Erlaubnis für Sie, denn Sie dürfen mit Ihrem Körper noch tun, was Ihnen gefällt. Es ist eine für den Mohel, und es gestattet ihm, eine *jüdische* Brit Mila an Ihnen durchzuführen. Ohne diesen Zettel brauchen Sie sich gar nicht erst auf die Suche nach einem Beschneider zu machen. Ohne Hilfe des Beit Dins oder eines Rabbis wird es aber schwierig, einen Mohel in Deutschland zu finden. Viele fliegen dafür nach Israel oder nach England. Manche fahren in die Schweiz oder nach Frankreich. In all diesen Ländern ist es rechtlich unproblematischer als in Deutschland. Mit etwa 500,– Euro Bargeld in der Tasche und einer Vorhaut in der Hose fahren Sie zum Beschneider, und ohne beides verlassen Sie ihn wieder.

Meine Beschneidung fand in Hamburg statt. Wenn Sie ein schwaches Gemüt haben, empfehle ich dringend, hier nicht weiterzulesen.

Ein Rabbi hat mir geholfen, den Mohel zu finden, und in

meinem Namen einen Preis ausgehandelt, der weit unter den üblichen 500 Euro lag. Der Mohel war für eine Säuglingsbeschneidung von den Eltern des Kindes aus Israel eingeflogen worden und hat auf Bitten des Rabbis mich als Nebenjob mit gemacht. Der Termin war sehr kurzfristig, ich hatte nur wenige Stunden, der Beschneidung zuzustimmen, und am nächsten Abend war es auch schon so weit. Eigentlich wollte der Mohel mich bei mir zu Hause beschneiden, aber meine Hamburger Stadtwohnung damals war sehr, sehr klein. Zu klein, denn in keinem der beiden Zimmerchen konnte man einen zwei Meter langen Tisch aufbauen, um den man dann noch hätte herumgehen können. Daher erlaubte uns der Rabbi des Chabad-Zentrums, den Eingriff dort vorzunehmen. Zu dieser Zeit fand keine Veranstaltung statt, es gab einen großen Tisch, und der Chabad-Rabbi war einer der beiden Zeugen, die außer dem Mohel bei einer Brit Mila anwesend sein müssen.

Es passte also alles wunderbar zusammen.

Der zweite Zeuge war ein weiterer Rabbifreund von mir. Er brachte seinen wenige Monate alten Sohn mit, dessen Beschneidung ich beiwohnte und die ich noch sehr bildlich in Erinnerung hatte. Entsprechend mulmig war mir zumute. Ich wollte nicht mit dem Auto zum Chabadzentrum fahren, da ich nicht wusste, ob ich nach der OP noch sicher selbst fahren könnte. Ich bat also einen meiner Brüder, erst mich und dann den Mohel abzuholen, uns zum Zentrum zu fahren und mich nach der Operation wieder nach Hause zu bringen. Wir waren also fünf Männer, ein Mohel, zwei Rabbiner, mein Bruder und ich – und ein Baby. Der Mohel erklärte die Prozedur, und mein Bruder verließ fluchtartig den Raum. Er fuhr nach Hause, um etwas zu erledigen.

Wenig später lag ich mit nacktem Hintern auf dem Tisch, und drei bärtige Männer in schwarzen Anzügen beugten sich über mein Zentralorgan. Während der Mohel alles vorbereitete, nahm einer der beiden Rabbis einen Becher Wein in die Hand und sprach ein paar Segenssprüche. In einem davon bekam ich meinen jüdischen Namen Eliyah verliehen, und dann schnitt der Mohel mit geübtem Schwung in einem sauberen Schnitt die Vorhaut ab. Ich war örtlich betäubt, gespürt habe ich also nichts. Ich sah aber das Stück Haut da liegen, bevor es in den Müll gewandert ist. Und es ist ein unglaublich komisches, geradezu bedrückendes Gefühl.

Diese Haut, die da liegt, erkennt man eindeutig als die eigene. Wie einen abgetrennten Finger. Man sieht ein Teil des eigenen Körpers auf einem kleinen Teller liegen. In diesem Moment erst wurde mir bewusst, wie unumkehrbar meine Entscheidung war. Das Tattoo mit dem Davidstern habe ich damals nicht machen lassen und bin vom Stuhl aufgesprungen und gegangen. Auf dem Tisch aber blieb ich liegen und sah meine Vorhaut zum letzten Mal.

Dieser Schnitt und diese Erkenntnis waren für mich eine Zäsur. Mein Freund Elie Levy hat am nächsten Tag deutlich gespürt, dass mich die Brit nicht nur äußerlich verändert hat, sondern auch innerlich. Das Äußerliche konnte er nicht sehen, das Innerliche dafür um so deutlicher. Er sagte: »Jetzt bist du ein Jude im Herzen, ich kann es sehen. Vorher war es nur ein Spiel für dich.« Er hatte recht.

Nach den Segenssprüchen ging der eine Rabbi aus dem Zimmer. Der andere mit seinem Sohn blieb und assistierte dem Mohel wie eine gelernte Krankenschwester. Der Mohel musste die durch den Schnitt entstandene Wunde nähen, die offenen Blutgefäße verschließen und brauchte dafür Tupfer, Zange und Nadel, die abwechselnd im richtigen Moment gereicht werden mussten. Diese Prozedur dauerte sehr lange. So lange, dass die Betäubung nachließ und erneuert werden musste. Die Geduld hat sich gelohnt, die Naht war sehr kunstvoll und gleichmäßig ausgeführt.

Dass es so lange gedauert hat, hatte aber Auswirkungen. Mein Bruder kam zurück, um mich abzuholen, als der Mohel noch bei der Arbeit war. Er fragte den Rabbi draußen, ob er zu mir kommen könne. Der Rabbi kam ins Zimmer und fragte mich, ob das okay ist. Mir war in diesem Moment so ziemlich alles egal, und ich bejahte. Der Rabbi schickte meinen Bruder zu mir, aber statt angezogen und gehbereit, sah er mich entblößt auf dem Tisch liegen und die beiden Bärtigen mit Nadel und Faden über mich gebeugt. Er wurde kreidebleich. Er nahm sich einen Stuhl, setzte sich an den Tisch direkt neben meinen Kopf und starrte krampfhaft in mein Gesicht. Die Unterhaltung, die wir in dem Moment führten, war nebensächlich und diente nur dazu, von dem Geschehen etwas weiter unten abzulenken.

Mir war die Ablenkung recht.

Als der Mohel fertig war, mein Penis in Mullbinde verpackt und die Hose wieder oben war, verabschiedete sich auch der zweite Rabbi. Zurück blieben Mohel, Bruder und ich. Der Mohel wollte nach 20 Minuten das Ergebnis noch mal prüfen, damit er mich guten Gewissens nach Hause schicken konnte. In diesen 20 Minuten erklärte er geduldig meinem Bruder, warum meine Beschneidung etwas Gesundes und Gutes war, gab Geschichten aus Altersheimen zum Besten, wo sich Pfleger vor unbeschnittenen Gliedern ihrer Bewohner ekeln, und hatte meinen Bruder wahrscheinlich beinahe so weit, sich selbst auf den Tisch zu legen.

Nach 20 Minuten kam er auf mich zu, griff mir in die Hose, holte meinen Penis heraus und wägte ihn in der Hand ab. Er befand ihn für gut und verabschiedete sich. Und genauso, wie Sie sich wahrscheinlich gerade beim Lesen dieser Zeilen fühlen, fühlte ich mich damals.

Aber es war noch nicht vorbei. Da der Rabbi aus dem Chabad-Zentrum nicht damit gerechnet hatte, dass die Prozedur so viel Zeit in Anspruch nehmen würde, musste ich aus dem Hinterzimmer heraus, vorbei an allen Frauen der Gemeinde, die gerade eine Veranstaltung besuchten, zu der ausschließlich die Damen der Gemeinde geladen waren. Alle drehten sich um und sahen mich breitbeinig und von meinem Bruder gestützt in Richtung Ausgang gehen. Viele von ihnen kannten mich, wussten um meinen Giur-Prozess und konnten sich daher zusammenreimen, was mit mir gerade passiert war.

Mein Schamgefühl hatte ich schon Stunden vorher im Chabad-Zentrum irgendwo verlegt und noch nicht wiedergefunden, daher lächelte ich einfach. Und ich wurde auch angelächelt, vor allem von der Frau des Rabbiners. Sie freute sich so sehr für mich, dass ich diesen Schritt hinter mich gebracht hatte, dass sie mich am liebsten umarmt hätte und beinahe vergaß, wie viele Menschen um uns herumstanden, die das alles eigentlich nichts anging.

Und so war das einer der schönsten Momente meiner Konvertierung: Zu spüren, dass meine Freunde in der Gemeinde und allen voran die Rabbinerfamilien sich für mich und über mich freuen. Ich war von da an emotional schon vollständig einer von ihnen und nicht erst nach Abschluss der Konvertierung mit dem Bad in der Mikve.

Drei Tage dauert es bei einem Babypenis, bis alles verheilt ist. Eine Naht ist auch nicht nötig. Bei einem Erwachsenen sind es aber sechs Wochen, in denen alles zusammenwächst, die Fäden sich langsam auflösen und die Schwellungen zurückgehen. Das Farbenspiel der Eichel erinnert an ein Veilchen nach einer üblen Prügelei, und die Schmerzen sind ähnlich. Die nur langsam abklingenden Schwellungen sorgen dafür, dass man sich auch als unverbesserlicher Stehpinkler auf der Toilette hinsetzt. Warum? Stellen Sie sich einfach einen Gartenschlauch vor, den Sie am Ende zusammendrücken.

Heute ist das alles Vergangenheit. Das fehlende Stück Haut vermisse ich nicht, und die Geschichte dazu erzählt sich auch leicht. Ein Trauma habe ich nicht davongetragen.

Wer garantiert kein Trauma davonträgt, sind Juden, die sterben, ohne beschnitten worden zu sein, und dann vom Beerdigungsinstitut kurz vor der Beerdigung um die Vorhaut erleichtert werden. In Israel wird das ungefragt getan. Der Vater hat die religiöse Verpflichtung, seinen Sohn am achten Tag zu beschneiden. Mit der Bar Mitzva, also dem 13. Geburtstag, geht sie auf den Sohn über, sollte er dann immer noch unbeschnitten sein. Die Pflicht erlischt nicht mal mit dem Tod.

Die theologische Diskussion um die Beschneidung dreht sich um ganz andere Dinge. Das theologische Hauptargument dagegen ist: Wenn G'tt gewollt hätte, dass wir beschnitten sind, warum werden wir dann nicht so geboren? Der Überlieferung nach wurde Adam nicht nur ohne Bauchnabel, er hatte ja keine Mutter, sondern auch ohne Vorhaut erschaffen. Aber dieses Argument führt zu einem Rattenschwanz von weiteren Problemen, denn dann hätte G'tt uns auch ohne Blinddarm, Bartwuchs und Steißbein in diese Welt schicken können. Außerdem müssten wir nicht mühselig Torah lernen, sondern hätten das Wissen bereits per Geburt fest in unser Gehirn gebrannt bekommen. Oder wir würden die Torah zumindest nicht wieder vergessen. Wir glauben nämlich, dass die Falte auf der Oberlippe unter der Nase daher rührt, dass ein Engel, der uns noch im Bauch unserer Mutter die ganze Torah beigebracht hat, kurz vor der Geburt über den Mund streicht und wir dadurch alles wieder vergessen.

Lernt man Torah, ist es nach jüdischer Vorstellung wie ein Erinnern an etwas, das man schon mal wusste und aus dem Unterbewusstsein zurückholt.

Dank modernen 3D-Ultraschalls wissen wir, dass an dieser Geschichte nicht alles stimmen kann. Diese Falte, auch Amorbogen genannt, ist schon lange vor der Geburt deutlich zu sehen. Die Idee, dass die Torah etwas ist, das man nur wieder ins Gedächtnis zurückholen muss, kann moderne Medizin uns aber nicht nehmen.

Mit anderen Worten, die Welt ist nicht perfekt, und vor allem wir sind es nicht. Wir haben einen Freien Willen, der mit einer perfekten Welt kollidieren würde. Ohne den Freien Willen wären wir nichts weiter als Tiere, die zwar selig und glücklich, aber ohne Sinn und Verstand wie in einer Modelleisenbahnwelt dahinvegetieren würden. G'tt will aber, dass wir unseren Willen einsetzen, uns aktiv für das Gute und gegen das Böse entscheiden, wir an uns und der Welt arbeiten. Das Prinzip dahinter heißt »Tikkun Olam«, was so viel wie »Die Welt reparieren« heißt und eines jeden Juden Aufgabe ist.

Die Welt repariert sich am besten, wenn man bei sich selbst anfängt. Wir sind nicht perfekt geboren, wir müssen an uns arbeiten, uns verbessern und entwickeln. Die Beschneidung ist unsere stetige, nicht ablegbare, unvergessbare, unumkehrbar körperlich manifestierte Erinnerung daran.

Auch mit dem Tod verliert der Körper nicht seine Heiligkeit. Er darf auf keinen Fall verbrannt, verflüssigt, schockgefrostet und zerbröselt oder anderweitig entsorgt werden und muss vollständig beerdigt werden. Das schließt auch Balsamierungen aus, da dabei das Blut durch Formaldehyd oder andere Flüssigkeiten ersetzt wird. Den kompletten Körper zu beerdigen, ist vor allem bei Unfällen mit schweren Verletzungen oder gar nach Terroranschlägen nicht immer leicht, da oft Körperteile abgetrennt werden und große Mengen Blut verloren gehen.

In Israel kommt in solchen Fällen die ausschließlich durch Spenden finanzierte Freiwilligenorganisation ZAKA zum Einsatz. Die Abkürzung steht übersetzt für »Identifizierung von Unfallopfern«, und die gut ausgebildeten Helfer, oft ultraorthodoxe Juden, machen das und noch viel mehr. Sie sammeln nach einem Unfall oder Anschlag alle Körperteile ein, die sie finden können.

Lebt das Opfer noch, erreichen sie damit manchmal, dass abgetrennte Gliedmaßen wieder angenäht werden können.

Hat es nicht überlebt, werden die Leichenteile und auch Blut eingesammelt, bei vielen Opfern fein säuberlich sortiert, in Tüten verpackt und mit dem Leichnam beerdigt.

Eine Beerdigung darf im Judentum nicht unnötig verzögert werden. Wenn möglich, findet sie gleich am nächsten Tag statt. Daher ist bei diesem Job nicht nur Sorgfalt, sondern auch Schnelligkeit gefragt.

Dass ein Jude, mal abgesehen von seiner Vorhaut, vollständig beerdigt werden muss, führt zu einem Dilemma. Organspenden sind eigentlich nicht möglich, da dann Teile des Körpers fehlen. So ein Organ kann aber ein Leben retten, und das Retten von Leben ist oberstes Gebot. Allerdings basieren beide Regeln auf der Heiligkeit des Körpers, und daher kann man in verschiedene Richtungen abwägen, und es gibt verschiedene Meinungen, wann eine Organspende halachisch erlaubt ist. Wenn man damit direkt ein Leben rettet, also jemand genau in diesem Moment ein Organ benötigt und ohne es in kürzester Zeit sterben würde, erlauben viele halachische Autoritäten die Organspende.

Besteht etwa bei einem Dialysepatienten keine unmittelbare Lebensgefahr, wird es komplex. Zu komplex, um es in wenigen Sätzen zu erfassen. Was wir aber daraus lernen können, ist, Organspenden und Bluttransfusionen und auch alles andere, was die moderne Medizin zur Erhaltung und Verbesserung von Leben entwickelt hat, sind nicht nur erlaubt. Es ist sogar zwingend geboten, wenn man krank oder verletzt ist, sich jegliche ärztliche Hilfe zu holen, die man bekommen kann.

Zwischenmenschliche Körperlichkeit im Judentum ist stark reglementiert. Als ich davon sprach, dass die Rebbezen mich nach meiner Beschneidung wohl am liebsten vor Freude umarmt hätte, so war das sehr weit hergeholt. Sie würde mich nie umarmen und auch keinen anderen Mann, außer den eigenen oder ihren Sohn. Sie gibt einem Mann noch nicht einmal die Hand zur Begrüßung.

Ihr Mann, der Rabbiner, hat mich schon umarmt, aber meiner Frau und auch keiner anderen Frau gibt er die Hand. Er ist wie sie ein »Schomer Negia«. Wer die Berührung hütet, so kann man es übersetzen, muss aber nicht immer so streng sein wie mein Rabbi und seine Frau. Auch wenn die meisten orthodoxen Autoritäten das Händeschütteln generell verbieten, so ist es nach Meinung vieler erlaubt, eine angebotene Hand zu nehmen. Es ist eine Form der Höflichkeit, und als religiöser Jude unhöflich zu sein wirft ein schlechtes Licht auf die Torah.

Maimonides, auch bekannt als Rambam, der im 12. Jahrhundert in Spanien lebte und einer der einflussreichsten Kommentatoren der Geschichte war, versteht unter Negia nur dem Vergnügen und der Zuneigung dienende Berührungen wie Umarmungen, Küsse oder auch Händchenhalten. Die Hand zur Begrüßung zu geben fällt nicht darunter, genau wie Berührungen aus professionellen Gründen, wie etwa beim Friseur.

Die Berührung durch einen Arzt oder eine Ärztin zum Zweck der Heilung gilt auch für besonders strenge Juden nicht als Negia.

Ich war in Israel auf eine Hochzeit von Freunden eingeladen, als meine Mutter gerade bei uns zu Besuch war. Sie ist also mitgekommen, und der Rabbiner, der die Hochzeit geleitet hat, war zufällig auch Mitglied in dem Beit Din, das mich konvertiert hat. Die jüdische Welt ist klein. Ich wollte ihm meine Mutter vorstellen, instruierte sie aber, zur Begrüßung nicht die Hand anzubieten, um ihm die Entscheidung zu ersparen, ob er den Gruß erwidern will oder nicht.

Sie stand also mit Händen in der Hüfte vor ihm. Der Rabbi streckte ihr plötzlich erfreut seine Hand entgegen, die meine Mutter zögerlich und überrascht nahm. Er hat meine Mutter glücklich gemacht, weil sie sah, dass dieser Rabbiner, der für mein Leben so wichtig ist, kein weltfremder Religiöser, sondern ein Mensch im Hier und Jetzt ist. Er wusste, dass meine Mutter keine Jüdin ist, und die ausgestreckte Hand war ein Zeichen des Respekts.

Warum haben religiöse Juden so lange Bärte? Und warum gibt es welche, die keinen Bart tragen? Und was hat das mit den Löckchen an den Schläfen zu tun? Und warum hat auch die nicht jeder?

Die Torah verbietet uns, unseren Bart zu rasieren. Genau

genommen, verbietet sie, ein Messer zur Rasur zu nutzen für alles unterhalb der Ohren außer dem Hinterkopf. Man kann sich also mit Rasierklinge und Rasierschaum den Kopf kahl rasieren, aber die Haare an den Wangen müssen stehen bleiben. Um zu zeigen, dass man sich mit Hingabe an dieses Gebot hält, lässt man an den Schläfen die Haare stehen. Es ist also ein Menge Show dabei, wenn man sich diese Locken bis auf die Schultern wachsen lässt.

Ich habe keine Schläfenlocken, und viele andere orthodoxe Juden auch nicht. Aber auch ich halte mich daran, kein Messer an meine Barthaare zu legen. Wohl aber eine Schere, denn die ist nicht verboten. Und da die meisten Elektrorasierer viele kleine Scheren haben, gelten sie als Schere und nicht als Messer. Grob kann man also sagen: Nassrasur ist verboten, Elektrorasur ist erlaubt. Darum gibt es orthodoxe Juden, ja sogar Rabbiner mit glatt rasierter Gesichtshaut.

Es gibt Zeiten im Jahr, da darf man sich nicht rasieren und auch nicht die Haare schneiden. Zwischen Pessach und Lag' Baomer ist beides für ein paar Wochen verboten. Allerdings ist dieses Verbot nicht sonderlich streng. Wenn es der Job verlangt, kann man sich die Haare und den Bart schneiden. Ich laufe in der Zeit immer wie ein Waldschrat herum, da mein Job leider keine Rasur verlangt.

Und Ihr Körper? Ist der nicht heilig? Ist das nicht ausgrenzend, zu sagen, dass der Körper erst heilig wird, wenn man Jude wird? Muss man also doch konvertieren, um sein Seelenheil zu bekommen, und die Sieben Gesetze Noachs sind nur ein Ablenkungsmanöver? Nach chassidischer Lesart hat ein Jude im Gegensatz zu allen anderen Menschen eine zweite Seele neben der irdischen, die jeder Mensch und auch jedes Tier hat. Erst die zweite, himmlische oder g'ttliche Seele macht den Juden zum Juden. Durch sie ist er heilig, also G'ttes Eigentum, Teil Seines Auserwählten Volkes. Er ist abgehoben, kodesch von allen Völkern. Aber er ist durch diese Seele nicht besser als andere.

Zumindest nicht automatisch. Diese Idee der zweiten Seele wird nicht von allen jüdischen Philosophen und Rabbinern geteilt, aber wenn Sie aus der Mikve kommen, dann wird Ihnen entweder eine zweite Seele geschenkt, oder die erste wird jüdisch.

Dass ich eine zweite Seele bekommen haben soll, ist mir sympathischer. Es bedeutet nämlich, dass mein altes Leben nicht weggewischt, meine alte Seele nicht weggenommen und verändert wurde, sondern dass sie zu mir gehört wie eh und jeh. Ich bin also noch der Felix, der ich immer war, und als Jude habe ich meine Identität als Eliyah hinzugewonnen.

Wörterbuch für Synagogengänger

Im Kapitel Sprache haben Sie bereits ein wenig den Synagogenslang kennengelernt. In den zahlreichen Gesprächen, die ich während der Nachforschungen zu diesem Buch mit Rabbinern und Konvertiten führte, sind noch viele weitere Worte und Ausdrücke gefallen, die ich übersetzt und zu einer kleinen Liste zusammengestellt habe. Sie ist natürlich bei Weitem nicht vollständig und die Worte in der Liste kommen auch nur zum Teil im Buch vor. Ich möchte sie Ihnen dennoch nicht vorenthalten, denn mit diesem Wortschatz sind Sie gut gewappnet für Ihren Einstieg ins Jüdische Leben.

Arawit/Maariw	Abendgebet
Aschkenas	Nordeuropäisches Judentum
Avreichim	Kollelstudenten (verheiratet)
Bal Tschuwa	ein zur Religion zurückgekehrter Jude
balagan	Durcheinander
Bar Mitzwa	13. Geburtstag eines Jungen, gleichzeitig Eintritt als Vollmitglied ins religiöse Leben. Vergleichbar mit Kommunion im Christentum.
Bat Mitzva	»Bar Mitzva« für Mädchen, wird am 12. Geb. gefeiert

Beit Mikdasch	Jüdischer (zerstörter) Tempel in Jerusalem
Bet Schemesch Alef	Stadtteil von Bet Schemesch, der von ultra-orthodoxen bewohnt wird
Birkat Hamazon	langes Tischgebet
Bischul Nochri	aussschließlich von Nichtjuden gekocht und daher nach strenger Meinung nicht koscher
Bnei Noach	Söhne Noach, Nichtjuden, die die Sieben Gesetze Noah annehmen
Bocher	Jeschiwastudent (unverheiratet)
Bochrim/Bochurim	Plural von Bocher
Brit Dam	wörtlich »Blutsbund«: Ein bereits beschnittener Penis wird nicht erneut beschnitten, sondern ihm wird nur ein Tropfen Blut entnommen.
Chagim	Feiertage
Chassidismus	spirituelles (Osteuropäisches) Judentum
Chassune/Chatuna	Hochzeit
Chassunes/Chatonot	Hochzeiten
Chavruta	Lernpartner
chiluni	nicht-religiös
davenen	beten
Dayan	Richter
Eretz Yisroel	religiöse Bezeichnung für das Land Israel

Ger	Konvertit
Germania	Deutschland, Neuhebräisch (Das ältere entsprechende hebräische Wort ist »Medinat Aschkenas«)
Giéret	Konvertitin
Giur	Übertritt
Giurim	Plural von »Giur«
Hakadosh Baruch Hu	Der Heilige, gesegnet ist er. (Synonym für G'tt)
Hakol Beseder	Alles in Ordnung.
HaSchem	wörtl. »der Name«, gemeint ist G'tt
im yirtzeh hashem	Wenn G'tt will.
Ishur	Bestätigung (amtlich, etc.)
Jeschive/Jeschiwa	Lernhaus für junge Männer
Kadosch BaruchHu	siehe Hakadosh Baruch Hu
Kehila	Gemeinde
ke'ilu	hebräisch »quasi«
Kippa Schchora	wörtl. »schwarze Kippa«, die schwarze Samtkippa der Charedim und Chassidim
Kippa Sruga	Häkelkippa
Kita	Unterricht
Kita Giur	Giur-Unterricht
Kitzur Schulchan Aruch	Buch aus dem 19. Jhd. mit der Sammlung der tagtäglichen Gesetze
Kli betoch Kli	Schale in Schale

KOLLEL	Lernhaus für verheiratete Männer/ Rabbinerseminar
KOMBINA	»Eine Hand wäscht die andere«/ Verbindungen
LEMEHADRIN	streng-koscher
LEMEHADRIN MIN HAMEHADRIN	strenger als streng
LIBI BEMISRACH	Mein Herz ist im Osten.
MAARIV	siehe Arawit
MERKAZ	Zentrum (von Israel)
MIDRASCHA	Lernhaus für Frauen
MINCHA	Nachmittagsgebet
MINHAGIM	Traditionen
MISCHNA BRURA	Halachisches Standardwerk von Rabbi Yisrael Meir Kagan
MISRACHI	Orientalisches Judentum
MISRAD HAPNIM	israelisches Innenministerium
OLAM	Halle
PARASCHA/PARSCHA	Wochenabschnitt der Torah
PROTEKTIA	»Vitamin B«
RAV	Rabbiner
SCHACHARIT	Morgengebet
SCHALIACH	Gesandter (Einzahl von Schluchim)
SCHCHINA	Göttliche Anwesenheit
SCHIRUT LEUMI	Zivildienst
SCHLUCHIM	Gesandte (Chabad)
SCHOMER SCHABBAT	Schabbat hüten

Seder	wörtlich »Ordnung«, das Abendessen an Pessach, das einer strengen Ordnung folgt
Seuda	Mahlzeit
Seudat Schabbat	Schabbat Mahlzeit
Sfarad	Spanisches Judentum
Simcha	freudiger Anlass/Feier
Smicha	Ordinierung zum Rabbiner
Tachana Merkasit	Zentraler Omnibus-Bahnhof
tachlit	Auftrag, Torah zu lehren
tafkid	G'ttlicher Auftrag
Tanya	Chassidisches Werk von Rabbi-Shneur Zalman of Liadi, Gründer von Chabad
Tefillin	Gebetsriemen
Teuda	Urkunde
Teudat Seut	Personalausweis
Tikkun Olam	die Welt reparieren/verbessern
Toda Raba	Vielen Dank
Ulpan	Einwanderer-Sprachkurs (wörtlich »Studio«)
Zeugen Ha'Schem	Da wir den Namen J-H-V-H nicht aussprechen, nennen wir die Zeugen J. so.

Die Stimme einer zerrissenen Generation

978-3-453-20008-1

Gebundenes Buch
mit Schutzumschlag
320 Seiten | 13,5 x 21,5 cm
s/w-Fotos im Text
ISBN: 978-3-453-20008-1
€ 19,99 [D] | € 20,60 [A] | CHF 28,50*

(*empf. VK-Preis)

HEYNE

Leseproben unter: **www.heyne.de**